AF906143

Internationale *Relocation*

Studien zum
deutschen und internationalen
Familien- und Erbrecht

Herausgegeben von Martin Lipp, Christoph Benicke,
Marina Wellenhofer, Bettina Heiderhoff und Barbara Veit

Band 31

*Zur Qualitätssicherung und Peer Review der vorliegenden Publikation*

Die Qualität der in dieser Reihe erscheinenden Arbeiten wird vor der Publikation durch den Herausgeber der Reihe geprüft.

*Notes on the quality assurance and peer review of this publication*

Prior to publication, the quality of the work published in this series is reviewed by the editor of the series.

Johanna Antonia Hirth

# Internationale *Relocation*

## Eine rechtsvergleichende Untersuchung über den grenzüberschreitenden Wohnortwechsel eines Elternteils mit dem Kind gegen den Willen des anderen Elternteils

PETER LANG

**Bibliografische Information der Deutschen Nationalbibliothek**
Die Deutsche Nationalbibliothek verzeichnet diese Publikation in der Deutschen Nationalbibliografie; detaillierte bibliografische Daten sind im Internet über http://dnb.d-nb.de abrufbar.

Zugl.: Gießen, Univ., Diss., 2017

D 26
ISSN 1864-497X
ISBN 978-3-631-76013-0 (Print)
E-ISBN 978-3-631-76167-0 (E-PDF)
E-ISBN 978-3-631-76168-7 (EPUB)
E-ISBN 978-3-631-76169-4 (MOBI)
DOI 10.3726/ b14387

© Peter Lang GmbH
Internationaler Verlag der Wissenschaften
Berlin 2018
Alle Rechte vorbehalten.

Peter Lang – Berlin · Bern · Bruxelles · New York ·
Oxford · Warszawa · Wien

Das Werk einschließlich aller seiner Teile ist urheberrechtlich geschützt. Jede Verwertung außerhalb der engen Grenzen des Urheberrechtsgesetzes ist ohne Zustimmung des Verlages unzulässig und strafbar. Das gilt insbesondere für Vervielfältigungen, Übersetzungen, Mikroverfilmungen und die Einspeicherung und Verarbeitung in elektronischen Systemen.

Diese Publikation wurde begutachtet.

www.peterlang.com

*Meinen Eltern und meiner Schwester*

# Vorwort

Die vorliegende Arbeit ist die überarbeitete und aktualisierte Fassung meiner im Juni 2017 von der juristischen Fakultät der Justus-Liebig-Universität Gießen angenommenen Dissertation. Sie entstand während meiner Zeit als wissenschaftliche Mitarbeiterin an der dortigen Professur für Bürgerliches Recht, Internationales Privatrecht und Rechtsvergleichung und wurde durch ein universitäres Graduiertenstipendium gefördert. Im Oktober 2017 wurde sie mit dem Promotionspreis der Juristischen Studiengesellschaft Gießen e.V. ausgezeichnet.

Mein erster und aufrichtiger Dank gilt meinem Doktorvater *Prof. Dr. Christoph Benicke* für die hervorragende Betreuung der Arbeit. In allen Phasen ihrer Entstehung bot er mir eine zuverlässige Unterstützung. Nicht nur seine konstruktiven Anmerkungen und Denkanstöße waren von großem Wert, auch seine fürsorgliche Begleitung habe ich stets zu schätzen gewusst.

*Prof. Dr. Martin Lipp* danke ich für die Übernahme und zügige Erstellung des Zweitgutachtens, den Herausgeberinnen und Herausgebern für die Aufnahme der Arbeit in diese Schriftenreihe.

Weiterer Dank gilt meinen Lehrstuhlkolleginnen und -kollegen *Jan F. Hellwig, Marc Häuser, Deborah Alcici Salomao, Yvonne Ceh* und *Dr. Florian Henke*, die mir nicht nur Kollegen, sondern auch Freunde waren.

Der größte Dank jedoch gebührt meiner Familie. Meine Eltern *Beate* und *Franz Hirth* haben mich in all meinen Lebensphasen stets uneingeschränkt unterstützt und mir den notwendigen Rückhalt für die Anfertigung der vorliegenden Arbeit gegeben. Von unschätzbarem Wert war auch die Unterstützung meiner Schwester *Dr. Tabea Hirth-Göbel*, die mir nicht nur während der Promotionszeit eine stets verlässliche Ratgeberin war. Meinem Schwager *Dr. Sebastian Göbel* danke ich für seine wertvolle Hilfe bei zahlreichen Fragen.

Gießen, im April 2018 *Johanna Antonia Hirth*

# Inhaltsverzeichnis

# Abkürzungsverzeichnis

| | |
|---|---|
| a.A. | anderer Ansicht |
| a.a.O. | am angegebenen Ort |
| abl. | ablehnend |
| ABl. EU | Amtsblatt der Europäischen Union |
| Abs. | Absatz |
| ähnl. | ähnlich |
| AEMR | Allgemeine Erklärung der Menschenrechte |
| AEUV | Vertrag über die Arbeitsweise der Europäischen Union |
| a.F. | alte Fassung |
| AG | Amtsgericht |
| Alb. L. Rev. | Albany Law Review |
| ALR | Australian Law Reports |
| Am. J. Fam. L. | American Journal of Family Law |
| Am. U. J. Gender & Soc. Pol'y & L. | American University Journal of Gender, Social Policy & the Law |
| App. Div. | Appellate Division |
| Art. / Artt. | Artikel |
| A.S.L.R. | Aberdeen Student Law Review |
| Aufl. | Auflage |
| ausf. | ausführlich |
| Austl. J. Fam. L. | Australian Journal of Family Law |
| Az. | Aktenzeichen |
| | |
| BeckOK | Beck'scher Online-Kommentar |
| Begr. | Begründer |
| Behav. Sci. Law | Behavioral Sciences & the Law |
| Beschl. | Beschluss |
| BGB | Bürgerliches Gesetzbuch |
| BGBl. | Bundesgesetzblatt |
| BGH | Bundesgerichtshof |
| BGHSt | Entscheidungen des Bundesgerichtshofs in Strafsachen |
| BGHZ | Entscheidungen des Bundesgerichtshofs in Zivilsachen |
| Brüssel IIa-VO | Verordnung (EG) Nr. 2201/2003 des Rates vom 27. November 2003 über die Zuständigkeit und die Anerkennung und Vollstreckung von Entscheidungen in Ehesachen und in |

| | |
|---|---|
| | Verfahren betreffend die elterliche Verantwortung und zur Aufhebung der Verordnung (EG) Nr. 1347/2000 |
| BT-Drucks. | Bundestagsdrucksache |
| BVerfG | Bundesverfassungsgericht |
| BVerfGE | Entscheidungen des Bundesverfassungsgerichts |
| bzgl. | bezüglich |
| bzw. | beziehungsweise |
| ca. | circa |
| Cal. | California |
| C.F.L.Q. | Child and Family Law Quarterly |
| Ch. Div. | Chancery Division |
| Child. & Soc'y | Children & Society |
| CJ | Chief Justice, Chief Judge |
| CLR | Commonwealth Law Reports |
| Colo. | Colorado |
| COM | European Commission |
| dass. / ders. / dies. | dasselbe / derselbe / dieselbe(n) |
| d.h. | das heißt |
| diesbzgl. | diesbezügliche(r) |
| DNotZ | Deutsche Notar-Zeitschrift |
| ebd. | ebenda |
| EG | Europäische Gemeinschaft |
| EGBGB | Einführungsgesetz zum Bürgerlichen Gesetzbuch |
| EGMR | Europäischer Gerichtshof für Menschenrechte |
| Einl. | Einleitung |
| EMRK | Europäische Menschenrechtskonvention |
| ESÜ | Europäisches Sorgerechtsübereinkommen |
| et al. | et alii |
| etc. | et cetera |
| EU | Europäische Union |
| EuIPR | Europäisches Internationales Privatrecht |
| Eur. J. Popul. | European Journal of Population |
| EuZPR | Europäisches Zivilprozessrecht |
| e.V. | eingetragener Verein |
| EWCA Civ | England and Wales Court of Appeal, Civil Division |

| | |
|---|---|
| f. / ff. | folgende / fortfolgende |
| Fam. Advoc. | Family Advocate |
| FamCA | Family Court of Australia |
| FamCAFC | Family Court of Australia, Full Court |
| Fam. & Concil. Cts. Rev. | Family & Conciliation Courts Review |
| Fam. Ct. Rev. | Family Court Review |
| FamFG | Gesetz über das Verfahren in Familiensachen und in den Angelegenheiten der freiwilligen Gerichtsbarkeit |
| FamFR | Zeitschrift für Familienrecht und Familienverfahrensrecht |
| FamG | Familiengericht |
| Fam. L.Q. | Family Law Quarterly |
| FamR | Familienrecht |
| FamRB | Der Familien-Rechtsberater |
| FamRBint | Der Familien-Rechtsberater international |
| FamRMandat | Das familienrechtliche Mandat |
| FamRZ | Zeitschrift für das gesamte Familienrecht |
| FCWA | Family Court of Western Australia |
| FF | Forum Familienrecht |
| FLA | Family Law Act 1975 |
| F. L. Rev. | Federal Law Review |
| FM | Federal Magistrate |
| FMCAfam | Federal Magistrates Court of Australia, Family Law Division |
| Fn. | Fußnote |
| FPR | Familie, Partnerschaft, Recht |
| FS | Festschrift |
| FuR | Familie und Recht |
| | |
| gem. | gemäß |
| GG | Grundgesetz |
| GRCh | Grundrechtecharta der Europäischen Union |
| | |
| HCA | High Court of Australia |
| Hdb | Handbuch |
| Hdb ScheidungsR | Handbuch des Scheidungsrechts |
| HKÜ | Haager Entführungsübereinkommen |
| Hrsg. | Herausgeber |
| Hs. | Halbsatz |

| | |
|---|---|
| i.d.F. | in der Fassung |
| i.d.S. | in diesem Sinne |
| iFamZ | Interdisziplinäre Zeitschrift für Familienrecht |
| IFL | International Family Law |
| insb. | insbesondere |
| IntFamRVG | Internationales Familienrechtsverfahrensgesetz |
| IPR | Internationales Privatrecht |
| i.S.e. | im Sinne eines (einer) |
| i.S.v. | im Sinne von |
| i.V.m. | in Verbindung mit |
| J / JJ | Justice, Judge / Justices, Judges |
| J. Am. Acad. Matrim. Law. | Journal of the American Academy of Matrimonial Lawyers |
| J. Am. Acad. Psychiatry Law | Journal of the American Academy of Psychiatry and the Law |
| JAmt | Das Jugendamt |
| jew. | jeweils |
| J. Fam. L. & Prac. | Journal of Family Law and Practice |
| J. Fam. Psychol. | Journal of Family Psychology |
| J. Soc. Wel. & Fam. L. | Journal of Social Welfare & Family Law |
| JuS | Juristische Schulung |
| KG | Kammergericht |
| KindRG | Kindschaftsrechtsreformgesetz |
| krit. | kritisch |
| KSÜ | Haager Kinderschutzübereinkommen |
| lit. | litera |
| LJ | Lord Justice |
| LMK | Kommentierte BGH-Rechtsprechung Lindenmaier-Möhring |
| Ls. | Leitsatz |
| m.a.W. | mit anderen Worten |
| Melb. Univ. L. Rev. | Melbourne University Law Review |
| m.N. | mit Nachweisen |

| | |
|---|---|
| MünchKomm | Münchener Kommentar |
| m.w.N. | mit weiteren Nachweisen |
| m.W.v. | mit Wirkung vom |
| | |
| N.E.2d | North Eastern Reporter, Second Series |
| Nev. | Nevada |
| N.J. Super. | New Jersey Superior Court Reports |
| NJW | Neue Juristische Wochenschrift |
| NJW-RR | Neue Juristische Wochenschrift Rechtsprechungs-Report Zivilrecht |
| No. | Number |
| Nr. | Nummer |
| N.Y. | New York |
| NZFLR | New Zealand Family Law Reports |
| | |
| o.g. | oben genannten |
| OLG | Oberlandesgericht |
| | |
| P.2d | Pacific Reporter, Second Series |
| P.3d | Pacific Reporter, Third Series |
| Prel. Doc. | Preliminary Document |
| Psych. Pub. Pol. and L. | Psychology, Public Policy, and Law |
| Psychol. Med. | Psychological Medicine |
| Psychol. Schs. | Psychology in the Schools |
| | |
| RegE | Regierungsentwurf |
| Rspr. | Rechtsprechung |
| Rz. | Randziffer |
| | |
| s | section |
| S. | Seite / Satz |
| SchlHA | Schleswig-Holsteinische Anzeigen |
| sh. | siehe |
| sog. | sogenannte(s)(n) |
| Staud | Staudinger |
| StGB | Strafgesetzbuch |
| str. | streitig |
| Streit | Streit. Feministische Rechtszeitschrift |

| | |
|---|---|
| Tz. | Teilziffer |
| | |
| u.a. | unter anderem |
| U.C. Davis L. Rev. | University of California Davis Law Review |
| U. Louisville J. Fam. L. | University of Louisville Journal of Family Law |
| UN | United Nations |
| UN-BRK | UN-Behindertenrechtskonvention; Übereinkommen über die Rechte von Menschen mit Behinderungen |
| UN-Frauenrechts-konvention | Übereinkommens zur Beseitigung jeder Form von Diskriminierung der Frau |
| UN-KRK | UN-Kinderrechtskonvention; Übereinkommen über die Rechte des Kindes |
| UN-Sozialpakt | Internationaler Pakt über wirtschaftliche, soziale und kulturelle Rechte |
| UN-Zivilpakt | Internationaler Pakt über bürgerliche und politische Rechte |
| Urt. | Urteil |
| U.S. | United States / United States Reports |
| USA | United States of America |
| Utrecht L. Rev. | Utrecht Law Review |
| | |
| v | versus |
| v. | vom / von |
| vgl. | vergleiche |
| VO | Verordnung |
| Vorbem. | Vorbemerkung |
| | |
| WLR | Weekly Law Reports |
| | |
| ZAnK | Zentrale Anlaufstelle für grenzüberschreitende Kindschaftskonflikte |
| z.B. | zum Beispiel |
| zit. | zitiert |
| ZKJ | Zeitschrift für Kindschaftsrecht und Jugendhilfe |
| ZP EMRK | Zusatzprotokoll zur EMRK |
| ZPO | Zivilprozessordnung |

# Einleitung

## A. Die Problematik der *Relocation*

Unter dem englischen Begriff *Relocation* werden in der internationalen Diskussion familienrechtliche Fälle debattiert, die entstehen, wenn infolge des Scheiterns einer Partnerschaft ein Elternteil einen Wohnortwechsel mit dem gemeinsamen Kind anstrebt, der sich aufgrund der großen räumlichen Entfernung negativ auf das Mitsorge- bzw. Umgangsrecht des zurückbleibenden Elternteils und dessen Beziehung zu dem Kind auswirken würde, und dieser Elternteil daher widerspricht.[1] Soll der Umzug über Staatsgrenzen hinweg erfolgen, spricht man von Internationaler *Relocation*.[2] Von der hier interessierenden Umzugsproblematik abzugrenzen ist das ebenfalls mit dem Begriff *Relocation* bezeichnete Verfahren zur Umverteilung von Asylsuchenden innerhalb der Mitgliedsstaaten der EU.[3]

Die in Fällen von *Relocation* auftretende Problematik stellt sich als eine der schwierigsten des Familienrechts dar.[4] Das Interesse des einen Elternteils auf örtlich freizügige Lebensgestaltung, das Interesse des anderen Elternteils auf möglichst uneingeschränkten Umgang mit dem Kind und das gleichsam betroffene Recht des Kindes auf eine Beziehung zu beiden Elternteilen treten in einen Konflikt, dessen zufriedenstellende Lösung erfahrungsgemäß schwer zu

---

1 Vgl. *Parkinson*, 36 F. L. Rev. 145 (2008); *George*, Relocation Disputes, S. xxi, 2. Die genaue Definition eines *Relocation*-Falles variiert von Land zu Land, sh. z.B. *Parkinson*, Family Law and the Indissolubility of Parenthood, S. 153 f.; Permanent Bureau of the Hague Conference on Private International Law, Preliminary Note on International Family Relocation, Prel. Doc. No. 11, S. 5 unter 8. Sh. zur Begriffsverwendung auch *Eschelbach/Rölke*, JAmt 2012, 290; *Coester-Waltjen*, iFamZ 2012, 311.

2 Sh. *Eschelbach/Rölke*, JAmt 2012, 290; Permanent Bureau of the Hague Conference on Private International Law, Preliminary Note on International Family Relocation, Prel. Doc. No. 11, S. 5 unter 7.

3 Sh. dazu die Informationen des *Bundesamtes für Migration und Flüchtlinge*.

4 *Taylor/Gollop/Henaghan*, Relocation Following Parental Separation: The Welfare and Best Interests of Children. Research Report, S. 4; *Freeman*, Relocation. The reunite Research, S. 3; *Parkinson*, 40 Fam. L.Q. 237, 254 (2006); *George*, Relocation Disputes, S. xxi. Sh. auch *Tropea v Tropea*, 665 N.E.2d 145, 148 (N.Y. 1996): „Relocation cases [...] present some of the knottiest and most disturbing problems that our courts are called upon to resolve."; *Chisholm*, 16 Austl. J. Fam. L. 87, 108 (2002): „[Relocation cases] represent the San Andreas Fault of children's law"; *Carmody*, 45 Fam. Ct. Rev. 214 (2007): „An intractable international family law problem", „most vexing".

finden ist.[5] Im Gegensatz zu vielen anderen sorge- oder umgangsrechtlichen Streitigkeiten ist die Problematik einem den Interessen aller Beteiligten Rechnung tragenden Kompromiss nicht zugänglich – entweder die Mitnahme des Kindes wird erlaubt oder nicht.[6] Die streitenden Parteien sind mitunter beide kompetente wie engagierte Eltern, von denen der eine Elternteil nachvollziehbare Gründe für den Umzugswunsch hat, der andere Elternteil ein ebenso berechtigtes Interesse an dem Verbleib des Kindes am bisherigen Wohnort.[7] Unabhängig davon, welche Entscheidung die mit einem solchen Fall betrauten Familiengerichte treffen, erleidet ein Elternteil einen als „ungerecht" empfundenen Verlust.[8] Verwehrt man dem umzugswilligen Elternteil den Wohnortwechsel mit dem Kind, muss dieser seine Pläne für einen Neuanfang womöglich aufgeben und gegen seinen Willen in einem Land bleiben, in dem es ihm etwa an familiärer Unterstützung oder beruflichen wie privaten Perspektiven fehlt.[9] Wird der Umzug mit dem Kind genehmigt, ist es dem zurückbleibenden Elternteil in aller Regel nicht mehr möglich, die Beziehung zu dem Kind im bisherigen Umfang zu pflegen.[10] Regelmäßiger Kontakt kann dann – wenn überhaupt – nur unter erheblichem zeitlichen wie finanziellen Aufwand aufrecht erhalten werden.[11] Von noch entscheidenderer Bedeutung ist jedoch die Tatsache, dass alle in Betracht kommenden Alternativen geeignet sind, sich negativ auf das Wohl des Kindes auszuwirken.[12] Weder die umzugsbedingte Beeinträchtigung der Beziehung zum zurückbleibenden Elternteil noch der Verbleib am bisherigen Wohnort ohne

---

5 *American Academy of Matrimonial Lawyers,* 15 J. Am. Acad. Matrim. Law. 1, 19 (1998); vgl. auch *G v G (Minors: Custody Appeal)* [1985] 1 WLR 647, 651 (Lord Fraser): „[I]n most of these cases there is no right answer. All practicable answers are to some extent unsatisfactory and therefore to some extent wrong".

6 *Parkinson/Cashmore/Single,* 44 Fam. L.Q. 1, 18 (2010); *Garbolino/Kreeger/Messitte/Sheffield,* IFL 162, 164 (2013); *Henaghan,* 23 C.F.L.Q. 226, 236 (2011); *R v S* (Guardianship) [2004] NZFLR 207 [75] (Priestley J).

7 *Boshier,* 1 J. Fam. L. & Prac. 10 (2010); sh. auch *George,* Relocation Disputes, S. xxi; *Atkinson,* 28 Behav. Sci. Law 563 (2010).

8 Sh. International Judicial Conference on Cross-Border Family Relocation, Washington, D.C., USA, 23–25 March 2010, Concept Paper, zit. nach *Boshier,* 1 J. Fam. L. & Prac. 10 f. (2010); *Carmody,* 45 Fam. Ct. Rev. 214 (2007).

9 International Judicial Conference on Cross-Border Family Relocation, Washington, D.C., USA, 23–25 March 2010, Concept Paper, zit. nach *Boshier,* 1 J. Fam. L. & Prac. 10 f. (2010); *Herring/Taylor,* 18 C.F.L.Q. 517 (2006).

10 Sh. *Freeman,* Relocation. The reunite Research, S. 14 f.

11 Sh. *Parkinson/Cashmore/Single,* 44 Fam. L.Q. 1, 25 ff. (2010).

12 *Freeman,* Relocation. The reunite Research, S. 2.

den anderen (gegebenenfalls bislang betreuenden) bzw. mit diesem, aber nunmehr unglücklichen Elternteil dürften dem Kindeswohl zuträglich sein.[13] Es ist dieses heikle Spannungsverhältnis, das „win-win"-Lösungen kaum finden und die Problematik der *Relocation* weniger als Problem, denn vielmehr als Dilemma erscheinen lässt.[14] Die schon in Bezug auf Sorgerechtsentscheidungen generell geläufige Feststellung, man treffe nicht die dem Kindeswohl am besten entsprechendste Alternative, sondern vielmehr „die am wenigsten schädliche",[15] drängt sich in besonderem Maße auf.[16]

Streitigkeiten über *Relocation* sind ein relativ modernes Phänomen.[17] Die Zunahme globaler Mobilität und die damit einhergehende Vermehrung binationaler Ehen und Partnerschaften,[18] kombiniert mit der Lockerung von Familien- und Bindungsstrukturen sowie der hohen Scheidungsrate,[19] aber auch

---

13 Vgl. *Thorpe*, 1 J. Fam. L. & Prac. 4, 6 (2010); *Warshak*, 34 Fam. L.Q. 83, 98 (2000).

14 *Kelly*, Relocation of Children following Separation and Divorce, zit. nach *Boshier*, 1 J. Fam. L. & Prac. 10 (2010); *Bryant*, zit. nach Parliament of the Commonwealth of Australia, House of Representatives, Standing Committee on Legal and Constitutional Affairs, Report on the Exposure Draft of the Family Law Amendment (Shared Parental Responsibility) Bill 2005, S. 22; *Kilkelly*, 1 J. Fam. L. & Prac. 23 (2010); *Zafran*, 18 Am. U. J. Gender & Soc. Pol'y & L. 163, 165 (2010).

15 *Goldstein/Freud/Solnit*, Jenseits des Kindeswohls, S. 49 ff.

16 Vgl. *Duggan*, 45 Fam. Ct. Rev. 193 (2007); *Austin*, 34 Fam. L.Q. 63, 64 (2000).

17 *Thorpe*, 1 J. Fam. L. & Prac. 4 (2010).

18 Den Schätzungen der *UN Population Division* zufolge hat sich die Zahl internationaler Migranten im Zeitraum zwischen 1990 und 2015 weltweit um ganze 60% auf nunmehr 244 Millionen erhöht, sh. United Nations, Department of Economic and Social Affairs, Population Division, International Migration Report 2015, S. 1. Die Anzahl binationaler Partnerschaften hat sich in Deutschland zwischen 1996 und 2008 fast verdoppelt (1996: 723.000; 2008: 1,4 Millionen), sh. Statistisches Bundesamt, Zahl der Woche v. 22.09.2009. Eine derartige Zunahme binationaler Ehen ist in den meisten europäischen Staaten zu verzeichnen, sh. *Lanzieri*, Merging populations.

19 Der Anteil nichtehelich geborener Kinder hat sich in Deutschland seit 1970 fast verfünfacht (1970: 7,2%; 2015: 35%), sh. Statistisches Bundesamt, Lebendgeborene: Deutschland, Jahre, Familienstand der Eltern. Innerhalb der EU lag er im Jahr 2012 (EU-27) sogar bei 40,5%, im Jahr 2014 (EU-28) bei schätzungsweise 42%, sh. Eurostat, Tabelle Nichtehelich Lebendgeborene. Knapp die Hälfte davon werden in Deutschland außerhalb einer stabilen Partnerschaft geboren, sh. *Langmeyer/Walper*, in: Jurczyk/Walper (Hrsg.), Gemeinsames Sorgerecht nicht miteinander verheirateter Eltern. Die Scheidungsrate lag in Deutschland im Jahr 2014 bei 35%, sh. Statistisches Bundesamt, Pressemitteilung v. 23.07.2015. Neueren Untersuchungen zufolge liegt das Scheidungsrisiko bei binationalen Ehen hierzulande sogar um 64% höher als bei Ehen zwischen Personen gleicher Herkunft, sh. *Milewski/Kulu*, 30 Eur. J. Popul. 89 (2014).

der zunehmenden Verbreitung gemeinsamer elterlicher Sorge auch nach der Trennung bzw. der Aufwertung des Umgangsrechts,[20] machen die Problematik zunehmend aktuell.[21] Ausdruck findet dies in einem weltweiten Anstieg anhängiger *Relocation*-Verfahren.[22]

Eine international einheitliche Handhabung der *Relocation*-Problematik gibt es nicht. Weitgehend einig ist man sich zwar über das Kindeswohl als maßgebliches Entscheidungskriterium, das Verständnis und die Anwendung dieses unbestimmten Rechtsbegriffs divergieren jedoch von Land zu Land.[23] Auch die Frage nach womöglich weiteren entscheidungserheblichen Kriterien und deren Gewichtung sowie diejenige nach der Beweislastverteilung und etwaigen gesetzlichen Vermutungen werden nicht einheitlich beantwortet. In der Folge finden sich neben Staaten, die in Sachen *Relocation* eine eher neutrale Haltung einnehmen – etwa Kanada und Belgien – auch solche, die eher eine Tendenz zur Genehmigung des Wohnortwechsels aufweisen – etwa England/Wales, Frankreich und Deutschland – bzw. dessen Untersagung favorisieren – etwa Neuseeland, Australien und Schweden.[24]

---

20 Nicht nur die gemeinsame *rechtliche* Sorge hat sich mittlerweile international etabliert, auch ihre *tatsächliche* Wahrnehmung erfolgt zunehmend durch beide Elternteile, sh. nur *Parkinson*, Family Law and the Indissolubility of Parenthood, S. 45 ff., 91 ff.; *George*, Relocation Disputes, S. 4 jew. m.w.N. Insgesamt findet die Bedeutung persönlichen Kontaktes zu beiden Elternteilen international zunehmend Ausdruck, sh. z.B. s 60B(1)(a),(2)(a)-(c), s 60CC(2)(a) *Family Law Act 1975* (Australien); §§ 1626 Abs. 3 S. 1, 1684 Abs. 1 BGB (Deutschland). Sh. auch *George*, Relocation Disputes, S. 4 f. m.w.N.

21 *Parkinson/Cashmore/Single*, 44 Fam. L.Q. 1, 2 ff. (2010); *Thorpe*, 1 J. Fam. L. & Prac. 4 (2010); *Katz*, 28 Fam. Advoc. 40 (2006); *Coester-Waltjen*, iFamZ 2012, 311; *Elrod*, 28 Fam. Advoc. 8 (2005); *Austin*, 34 Fam. L.Q. 63, 64 (2000). Sh. auch *Garbolino/Kreeger/Messitte/Sheffield*, IFL 162, 165 (2013): „the hottest topic in family law worldwide"; *George*, 24 C.F.L.Q. 110 (2012): „It seems inevitable that relocation disputes will become one of the central issues of modern child law."

22 *Freeman*, Relocation. The reunite Research, S. 1; *Elrod*, in: Stahl/Drozd (Hrsg.), Relocation Issues in Child Custody Cases, S. 29, 30; *Glennon*, 41 Fam. L.Q. 105, 106, 118 (2007); *Zafran*, 18 Am. U. J. Gender & Soc. Pol'y & L. 163, 166 (2010); *George*, Relocation Disputes, S. 4.

23 *Eschelbach/Rölke*, JAmt 2012, 290, 296; *Cochrane*, 5 A.S.L.R. 53, 54 (2014); Permanent Bureau of the Hague Conference on Private International Law, Preliminary Note on International Family Relocation, Prel. Doc. No. 11, S. 14 unter 39; *George*, Relocation Disputes, S. 2, 10.

24 *George*, Relocation Disputes, S. 10 f. Sh. z.B. auch *Glennon*, 4 Utrecht L. Rev. 55 (2008); *Elrod*, 1 J. Fam. L. & Prac. 51, 54 ff. (2010); *Zafran*, 18 Am. U. J. Gender & Soc. Pol'y & L. 163, 165 (2010) oder *Atkinson*, 28 Behav. Sci. Law 563 (2010) zu den

Vor dem Hintergrund der teils stark divergierenden Herangehensweisen sind in den vergangenen Jahren zunehmend Bemühungen um eine internationale Vereinheitlichung im Umgang mit der Problematik zu beobachten.[25] Begründet wird deren Erfordernis oftmals mit dem direkten Zusammenhang zwischen der *Relocation*-Problematik und dem Thema internationale Kindesentführung.[26] So könne die Handhabung der *Relocation*-Fälle die Entscheidung des jeweiligen Elternteils beeinflussen, ob dieser zur Verhinderung bzw. Durchsetzung des Umzugswunsches womöglich den illegalen Weg der Kindesentführung einem *Relocation*-Verfahren vorzieht.[27] Argumentiert wird, dass eine zu restriktive Handhabung den umzugswilligen Elternteil vom rechtmäßigen Weg eines *Relocation*-Verfahrens abschrecke, während eine zu lockere Handhabung den womöglich zurückbleibenden Elternteil in den Glauben versetze, durch eine Entführung nichts verlieren zu können.[28] Während jedoch mit dem

---

unterschiedlichen Handhabungen innerhalb der USA; *Baker/Hirsch/Sauvage*, IFL 97 (2012) für einen Überblick über die Handhabungen in England/Wales, Frankreich und Deutschland sowie die Beiträge von Praktikern aus aller Welt über die jeweiligen nationalen Herangehensweisen im Rahmen der *International Judicial Conference on Cross-Border Family Relocation* in Washington, D.C. (23.-25. März 2010), sh. Special Edition No. 1 The Judges' Newsletter 26 ff. (2010).

25 Auf internationaler Ebene hat sich etwa die Haager Konferenz für Internationales Privatrecht der Problematik angenommen und eine Diskussion über die einheitliche Regelung der Problematik in einem internationalen Rechtsinstrument – insb. im Rahmen eines Zusatzprotokolls zum HKÜ – angeregt, sh. z.B. Permanent Bureau of the Hague Conference on Private International Law, Preliminary Note on International Family Relocation, Prel. Doc. No. 11; *dass.*, Report of Part II of the Sixth Meeting of the Special Commission, 19 The Judges' Newsletter 2, 8 ff. (2013). Auch die o.g. *International Judicial Conference on Cross-Border Family Relocation* wurde u.a. von der Haager Konferenz veranstaltet.

26 Vgl. *Eschelbach/Rölke*, JAmt 2012, 290, 297; *Cochrane*, 5 A.S.L.R. 53, 54 (2014). Vgl. auch *Re G (Children)* [2010] EWCA Civ 1232 (Thorpe LJ): „Relocation and abduction are two sides of the same coin."

27 *Coester-Waltjen*, iFamZ 2012, 311, 315. Sh. auch *Thorpe*, 1 J. Fam. Law & Prac. 4 (2010): „[V]iewed from the perspective of the unsettled parent, an informed choice between the lawful and the wrongful in part depends upon the knowing what test the judge will apply to the application for permission and accepting that test as reasonable."

28 Sh. *Taylor/Gollop/Henaghan*, Relocation Following Parental Separation: The Welfare and Best Interests of Children. Research Report, S. 19; krit. dazu *Freeman*, 1 International Family Law, Policy and Practice 99, 100 (2013); *dies.*, Relocation. The reunite Research, S. 21. Sh. auch Ständiges Büro der Haager Konferenz für Internationales Privatrecht, Praxisleitfaden nach dem Haager Übereinkommen vom 25. Oktober 1980

Haager Entführungsübereinkommen (HKÜ)[29] und dem Haager Kinderschutzübereinkommen (KSÜ)[30] ein internationales Instrument zur Rückführung widerrechtlich entzogener Kinder geschaffen worden sei, stehe ein vergleichbares Regelwerk für die rechtmäßige Verbringung eines Kindes ins Ausland bislang aus.[31] Zwar konnte im Jahr 2010 mit der *Washington Declaration on International Family Relocation*[32] eine erste (unverbindliche) internationale Übereinkunft im Hinblick auf den Umgang mit der *Relocation*-Problematik erzielt werden,[33] ob eine Vereinheitlichung letztlich erreicht werden kann, ist allerdings fraglich.[34] Da die auf *Relocation*-Fälle anzuwendenden Maßstäbe notwendigerweise Wertungsspielräume enthalten müssen, um den Umständen des jeweiligen Einzelfalls Rechnung tragen zu können,[35] werden sie unweigerlich auch von den

---

über die zivilrechtlichen Aspekte internationaler Kindesentführung, Teil III – Vorbeugende Massnahmen, S. 18 f. unter 2.2.

29 Haager Übereinkommen vom 25. Oktober 1980 über die zivilrechtlichen Aspekte internationaler Kindesentführung, BGBl. 1990 II, S. 207.

30 Haager Übereinkommen vom 19. Oktober 1996 über die Zuständigkeit, das anzuwendende Recht, die Anerkennung, Vollstreckung und Zusammenarbeit auf dem Gebiet der elterlichen Verantwortung und der Maßnahmen zum Schutz von Kindern, BGBl. 2009 II, S. 603.

31 *Boele-Woelki et al.*, Principles of European Family Law Regarding Parental Responsibilities, S. 138; *Boshier*, 1 J. Fam. Law & Prac. 10, 15 (2010); *Thorpe*, 1 J. Fam. Law & Prac. 4 (2010); *Hodson*, David Hodson on International Family Law; sh. auch *Cochrane*, 5 A.S.L.R. 53, 54 Fn. 5 (2014).

32 International Judicial Conference on Cross-Border Family Relocation, Washington, D.C., USA, 23–25 March 2010, Washington Declaration on International Family Relocation. Eine deutsche Übersetzung findet sich bei *Eschelbach/Rölke*, JAmt 2012, 290, 298 ff.

33 Die *Washington Declaration* enthält 13 Empfehlungen zum Umgang mit *Relocation*-Fällen. Sie hebt u.a. das Kindeswohl als den primär zu berücksichtigenden Gesichtspunkt hervor und lehnt zugleich Vermutungen für bzw. gegen den Wohnortwechsel ab. Daneben stellt sie eine nicht abschließende Liste von Faktoren zur Ausfüllung des richterlichen Ermessens auf, wobei sie eine Priorisierung einzelner Faktoren zurückweist. Die *Washington Declaration* wird weithin als Fortschritt betrachtet, sh. *Coester-Waltjen*, iFamZ 2012, 311, 312; *Hodson*, David Hodson on International Family Law; *Cochrane*, 5 A.S.L.R. 53, 78 (2014); sh. aber auch *George*, 34 J. Soc. Wel. & Fam. L. 141, 145 ff. (2012); *Bala*, IFL 47, 48 (2013); *Re H (Leave to Remove)* [2010] EWCA Civ 915 [26] (Wilson LJ).

34 Für Bedenken konkret in Bezug auf die *Washington Declaration* sh. *George*, 34 J. Soc. Wel. & Fam. L. 141, 148 (2012); *ders.*, 23 C.F.L.Q. 178, 179 (2011).

35 *Coester-Waltjen*, iFamZ 2012, 311, 315.

Wertvorstellungen der im konkreten Fall entscheidenden Richter beeinflusst.[36] Eine zwangsläufige Hürde ist es insofern, dass in den verschiedenen Kultur- und Rechtskreisen unterschiedliche Auffassungen über die Rolle der Eltern sowie den Platz eines Kindes innerhalb der Familie vorherrschen.[37] Die Hoffnung auf eine internationale Vereinheitlichung im Umgang mit der *Relocation*-Problematik sollte daher nicht allzu hoch angesetzt werden.[38]

## B. Forschungsziel und Gang der Untersuchung

Ziel der vorliegenden Arbeit ist es, die Handhabung der *Relocation*-Problematik in Deutschland herauszuarbeiten und unter rechtsvergleichender Heranziehung der Handhabung in Australien einer kritischen Würdigung zu unterziehen.

Dazu wird die Problematik zunächst aus psychologischer und sozialwissenschaftlicher Sicht beleuchtet und der derzeitige Stand der Forschung, an dem sich der Umgang mit *Relocation*-Fällen messen lassen muss, dargestellt.

Einen ersten Schwerpunkt der Arbeit bildet die umfassende Herausarbeitung der Handhabung der *Relocation*-Problematik in Deutschland. Dazu werden zunächst die Rechtsgrundlagen dargestellt und die Rechtspositionen der Beteiligten sowie der rechtliche Rahmen für die *Relocation*-Entscheidung in den verschiedenen Sorgerechtskonstellationen aufgezeigt. Sodann wird die Rechtsprechungspraxis zur Problematik fokussiert. Dabei werden zunächst die Entscheidungsgrundsätze nach dem *BGH* dargelegt, ehe das Abwägungsverhalten der mit internationaler *Relocation* befassten deutschen Oberlandesgerichte näher dargestellt wird. Hierfür werden sämtliche seit Inkrafttreten des Kindschaftsrechtsreformgesetzes (KindRG)[39] veröffentlichten obergerichtlichen *Relocation*-Entscheidungen im Hinblick auf die inhaltliche Abwägung nach dem Kriterium des Kindeswohls ausgewertet. Unter Rückgriff auf den zuvor dargelegten derzeitigen Stand der Forschung wird die Rechtsprechungspraxis sodann einer ersten, grundsätzlichen Bewertung unterzogen.

---

36 *Coester-Waltjen*, iFamZ 2012, 311, 315. Sh. auch *Carmody*, 45 Fam. Ct. Rev. 214, 215 (2007): „Best interests are values, not facts. They are not susceptible to scientific demonstration or conclusive proof. The same body of evidence may produce opposite but nevertheless reasonable conclusions from different judges. There is not always only one right answer."

37 *Boshier*, 1 J. Fam. Law & Prac. 10, 11 (2010).

38 *Coester-Waltjen*, iFamZ 2012, 311, 315. Sh. auch *Parkinson/Cashmore*, 53 Fam. Ct. Rev. 23, 24 (2015); *Carmody*, 45 Fam. Ct. Rev. 214, 215 (2007): „[I]nternational uniformity is almost impossible to attain."

39 Gesetz zur Reform des Kindschaftsrechts v. 16.12.1997, BGBl. 1997 I, S. 2942.

Die Handhabung der *Relocation*-Problematik in Australien wird in einem weiteren Schritt beleuchtet. Dargestellt werden die Rechtspositionen der Beteiligten sowie die Lösung der *Relocation*-Problematik auf Grundlage des *Family Law Act 1975* sowie des einschlägigen Fallrechts.

Unter rechtsvergleichender Heranziehung dieser von der deutschen Handhabung teils abweichenden Herangehensweise wird letztere nunmehr einer kritischen Würdigung unterzogen. Zu diesem Zweck wird zunächst der grundsätzliche Unterschied zwischen den Herangehensweisen herausgearbeitet und in Form der sodann zu diskutierenden Fallfrage – nämlich der Frage nach den in Betracht zu ziehenden Entscheidungsalternativen – formuliert. Hinsichtlich ihrer Erörterung und schließlich Beantwortung wird zwischen Fallgestaltungen unterschieden, in denen die Betreuung des Kindes im Rahmen des Residenzmodells erfolgt, und solchen, denen eine Betreuung im Wechselmodell zugrunde liegt.

Die mit der *Relocation*-Problematik eng verbundene Problematik des grenzüberschreitenden Umgangs betreffend die Anerkennung und Vollstreckung deutscher Umgangsrechtentscheidungen im Ausland und der Umgang mit ihr im Rahmen deutscher *Relocation*-Entscheidungen wird in einem letzten Schritt aufgegriffen.

# 1. Teil: *Relocation* aus sozialwissenschaftlicher und psychologischer Sicht

## A. Die Bedeutung der sozialwissenschaftlichen und psychologischen Forschung für die Frage nach der Handhabung der *Relocation*-Problematik

Außer Frage steht, dass zur Ausfüllung des Kindeswohlbegriffs auch außerjuristische Kriterien, insbesondere wissenschaftliche Erkenntnisse heranzuziehen sind.[40] Will man sich diese für die Frage nach dem richtigen Umgang mit *Relocation*-Fällen zunutze machen, wird man sich jedoch stets bewusst sein müssen, was sie generell zu leisten imstande sind. Wenngleich eine umfassende Darlegung der anzustellenden Erwägungen hier nicht erfolgen kann,[41] sollen einige grundsätzliche Gesichtspunkte vorweggeschickt werden.

Da Gegenstand sozialwissenschaftlicher bzw. psychologischer Untersuchungen nicht das Kindeswohl als Ganzes ist, können sich ihre Aussagen stets nur auf Teilaspekte desselben beschränken.[42] Dass sich zunächst eindeutige Ergebnisse bezüglich eines bestimmten Kindeswohlaspekts durch die Einbeziehung weiterer Aspekte relativieren oder durchaus auch ins Gegenteil verkehren können, ist zu berücksichtigen.[43] Einer direkten Wahrnehmung ist das Wohl des Kindes zudem nicht zugänglich; Erkenntnisse lassen sich lediglich mittelbar durch die Beobachtung äußerer Anzeichen sowie den Vergleich mit anderen Kindern gewinnen.[44] Nicht alle kindlichen Emotionen und Bedürfnisse aber schlagen sich in offen erkennbaren Verhaltensweisen nieder und nicht alle äußerlich sichtbaren Reaktionen werden wahrgenommen bzw. trotz Wahrnehmung berichtet.[45] Darauf aufbauende Schlussfolgerungen sind zudem stets wertungsabhängig und somit wesentlich durch die Person des jeweiligen Wissenschaftlers

---

40 Johannsen/Henrich/*Jaeger*, § 1671 Rz. 47; Staud/*Coester*, § 1666 Rz. 72; § 1671 Rz. 177 ff.; *ders.*, Kindeswohl, S. 163, 420 m.w.N.

41 Für eine ausf. Darstellung sh. *Coester*, Kindeswohl, S. 419 ff. m.w.N.

42 *Coester*, Kindeswohl, S. 422 m.w.N. Vgl. auch *Friedrich/Walter/Kindler*, in: Klinkhammer/Prinz/Klotmann (Hrsg.), Hdb Begleiteter Umgang, S. 28, 30 (zur psychologischen Forschung das Umgangsrecht betreffend).

43 *Friedrich/Walter/Kindler*, in: Klinkhammer/Prinz/Klotmann (Hrsg.), Hdb Begleiteter Umgang, S. 28, 30 f.

44 *Coester*, Kindeswohl, S. 423.

45 *Warshak*, 34 Fam. L.Q. 83, 110 (2000).

selbst wie auch dessen kulturell bedingtem und individuellem Vorverständnis beeinflusst.[46] Begrenzt ist der zu erreichende Gewissheitsgrad letztlich durch die enorme Komplexität des menschlichen Seins.[47] Das Wohlergehen eines Kindes unterliegt einer Vielzahl an Einflüssen, deren objektive Erfassung, geschweige denn Ausschaltung zum Zwecke empirischer Untersuchungen erstens nicht ohne weiteres möglich ist und die zweitens individuell unterschiedlich aufgenommen werden sowie individuell unterschiedliche Reaktionen auslösen.[48] Statt kausaler Zusammenhänge können durch entsprechende Untersuchungen daher lediglich Korrelationen aufgezeigt werden.[49]

## B. Empirische Forschung zu den Auswirkungen von *Relocation* infolge elterlicher Trennung

### I. Kohorten- oder umfragebasierte Studien zu *Relocation* infolge elterlicher Trennung

Die Auswirkungen von *Relocation* auf Kinder und Jugendliche wurden im Rahmen verschiedener psychologischer und soziologischer Studien untersucht.[50] Größtenteils erfolgte die Forschung allerdings zu Wohnortwechsel generell, nur wenige Studien haben die Auswirkungen von *Relocation* im spezifischen Zusammenhang mit elterlicher Trennung untersucht.[51] Die Ergebnisse dieser Untersuchungen sind zudem nicht einheitlich.[52] Während einige positive bzw. keine signifikant negativen Effekte erkennen lassen, stellen andere schädliche Folgen fest.[53]

---

46 *Coester*, Kindeswohl, S. 423, 431 ff. m.w.N.

47 Ebd., S. 424.

48 Ebd. m.w.N.

49 Ebd. m.w.N. Sh. auch *Waldron*, 19 J. Am. Acad. Matrim. Law. 337, 343 (2005); *Gindes*, 15 J. Am. Acad. Matrim. Law. 119, 127, 144 (1998).

50 *Horsfall/Kaspiew*, 24 Austl. J. Fam. L. 34 (2010).

51 Ebd.

52 Ebd.; *Taylor/Freeman*, 44 Fam. L.Q. 317, 318, 322 (2010); *Taylor*, 1 International Family Law, Policy and Practice 90, 92 (2013).

53 Ausf. dazu *Horsfall/Kaspiew*, 24 Austl. J. Fam. L. 34 (2010); sh. auch *Taylor/Freeman*, 44 Fam. L.Q. 317, 318, 322 (2010).

Die in den USA durchgeführte Studie von *Braver/Ellman/Fabricius*[54] ist die wohl meist zitierte auf diesem Feld.[55] Im Rahmen ihrer Untersuchung wurden Psychologie-Studenten, deren Eltern sich im Laufe ihrer Kindheit getrennt hatten, befragt und in Abhängigkeit von ihren Erfahrungen mit *Relocation*[56] hinsichtlich 14 verschiedener Faktoren miteinander verglichen.[57] *Braver et al.* kamen insgesamt zu dem Ergebnis, dass der Umzug eines Elternteils überwiegend mit signifikant negativen Effekten für die betroffenen Kinder und Jugendlichen verbunden ist.[58] Im Vergleich zu Scheidungsfamilien, in denen kein Elternteil umgezogen war, erhielten Studenten, die entweder mit einem Elternteil umgezogen waren oder deren einer Elternteil alleine umgezogen war, weniger finanzielle Unterstützung, sie sorgten sich mehr um diese Unterstützung, empfanden mehr Feindseligkeiten in ihren zwischenmenschlichen Beziehungen, litten stärker unter der Scheidung der Eltern, nahmen die Eltern weniger positiv als Quelle emotionaler Unterstützung und als Rollenvorbilder wahr, schätzten die Qualität der Beziehung ihrer Eltern untereinander als schlechter ein und bewerteten ihren eigenen allgemeinen Gesundheitszustand, die eigene Lebenszufriedenheit sowie persönliche und emotionale Anpassung als weniger positiv.[59]

Während *Braver et al.* anerkennen, dass ihre Ergebnisse lediglich Korrelationen und keine Kausalitäten offenlegen, sich auf ihrer Grundlage also nicht mit

54 *Braver/Ellman/Fabricius,* 17 J. Fam. Psychol. 206 (2003).

55 *Taylor/Gollop/Henaghan,* IFL 97, 99 (2010); *Taylor/Freeman,* 1 J. Fam. L. & Prac. 19, 21 (2010).

56 *Relocation* wurde definiert als Umzug an einen mehr als eine Stunde Fahrtzeit vom ursprünglichen Wohnort der Familie entfernt liegenden Ort. Die Studenten wurden eingeteilt in fünf Gruppen: kein Umzug eines Elternteils (39%), Umzug des Vaters bei Verbleib bei der Mutter (26%), Umzug mit der Mutter (25%), Umzug der Mutter bei Verbleib beim Vater (8%), Umzug mit dem Vater (4%).

57 Überprüft wurden folgende Faktoren: Finanzieller Gesamtbeitrag zum College (total contribution to college); persönliche/emotionale Anpassung (personal/emotional adjustment); Feindseligkeit (hostility); Zerissenheit und Schmerz infolge der Scheidung (inner turmoil and distress from divorce); positive mütterliche bzw. väterliche Unterstützung (mom good supporter, dad good supporter); Elternteile als Rollenvorbilder (two good role models); Verhältnis der Eltern untereinander (parents get along); Wahl von Freundschaften bzw. Liebesbeziehungen (platonic relationship choices, romantic relationship choices); Drogenmissbrauch (substance abuse); Sorgen über die Finanzierung des Studiums (worry about college expenses); allgemeiner Gesundheitszustand (global health); generelle Lebenszufriedenheit (general life satisfaction).

58 *Braver/Ellman/Fabricius,* 17 J. Fam. Psychol. 206, 214 (2003).

59 Ebd.

Sicherheit beweisen lässt, dass *Relocation* infolge elterlicher Trennung Schäden für die betroffenen Kinder und Jugendlichen verursacht,[60] betonen sie gleichsam das Fehlen einer empirischen Grundlage für die Annahme, ein Kind profitiere von dem Umzug mit dem betreuenden Elternteil.[61] Entsprechende gesetzliche Vermutungen betrachten sie als nicht gerechtfertigt.[62] Die Beweislast für die Kindeswohldienlichkeit eines Umzugs sollte ihrer Ansicht nach beim umzugswilligen Elternteil liegen.[63] Obgleich sie gewisse Nachteile einräumen, empfehlen *Braver et al.* den strategischen Gebrauch von bedingten Anordnungen, mittels derer das Sorgerecht auf den zurückbleibenden Elternteil übertragen wird, sofern der betreuende Elternteil den Umzugswunsch umsetzt.[64] Jedenfalls in Fällen, in denen das Kind eine gute Beziehung zum zurückbleibenden Elternteil unterhält und der Umzug nicht zum Schutz vor einer schädlichen Umgebung erforderlich ist, solle ein Umzug des betreuenden Elternteils auf diese Weise verhindert werden.[65] In einer von *Fabricius/Braver*[66] später veröffentlichten Folgestudie wurden diese Schlussfolgerungen und Empfehlungen nochmals bestätigt.[67]

Teilweise zu anderen Ergebnissen kommen die wenigen weiteren Untersuchungen zur Problematik.[68] Während zwar die Studie von *Gilman/Kawachi/Fitzmaurice/Buka*[69] ebenfalls negative Folgen ausmacht – ihr zufolge weisen Kinder, die vor ihrem siebten Lebensjahr einen geringen sozioökonomischen Hintergrund, elterliche Trennung und eine unbeständige Wohnsituation erfahren, ein signifikant höheres Risiko auf, im Jugendlichenalter an Depressionen

---

60 *Braver/Ellman/Fabricius*, 17 J. Fam. Psychol. 206, 214, 215 (2003).

61 Ebd., 215.

62 Ebd.

63 Ebd.

64 Ebd., 216.

65 Ebd.

66 *Fabricius/Braver*, in: Stahl/Drozd (Hrsg.), Relocation Issues in Child Custody Cases, S. 7. Adressiert wurde hier die Frage, ob die in der ursprünglichen Studie festgestellten negativen Ergebnisse von Studenten mit *Relocation*-Erfahrung womöglich weniger auf den Umzug zurückzuführen sind als vielmehr auf familiäre Umstände, die *Relocation* sowie langfristige negative Folgen prädisponierten, sh. genauer zu Methodik und Ergebnissen ebd., S. 12 ff., S. 16 ff.

67 Ebd., S. 7, 22 ff.

68 Sh. genauer zu den jeweiligen Untersuchungen *Horsfall/Kaspiew*, 24 Austl. J. Fam. L. 34, 44 ff. (2010).

69 *Gilman/Kawachi/Fitzmaurice/Buka*, 33 Psychol. Med. 1341 (2003).

zu erkranken –,[70] konnten etwa die Studien von *Norford/Medway*[71] sowie *Verropoulou/Joshi/Wiggins*[72] langfristige Schäden nicht feststellen. Bezogen auf die Faktoren Depressionen, soziale Unterstützung, Familienzusammenhalt und Schüchternheit wurden keine signifikant negativen Unterschiede zwischen Kindern und Jugendlichen mit und ohne *Relocation*-Erfahrung infolge elterlicher Trennung gefunden.[73] Gleiches gilt für die Faktoren kognitive Entwicklung und Aggressivität.[74] Kinder, die nach der elterlichen Trennung umgezogen waren, zeigten in der Untersuchung von *Verropoulou et al.* Kognition und Nicht-Aggressivität betreffend vielmehr sogar positivere Ergebnisse als Kinder, die zwar umgezogen waren, nicht aber als Folge elterlicher Trennung.[75] *Norford/Medway* zufolge war hinsichtlich der Auswirkungen des Umzugs vor allem die mütterliche Einstellung mitentscheidend.[76]

Die wenigen empirischen Studien zu den Auswirkungen von *Relocation* speziell im Zusammenhang mit elterlicher Trennung können ein klares Bild letztlich also nicht schaffen.[77] Sie entsprechen damit der Forschung zu *Relocation* generell, die ebenso uneinheitliche Ergebnisse generiert.[78] Während die empirische Befundlage daher einerseits als „bestenfalls widersprüchlich" bewertet wird,[79] sind anderen Stimmen zufolge gleichwohl insgesamt schädliche Folgen und somit ein erhöhtes Risiko für sämtliche Familienformen erkennbar.[80] Für die hier interessierende Frage nach dem richtigen Umgang mit *Relocation*-Fällen sind abgesehen von den teils konträren Ergebnissen der Untersuchungen auch die ihnen jeweils immanenten Grenzen zu berücksichtigen. Neben den schon generellen Leistungsgrenzen wissenschaftlicher Aussagen zum Kindeswohl weist jede der o.g. Studien gewisse Unzulänglichkeiten auf – etwa im Hinblick auf die

---

70 *Gilman/Kawachi/Fitzmaurice/Buka*, 33 Psychol. Med. 1341 (2003).

71 *Norford/Medway*, 39 Psychol. Schs. 51 (2002).

72 *Verropoulou/Joshi/Wiggins*, 16 Child. & Soc'y 219 (2002).

73 *Norford/Medway*, 39 Psychol. Schs. 51 (2002).

74 *Verropoulou/Joshi/Wiggins*,16 Child. & Soc'y 219 (2002).

75 Ebd.

76 *Norford/Medway*, 39 Psychol. Schs. 51 (2002).

77 Sh. *Taylor/Gollop/Henaghan*, IFL 97, 99 (2010).

78 Sh. die Darlegung beispielhaft ausgewählter Studien zu den Folgen von *Relocation* in intakten Familien bei *Horsfall/Kaspiew*, 24 Austl. J. Fam. L. 34 (2010).

79 So *Horsfall/Kaspiew*, 24 Austl. J. Fam. L. 34, 56 (2010).

80 Sh. *Kelly*, Relocation of Children Following Separation and Divorce: Challenges for Children and Considerations for Judicial Decision-Making (unveröffentlichtes Paper), zit. nach *Taylor/Freeman*, 44 Fam. L.Q. 317, 337 (2010); *Austin*, 46 Fam. Ct. Rev. 137, 140 ff. (2008); sh. auch *Kelly/Lamb*, 17 J. Fam. Psychol. 193 (2003).

gewählte Methodik –, die die jeweilige Aussagekraft schmälern.[81] Dass die einschlägigen Studien ausschließlich dem Ausland entstammen und sich aufgrund von Unterschieden in den sozio-ökonomischen Rahmenbedingungen sowie historischen und kulturellen Kontexten daher auch die Frage nach der Übertragbarkeit der Ergebnisse auf den deutschen Rechtsraum stellt, ist ebenfalls zu bedenken.[82] Die fehlende Einheitlichkeit der Ergebnisse deutet letztlich darauf hin, dass es dahinter liegende Faktoren sind, die über positive, neutrale oder negative Folgen eines Umzugs mitentscheiden,[83] etwa sozio-ökonomische Aspekte wie auch vorangegangene signifikante (Familien-)Erfahrungen und individuelle Charakteristika.[84] Insofern werfen die durchgeführten Studien zahlreiche neue Fragen auf und verdeutlichen das Bedürfnis nach weiteren, tiefergehenden Untersuchungen im Hinblick auf die Auswirkungen von *Relocation* auf Kinder und Jugendliche.[85]

---

81 Zu den generellen Leistungsgrenzen sh. oben 1.Teil.A. Die Studie von *Gilman et al.* z.B. basiert auf der Schilderung von Erfahrungen, die in den 1960er und 1970er Jahren, somit in einem völlig anderen sozialen Kontext als dem heutigen gemacht wurden, sh. *Gilman/Kawachi/Fitzmaurice/Buka*, 33 Psychol. Med. 1341, 1350 (2003). Bei *Verropoulou et al.* sind eine im Laufe der Zeit eintretende Abnahme der Studienteilnehmer, fehlende Daten sowie folglich eine Unterrepräsentation bestimmter Probandengruppen zu bedenken, sh. *Verropoulou/Joshi/Wiggins*, 16 Child. & Soc'y 219, 221 (2002). *Norford/Medway* berichten u.a. über teilweise Ungenauigkeiten in den Angaben der befragten Jugendlichen sowie fehlende Vergleichswerte hinsichtlich bestimmter Faktoren für die Zeit vor dem Umzug, sh. *Norford/Medway*, 39 Psychol. Schs. 51, 61 (2002). Sh. *Wallerstein*, Comments on Sanford Braver; *Bruch*, 40 Fam. L.Q. 281, 309 (2006); *Horsfall/Kaspiew*, 24 Austl. J. Fam. L. 34, 48 (2010); *Glenn/Blankenhorn*, Institute for American Values, zu den Kritikpunkten an der Studie von *Braver et al.* sowie *Horsfall/Kaspiew*, 24 Austl. J. Fam. L. 34, 51 f. (2010) zur Kritik an der Untersuchung von *Fabricius/Braver*.

82 Vgl. *Horsfall/Kaspiew*, 24 Austl. J. Fam. L. 34, 34 f. (2010); *Cashmore/Parkinson*, 20 Psych. Pub. Pol. and L. 239, 241 (2014).

83 *Horsfall/Kaspiew*, 24 Austl. J. Fam. L. 34, 55 (2010).

84 Sh. ebd., 55 f.; *Taylor/Freeman*, 44 Fam. L.Q. 317, 318 (2010); *Gindes*, 15 J. Am. Acad. Matrim. Law. 119, 125 ff. (1998).

85 Vgl. *Sovronsky*, 75 Alb. L. Rev. 1075, 1084 f. (2011–2012); *Taylor/Freeman*, 44 Fam. L.Q. 317, 318 (2010); sh. auch *Pasahow*, 19 J. Am. Acad. Matrim. Law. 321, 327 (2005); *Horsfall/Kaspiew*, 24 Austl. J. Fam. L. 34, 56 (2010).

## II. Soziojuristische Studien zu den Erfahrungen von Kindern und Eltern mit *Relocation*-Streitigkeiten im Kontext des Familienrechtssystems

### *1. Einführung*

In den vergangenen Jahren wurden im englischsprachigen Ausland verschiedene soziojuristische Studien durchgeführt, deren Fokus auf der Entwicklung eines besseren Verständnisses von Familien in *Relocation*-Situationen lag.[86] Es handelt sich um die Untersuchungen von *Parkinson/Cashmore/Chrisholm/Single*[87] (Australien), *Behrens/Smyth/Kaspiew*[88] (Australien), *Taylor/Gollop/Henaghan*[89] (Neuseeland) sowie *Freeman*[90] (England).

Ziel dieser Studien ist es, basierend auf den persönlichen Perspektiven Betroffener mehr über die tatsächlichen Auswirkungen von *Relocation*-Streitigkeiten auf Kinder und Jugendliche zu erfahren. Im Mittelpunkt des Interesses standen vor allem die von betroffenen Eltern und Kindern nach der (gerichtlichen oder einvernehmlichen) Lösung einer *Relocation*-Streitigkeit gemachten Erfahrungen, insbesondere im Hinblick auf die Frage, wie sie die Auswirkungen der Entscheidung auf sich selbst und andere Familienmitglieder wahrnahmen, welche weiteren Entwicklungen und Problematiken die Entscheidung nach sich zog – etwa in Bezug auf die Umgangskontakte – sowie gegebenenfalls die jeweiligen Sichtweisen auf den gerichtlichen Prozess.[91] Untersucht wurde, wie Eltern und Kinder die Folgen von *Relocation*-Streitigkeiten langfristig bewältigten, z.B.

---

86 *Stahl,* 25 J. Am. Acad. Matrim. Law. 425, 429, 439 (2013).

87 *Parkinson/Cashmore,* in: Behrens/Smyth/Kaspiew (Hrsg.), Relocation Disputes in Australia, S. 109; *Parkinson,* in: Verschraegen (Hrsg.), Family Finances, S. 553; *Parkinson/Cashmore/Single,* 44 Fam. L.Q. 1 (2010); *Parkinson/Cashmore,* 47 Fam. L.Q. 65 (2013); *Cashmore/Parkinson,* 28 C.F.L.Q. 151 (2016). Sh. auch *Parkinson/Cashmore,* 53 Fam. Ct. Rev. 23 (2015) für einen Überblick über die Studie.

88 *Behrens/Smyth/Kaspiew,* in: Behrens/Smyth/Kaspiew (Hrsg.), Relocation Disputes in Australia, S. 117; *dies.,* 23 Austl. J. Fam. L. 222 (2009); *dies.,* 24 Austl. J. Fam. L. 97 (2010).

89 *Taylor/Gollop/Henaghan,* Relocation Following Parental Separation: The Welfare and Best Interests of Children. Research Report; *dies.,* IFL 97 (2010); *Gollop/Taylor,* in: Freeman (Hrsg.), Law and Childhood Studies, S. 219.

90 *Freeman,* Relocation. The reunite Research.

91 Sh. *Behrens/Smyth/Kaspiew,* in: Behrens/Smyth/Kaspiew (Hrsg.), Relocation Disputes in Australia, S. 117; *Taylor/Gollop/Henaghan,* IFL 97, 100 Fn. 28 (2010); *Freeman,* 1 J. Fam. L. & Prac. 98 (2010).

welche Faktoren zu einer erfolgreichen Bewältigung beitrugen.[92] Gefragt wurden sie zudem nach Ratschlägen, die sie anderen Eltern in der *Relocation*-Situation erteilen würden.[93] Auch den innerfamiliären Beziehungen vor, während und nach der *Relocation*-Entscheidung wurde nachgegangen,[94] ebenso den Umzugsgründen.[95] Befragt wurden jeweils Eltern, die entweder ein gerichtliches *Relocation*-Verfahren durchlaufen oder die *Relocation*-Streitigkeit außergerichtlich einer Lösung zugeführt hatten.[96] In zwei der Untersuchungen wurden darüber hinaus betroffene Kinder befragt.[97]

## 2. *Ergebnisse*

Gerichtliche *Relocation*-Streitigkeiten traten meist in Zusammenhang mit weiteren Konflikten auf. Eltern, die ein gerichtliches *Relocation*-Verfahren durchliefen, hatten oftmals vielschichtige und konfliktbeladene Beziehungen, geprägt von Missbrauchs- und Gewaltanschuldigungen sowie vorangehenden Gerichtsverfahren in anderen Angelegenheiten. In den meisten Fällen war die Beziehung bereits vor Eintritt der *Relocation*-Situation konfliktreich und verbesserte sich auch nach Lösung der Streitigkeit nicht.[98] Dies zeigt, dass *Relocation* infolge elterlicher Trennung womöglich eher ein Produkt von Konflikt als dessen Ursache ist.[99] *Relocation*-Streitigkeiten sind demnach mehr als eine Auseinandersetzung

---

92 Sh. *Parkinson/Cashmore/Single*, 44 Fam. L.Q. 1, 4 f. (2010); *Taylor/Gollop/Henaghan*, IFL 97, 100 Fn. 28 (2010); *Parkinson*, in: Verschraegen (Hrsg.), Family Finances, S. 553, 555.

93 *Behrens/Smyth/Kaspiew*, 23 Austl. J. Fam. L. 222, 229 (2009).

94 *Behrens/Smyth/Kaspiew*, in: Behrens/Smyth/Kaspiew (Hrsg.), Relocation Disputes in Australia, S. 117; *dies.*, 23 Austl. J. Fam. L. 222 (2009); *dies.*, 24 Austl. J. Fam. L. 97 (2010).

95 *Parkinson/Cashmore/Single*, 44 Fam. L.Q. 1, 8 ff. (2010).

96 Ebd., 8; *Taylor/Gollop/Henaghan*, Relocation Following Parental Separation: The Welfare and Best Interests of Children. Research Report, S. 84; *Freeman*, Relocation. The reunite Research, S. 10. Sh. dort genauer zur jew. Methodik. Eine die Streitigkeit abschließende Gerichtsentscheidung als Einschlusskriterium forderten nur *Behrens/Smyth/Kaspiew*, 23 Austl. J. Fam. L. 222 (2009).

97 *Parkinson/Cashmore/Single*, 44 Fam. L.Q. 1, 8 (2010); *Cashmore/Parkinson*, 28 C.F.L.Q. 151 (2016); *Taylor/Gollop/Henaghan*, Relocation Following Parental Separation: The Welfare and Best Interests of Children. Research Report, S. 85.

98 *Behrens/Smyth/Kaspiew*, 23 Austl. J. Fam. L. 222, 230 ff. (2009); *Kaspiew/Behrens/Smyth*, 86 Family Matters 72, 75 (2011).

99 *Kaspiew/Behrens/Smyth*, 86 Family Matters 72 (2011).

über den Umzug des Kindes.[100] Für die mit *Relocation*-Fällen befassten Gerichte heißt dies, dass nicht allein die Frage nach dem Wohnortwechsel in den Blick zu nehmen ist, sondern die dahinterliegenden familiären Beziehungen und Konflikte einer intensiven Betrachtung bedürfen.

Die Interviews veranschaulichen die unterschiedlichen Interessen der Eltern. Mütter schilderten ihre Verzweiflung, in einem Land verbleiben zu müssen, in dem sie allein aufgrund der nun gescheiterten Beziehung lebten, ohne familiäres Umfeld und emotionale wie finanzielle Unterstützung. Einer Arbeit durften sie mitunter nicht nachgehen, staatliche Unterstützung nicht beantragen. Von Selbstmordgedanken wurde mehrfach berichtet.[101] Ähnliche Gefühle schilderten jedoch auch zurückgebliebene Väter, die sich nach dem Umzug des Kindes als entbehrliches Accessoire fühlten,[102] mehr als Onkel denn als Vater,[103] und mitunter in Alkoholismus, Armut und Depressionen verfielen.[104] Dürfen es trotz allen Mitgefühls auch nicht diese Schilderungen sein, die in einem auf dem Kindeswohl-Prinzip basierenden Familienrechtssystem maßgeblich für die Entscheidung sind,[105] so sensibilisieren sie gleichwohl für die komplizierte Interessenlage, in der sich die von *Relocation* betroffenen Familien befinden. Voraussetzung guter Entscheidungen ist es auch, dass sich der Rechtsanwender der gegenläufigen Interessen und dahinterstehenden Schicksale bewusst ist. Dies gilt umso mehr angesichts der Tatsache, dass die verschiedenen innerfamiliären Interessen in vielerlei Hinsicht miteinander verwoben und voneinander abhängig sind.[106]

Dass sich die Perspektiven von Kind und Eltern dennoch teils erheblich unterscheiden, sich eine Gleichsetzung ihrer Interessen daher verbietet, offenbart die Befragung betroffener Kinder.[107] In anderen Rechtsordnungen vorherrschende Ansichten, denen zufolge das Kindeswohl in direktem Zusammenhang mit dem Interesse des betreuenden Elternteils steht – etwa die Annahme, eine Ablehnung

100 *Behrens/Smyth/Kaspiew*, 23 Austl. J. Fam. L. 222, 245 (2009).

101 *Freeman*, Relocation. The reunite Research, S. 26; *dies.*, 1 J. Fam. L. & Prac. 98, 101 (2010).

102 Ebd.

103 *Freeman*, Relocation. The reunite Research, S. 16.

104 Ebd., S. 26; *dies.*, 1 J. Fam. L. & Prac. 98, 101 (2010).

105 *Freeman*, 1 J. Fam. L. & Prac. 98, 107 (2010). Sh. auch *Parkinson/Cashmore*, 53 Fam. Ct. Rev. 23, 33 (2015).

106 Sh. dazu *Coester*, Kindeswohl, S. 210 ff. m.w.N. Sh. auch *Gindes*, 15 J. Am. Acad. Matrim. Law. 119, 147 (1998), die insofern eine „Familienperspektive" anmahnt.

107 *Cashmore/Parkinson*, 28 C.F.L.Q. 151, 168, 171 (2016).

des Umzugsbegehrens wirke sich zwangsläufig negativ auf das Kindeswohl aus bzw. auch das Kind profitiere von einem für den Elternteil vorteilhaften Umzug („a happy mother makes a happy child") –[108] erscheinen vor diesem Hintergrund fragwürdig.[109] Dass ebenso gut auch das Gegenteil der Fall sein könnte, legt die von *Parkinson/Cashmore* durchgeführte Befragung von Müttern nahe, die ihre Umzugspläne infolge gerichtlicher Entscheidung oder freiwillig aufgegeben hatten. So kamen viele hiermit gut zurecht, weil sie die Vorteile erkannten, die die Nähe zum anderen Elternteil für das Kind brachte.[110] Auch die bei *Freeman* geäußerte Erkenntnis einer Mutter, „it is a happy child that makes a happy mother, and not [...] [a] happy mother that makes a happy child", bringt dies zum Ausdruck.[111] Überdies zeigt sich hierin die Bedeutung, die der Konsultierung des Kindeswillens und der Einbeziehung der kindlichen Wünsche und Gefühle im Rahmen einer kindesorientierten Herangehensweise zukommen muss.[112] Zu achten ist insofern allerdings auf eine dem Kindeswohl entsprechende Art der Beteiligung. Eine Einbeziehung, bei der das Kind in den Mittelpunkt der Streitigkeit rückt und ihm den Ausgang des Verfahrens betreffende Entscheidungen abverlangt werden, kann dem Wohl des Kindes schaden.[113] Dass die betroffenen Kinder ein Leben am potentiellen neuen Wohnort überdies oftmals nicht einzuschätzen wissen – etwa wenn sie den Ort nicht oder nur aus kurzfristigen Aufenthalten kennen – und geäußerte Wünsche daher auf Angst oder unrealistischen Erwartungen basieren können, ist zu berücksichtigen.[114]

Eine in den Interviews wiederkehrende Thematik war der von den zurückgebliebenen Elternteilen regelmäßig erlebte Verlust der Kinder.[115] Zahlreiche Eltern berichteten über konstante Schwierigkeiten in der Realisierung der Umgangsregelungen.[116] Die Bemühung um die Ausübung des Umgangs wurde mitunter

108 So früher insb. in England, sh. *Payne v Payne* [2001] EWCA Civ 166 [26] (Thorpe LJ).

109 Vgl. *Cashmore/Parkinson*, 28 C.F.L.Q. 151, 171 (2016).

110 *Parkinson/Cashmore*, 47 Fam. L.Q. 65, 93 f. (2013).

111 *Freeman*, Relocation. The reunite Research, S. 17.

112 *Cashmore/Parkinson*, 28 C.F.L.Q. 151, 168, 172 f. (2016).

113 *Parkinson/Cashmore*, 53 Fam. Ct. Rev. 23, 32 f. (2015).

114 *Cashmore/Parkinson*, 28 C.F.L.Q. 151, 173 (2016); *Parkinson/Cashmore*, 53 Fam. Ct. Rev. 23, 33 (2015).

115 *Freeman*, Relocation. The reunite Research, S. 14, 27; *Parkinson/Cashmore/Single*, 44 Fam. L.Q. 1, 25 (2010).

116 *Freeman*, Relocation. The reunite Research, S. 14; *Behrens/Smyth/Kaspiew*, 23 Austl. J. Fam. L. 222, 237 f. (2009); *Parkinson/Cashmore/Single*, 44 Fam. L.Q. 1, 26 f. (2010).

zur lebensbestimmenden Aufgabe.[117] Häufig scheiterte der Kontakt an der Kooperationsbereitschaft des betreuenden Elternteils.[118] Ein nicht untypischer Fall war es insofern, dass der umgangsberechtigte Kindesvater zur Sicherstellung des Kontakts ebenfalls an den neuen Wohnort des Kindes verzog, dieses jedoch anschließend von der Mutter entführt wurde.[119] Nicht selten waren zurückgebliebene Elternteile gezwungen, staatliche Vollstreckung der Umgangsregelungen zu beantragen.[120] Vom Verlust beträchtlicher Summen zur Finanzierung mitunter vergeblicher Reisen wurde berichtet.[121] Oftmals scheiterte die Aufrechterhaltung des Kontakts allerdings auch an der großen Distanz und den damit verbundenen finanziellen Belastungen.[122]

Die Finanzierung der Umgangskontakte war den Berichten zufolge oftmals problematisch.[123] Mitunter war sie im Rahmen der gerichtlichen Entscheidung nicht thematisiert worden und letztlich allein an den zurückgebliebenen Vätern hängen geblieben.[124] Diese stießen mitunter an ihre finanziellen Grenzen und schilderten die damit verbundenen Sorgen.[125] Auch aus den Berichten einiger Kinder ging die Problematik hervor. So wünschten sich diese manchmal häufigeren Kontakt, als es die finanziellen Umstände zuließen.[126]

Als belastend erwiesen sich mitunter die zur Ausübung des Umgangs erforderlichen Reisen.[127] In einigen Fällen waren seitens des Gerichts Umgangsregelungen getroffen worden, die den Kindern viel zu häufige und beschwerliche

117 *Freeman*, Relocation. The reunite Research, S. 14.

118 Ebd.; *Parkinson/Cashmore/Single*, 44 Fam. L.Q. 1, 26 (2010), sh. auch *Behrens/Smyth/Kaspiew*, 23 Austl. J. Fam. L. 222, 237 f. (2009).

119 *Freeman*, Relocation. The reunite Research, S. 14.

120 Ebd.

121 Ebd.

122 *Parkinson/Cashmore/Single*, 44 Fam. L.Q. 1, 26, 27 ff. (2010); *Parkinson*, in: Verschraegen (Hrsg.), Family Finances, S. 553, 565; *Freeman*, 1 J. Fam. L. & Prac. 98, 103 (2010).

123 *Parkinson/Cashmore/Single*, 44 Fam. L.Q. 1, 27 ff. (2010); *Parkinson*, in: Verschraegen (Hrsg.), Family Finances, S. 553, 564 f.; *Freeman*, Relocation. The reunite Research, S. 16.

124 *Freeman*, Relocation. The reunite Research, S. 16.

125 Ebd.

126 *Gollop/Taylor*, in: Freeman (Hrsg.), Law and Childhood Studies, S. 219, 233.

127 *Parkinson/Cashmore/Single*, 44 Fam. L.Q. 1, 30 ff. (2010); *Parkinson*, in: Verschraegen (Hrsg.), Family Finances, S. 553, 563 f.

Reisen abverlangten und daher langfristig nicht aufrechtzuerhalten waren.[128] Teils äußerten sich die befragten Kinder jedoch auch positiv, insbesondere über Flugreisen.[129] Viele gewöhnten sich an die erforderlichen Reisen und akzeptierten diese schlicht.[130] Ausschlaggebend war insofern vor allem die Qualität des Verhältnisses zum Besuchselternteil.[131]

Indirekter Kontakt via Telefon, Internet und Webcam als typischer Teil von Umgangsentscheidungen in *Relocation*-Fällen wurde meist als unzulängliches Mittel zur Aufrechterhaltung der Beziehung angesehen.[132] Zum einen finde dieser nur selten statt.[133] Telefonate seien schwer so zu organisieren, dass sie sowohl in den Tagesablauf des Kindes als auch den des Elternteils passten. Sofern sie stattfänden, seien sie angespannt und knapp, da dem Kind die Überwachung des Telefonats bewusst sei, es dabei Loyalitätskonflikte empfinde oder zum vereinbarten Zeitpunkt schlicht keine Lust habe.[134] Zum anderen wurde diese Art des Kontakts sowohl von Eltern als auch Kindern als oberflächlich und einer persönlichen Kommunikation nicht gleichwertig empfunden.[135] Dem Bedürfnis jüngerer Kinder nach elterlicher Unterstützung würde auf diese Weise nicht gerecht.[136] Ihre Verwendung setze zudem die Unterstützung des betreuenden Elternteils voraus, was oftmals nicht der Fall sei.[137] Im Ergebnis sei der Kontakt zwischen dem zurückbleibenden Elternteil und dem Kind für gewöhnlich unregelmäßig und keiner der beiden fühle sich als Teil des Lebens des jeweils anderen.[138] Berichtet wurde weiterhin über nicht hinterlassene Postadressen,

---

128 *Parkinson/Cashmore/Single,* 44 Fam. L.Q. 1, 30 f. (2010); *Parkinson*, in: Verschraegen (Hrsg.), Family Finances, S. 553, 563 f.

129 *Gollop/Taylor,* in: Freeman (Hrsg.), Law and Childhood Studies, S. 219, 232; *Cashmore/Parkinson*, 28 C.F.L.Q. 151, 164 f., 169 (2016).

130 *Gollop/Taylor,* in: Freeman (Hrsg.), Law and Childhood Studies, S. 219, 232, 240.

131 *Cashmore/Parkinson*, 28 C.F.L.Q. 151, 165 (2016).

132 *Freeman*, Relocation. The reunite Research, S. 14; *Parkinson/Cashmore/Single,* 44 Fam. L.Q. 1, 19 (2010).

133 *Freeman*, Relocation. The reunite Research, S. 14; sh. auch *Gollop/Taylor,* in: Freeman (Hrsg.), Law and Childhood Studies, S. 219, 233.

134 *Freeman*, Relocation. The reunite Research, S. 14.

135 *Gollop/Taylor,* in: Freeman (Hrsg.), Law and Childhood Studies, S. 219, 233; *Freeman*, Relocation. The reunite Research, S. 14; sh. auch *Parkinson/Cashmore/Single,* 44 Fam. L.Q. 1, 19 (2010).

136 *Freeman*, Relocation. The reunite Research, S. 14; sh. auch *Parkinson/Cashmore/Single,* 44 Fam. L.Q. 1, 19 (2010).

137 *Freeman*, Relocation. The reunite Research, S. 14 f.

138 Ebd., S. 15.

nach dem Wegzug geänderte E-Mail-Adressen und abgeschaltete Telefonnummern sowie erneute, nicht angezeigte Umzüge.[139] Über eine erfolgreiche und zufriedenstellende Nutzung indirekter Kommunikationsmittel wurde nur selten berichtet.[140]

In einigen Fällen sahen sich die zurückgebliebenen Elternteile mit den prozessualen Schwierigkeiten bei der Durchsetzung von Umgangsentscheidungen konfrontiert.[141] Die zum Zwecke der Vollstreckung angerufenen Gerichte des Heimatstaates waren nicht mehr zuständig, entsprechende Anordnungen im neuen Aufenthaltsstaat oftmals nicht erlassen worden. Die zurückgebliebenen Elternteile waren daher gezwungen, unter dem erforderlichen personellen, zeitlichen und finanziellen Aufwand im Staat des neuen Aufenthalts zu prozessieren, um letztlich häufig zu erfahren, dass die dortigen Gerichte eine andere Interpretation des Kindeswohls vertraten.[142] Bemängelt wurde in diesem Zusammenhang das Fehlen eines obligatorischen Überwachungssystems im Anschluss an den Umzug des Kindes. Zur Überprüfung der gerichtlichen Anordnungen in praktischer Hinsicht sowie gegebenenfalls Unterstützung für den Fall, dass sie sich als nicht realisierbar erweisen, sei ein solches hilfreich und notwendig.[143]

Durch die Befragung betroffener Kinder wurde deutlich, dass viele den zurückgebliebenen Elternteil vermissten;[144] der Wunsch nach häufigerem Kontakt wurde geäußert.[145] Einige berichteten, dass sich die Beziehung infolge des Umzugs verändert habe und der Umgangselternteil eine geringere Rolle in ihrem Leben spiele.[146] Es handele sich nicht mehr um eine Eltern-Kind-Beziehung.[147] Mitunter habe der Umzug dazu geführt, dass der zurückgebliebene Elternteil das Kind nicht mehr richtig kenne.[148] Andere Kinder wiederum stellten eine Veränderung der Beziehung nicht fest, einige berichteten sogar von einer

---

139 *Freeman, Relocation*. The reunite Research, S. 15; *Parkinson/Cashmore/Single,* 44 Fam. L.Q. 1, 26 (2010).

140 *Gollop/Taylor,* in: Freeman (Hrsg.), Law and Childhood Studies, S. 219, 233.

141 *Freeman*, Relocation. The reunite Research, S. 15 f. Sh. dazu 5.Teil.A.

142 *Freeman*, Relocation. The reunite Research, S. 15.

143 Ebd., S. 17 f.

144 *Gollop/Taylor,* in: Freeman (Hrsg.), Law and Childhood Studies, S. 219, 234; *Cashmore/Parkinson*, 28 C.F.L.Q. 151, 161 f. (2016). Bei *Cashmore/Parkinson* traf dies insb. auf Grundschulkinder zu, sh. ebd., 168.

145 *Gollop/Taylor,* in: Freeman (Hrsg.), Law and Childhood Studies, S. 219, 232, 240; *Cashmore/Parkinson*, 28 C.F.L.Q. 151, 161 f. (2016).

146 *Gollop/Taylor,* in: Freeman (Hrsg.), Law and Childhood Studies, S. 219, 234 .

147 Ebd., S. 234, 241.

148 Ebd., S. 234.

Verbesserung.[149] Kinder mit einer schlechten Beziehung zum Umgangselternteil hatten eine solche tendenziell bereits vor dem Umzug.[150] Im Allgemeinen beschrieben die Kinder eine im Laufe der Zeit erfolgende Gewöhnung an den geringeren Kontakt.[151]

Generell meisterten die Kinder den Umzug gut.[152] Schilderten einige auch Schwierigkeiten in der Anfangsphase, arrangierten sie sich im Laufe der Zeit und zeigten überwiegend Akzeptanz und Zufriedenheit mit der umzugsbedingten Situation.[153] Gefragt nach Empfehlungen für andere Kinder in *Relocation*-Situationen, rieten sie denn auch zu Zuversicht, dass schon alles gut gehen werde.[154] In einigen Fällen bewerteten die Kinder den Umzug sogar als vorteilhaft.[155] In der von *Gollop/Taylor* durchgeführten Befragung wurden so mehr positive als negative Aspekte des Umzugs benannt.[156] Lediglich zwei der 44 Kinder schilderten primär negative Erfahrungen.[157] Positiv bewertet wurde oftmals der neue Wohnort – etwa des Wetters, des Lebensstils, der Freizeitmöglichkeiten oder der besseren sozialen Einbindung wegen.[158] Einige der Kinder schätzten den Kontrast zwischen den verschiedenen Wohnorten und den jeweiligen Lebensstilen. Dies ermögliche ihnen Erfahrungen, die sie andernfalls nicht gehabt hätten.[159] Der Kontakt mit am neuen Wohnort lebenden Familienmitgliedern sowie die Begründung neuer Freundschaften zählten ebenfalls zu den positiven Erfahrungen.[160] Beides wurde zudem als wichtige Stütze im Rahmen

---

149 *Gollop/Taylor*, in: Freeman (Hrsg.), Law and Childhood Studies, S. 219, 234, 241; *Cashmore/Parkinson*, 28 C.F.L.Q. 151, 162 (2016).

150 *Gollop/Taylor*, in: Freeman (Hrsg.), Law and Childhood Studies, S. 219, 235, 240.

151 Ebd., S. 234, 240.

152 *Cashmore/Parkinson*, 28 C.F.L.Q. 151, 160 f., 168 (2016); *Gollop/Taylor*, in: Freeman (Hrsg.), Law and Childhood Studies, S. 219, 228 f., 239, 241.

153 *Gollop/Taylor*, in: Freeman (Hrsg.), Law and Childhood Studies, S. 219, 228 f., 239, 241.

154 Ebd., S. 228 f., 238; *Cashmore/Parkinson*, 28 C.F.L.Q. 151, 160 (2016).

155 *Gollop/Taylor*, in: Freeman (Hrsg.), Law and Childhood Studies, S. 219, 228 f., 239.

156 Ebd., S. 229.

157 Ebd., S. 228. Ein etwas differenzierteres Bild zeigte sich in der Untersuchung von *Cashmore/Parkinson*, sh. *Cashmore/Parkinson*, 28 C.F.L.Q. 151, 156 f., 169 (2016).

158 *Gollop/Taylor*, in: Freeman (Hrsg.), Law and Childhood Studies, S. 219, 229; *Cashmore/Parkinson*, 28 C.F.L.Q. 151, 160 f. (2016).

159 *Gollop/Taylor*, in: Freeman (Hrsg.), Law and Childhood Studies, S. 219, 229.

160 Ebd., S. 230; *Cashmore/Parkinson*, 28 C.F.L.Q. 151, 160 (2016).

des Anpassungsprozesses betrachtet.[161] Hilfreich waren insofern auch sportliche sowie außerschulische Aktivitäten.[162] Als einen die Anpassung begünstigenden Faktor benannten einige der Kinder ihr Alter. So sei ein Umzug in jüngeren Jahren vorteilhaft, da es hier leichter falle, neue Freundschaften zu schließen.[163] Zu den als negativ empfundenen Aspekten des Umzugs gehörten neben der langen Reisezeit zum Umgangselternteil vor allem das Zurücklassen von Familie und insbesondere Freunden, mitunter auch ein ungeliebter Stiefelternteil sowie der neue Wohnort - etwa der neuen Schule wegen oder aufgrund sozialer Ausgrenzung.[164] Von zentraler Bedeutung für einen erfolgreichen Anpassungsprozess war die Qualität der Beziehung zum zurückbleibenden Elternteil und inwieweit diese aufrechterhalten werden konnte.[165] So bereitete der Anpassungsprozess im Falle eines engen Verhältnisses größere Schwierigkeiten.[166]

Bezogen auf den gerichtlichen Prozess war es für die Eltern die oftmals problematische Aufbringung der teils immens hohen Prozesskosten, die ihnen Sorgen bereitete.[167] Die befragten Kinder schilderten ihre negativen Gefühle im Zusammenhang mit dem Verfahren, das oftmals als schmerzlich, unangenehm und sonderbar beschrieben wurde.[168] Manche Kinder empfanden es als belastend, mit Fremden über die Trennung der Eltern zu sprechen; einige fühlten sich unter Druck gesetzt, eine Entscheidung zu treffen.[169] Andere fühlten sich von Anwälten und Richtern nicht gut vertreten oder falsch verstanden.[170] Der Wunsch nach stärkerer Respektierung und Einbeziehung des eigenen Willens wurde mehrfach geäußert.[171]

---

161 *Gollop/Taylor,* in: Freeman (Hrsg.), Law and Childhood Studies, S. 219, 231; *Cashmore/Parkinson*, 28 C.F.L.Q. 151, 160 (2016).

162 *Gollop/Taylor,* in: Freeman (Hrsg.), Law and Childhood Studies, S. 219, 231.

163 Ebd.; *Cashmore/Parkinson*, 28 C.F.L.Q. 151, 161 (2016).

164 *Gollop/Taylor,* in: Freeman (Hrsg.), Law and Childhood Studies, S. 219, 230; *Cashmore/Parkinson*, 28 C.F.L.Q. 151, 159 f., 164 ff., 168 f. (2016).

165 *Cashmore/Parkinson*, 28 C.F.L.Q. 151, 157 f., 161 ff. (2016).

166 Ebd.

167 *Parkinson/Cashmore/Single,* 44 Fam. L.Q. 1, 22 ff. (2010); *Parkinson,* in: Verschraegen (Hrsg.), Family Finances, S. 553, 560 ff.

168 *Gollop/Taylor,* in: Freeman (Hrsg.), Law and Childhood Studies, S. 219, 236.

169 Ebd., S. 237.

170 Ebd., S. 236 ff., 241.

171 Ebd., S. 236 f., 241.

### 3. *Zusammenfassung und Fazit*

Die dargelegten Studien zeigen die Lage von Familien in *Relocation*-Situationen und die sich hier gegenüberstehenden Interessen nachvollziehbar auf. Insofern können sie die mit *Relocation*-Fällen befassten Gerichte für die komplizierte Problematik durchaus sensibilisieren und so zu einer guten Praxis beitragen.

Darüber hinaus geben die Untersuchungen konkrete Anhaltspunkte für die korrekte Handhabung von *Relocation*-Fällen. Die Schilderungen betroffener Kinder zeigen so die besonders problematischen Aspekte des Umzugs – nämlich der Verlust des familiären Umfelds am ursprünglichen Wohnort, der Abbruch alter Freundschaften sowie vor allem die Abnahme des Kontaktes zum zurückbleibenden Elternteil. Gleichzeitig wird deutlich, welche Faktoren den Anpassungsprozess erleichterten – nämlich die Unterstützung durch weitere Familienmitglieder am neuen Wohnort sowie die Einbindung in sportliche und außerschulische Aktivitäten und damit verbunden das Schließen neuer Freundschaften. Deutlich wird somit die enorme Bedeutung sozialer Beziehungen für die erfolgreiche Bewältigung eines Umzugs, und zwar einerseits als Risiko-, andererseits als Schutzfaktor.[172] Auf die am ursprünglichen wie auch potentiellen neuen Wohnort vorhandenen sozialen Ressourcen – insbesondere die Qualität der Beziehung zum zurückbleibenden Elternteil –[173] ist im Rahmen der Entscheidung daher besondere Aufmerksamkeit zu legen. Eltern kann zudem konkrete Hilfestellung gegeben werden, wie sie das Kind bei der Anpassung unterstützen können.[174]

Die sich in der Befragung der Kinder zeigende Diskrepanz zwischen den Perspektiven von Kindern und Eltern lassen mancherorts vorherrschende Vermutungen, denen zufolge das Kindeswohl in direktem Zusammenhang mit dem Interesse des betreuenden Elternteils steht, fragwürdig erscheinen. Zudem wird hierdurch das Erfordernis einer – von den befragten Kindern mehrfach auch selbst eingeforderten – Einbeziehung ihres Willens im Rahmen einer kindesorientierten Herangehensweise deutlich. Dass dabei auf eine dem Kindeswohl entsprechende Art der Beteiligung zu achten ist, geht auch aus den Schilderungen einiger Kinder hervor, die ihre Anhörung im Rahmen des Verfahrens als belastend und überfordernd empfanden.

In der ganz überwiegenden Anzahl der Fälle bewältigten die Kinder einen Umzug gut, bewerteten ihn in vielerlei Hinsicht sogar positiv. Ein Umzug mit

---

172 *Gollop/Taylor*, in: Freeman (Hrsg.), Law and Childhood Studies, S. 219, 239.

173 *Cashmore/Parkinson*, 28 C.F.L.Q. 151, 173 (2016).

174 Vgl. *Gollop/Taylor*, in: Freeman (Hrsg.), Law and Childhood Studies, S. 219, 240.

dem betreuenden Elternteil ist demnach nicht per se als dem Kindeswohl abträglich anzusehen. Vielmehr vermitteln die Studien insofern eine gewisse Gelassenheit und zeigen, dass diese Herausforderung durchaus zumutbar sein kann, sofern man sich der Risiken bewusst ist und die Eltern ein kindorientiertes Verhalten an den Tag legen.[175] Zu berücksichtigen ist allerdings, dass auf die primär positiven Rückmeldungen der Kinder nicht einschränkungslos vertraut werden sollte. So liegt die Vermutung nahe, dass Eltern von Kindern, die im Zusammenhang mit einem Umzug traumatische Erfahrungen gemacht haben, deren Teilnahme an der Untersuchung abgelehnt haben.[176] Zudem wurde die Befragung teilweise in Anwesenheit des betreuenden Elternteils, jedenfalls aber in dessen Haushalt durchgeführt, sodass Zweifel an der Ehrlichkeit der Kinder berechtigt sind.[177]

Die Studien offenbaren weiterhin konkrete, im Zusammenhang mit *Relocation* entstehende Schwierigkeiten, insbesondere die nach Vollzug des Wohnortwechsels regelmäßig problematische Ausübung des Umgangs. Dass dieser oftmals an fehlender Kooperationsbereitschaft des betreuenden Elternteils scheitert, verdeutlicht, dass die Kooperationsbereitschaft des umziehenden Elternteils maßgeblich in die Entscheidung mit einzubeziehen ist. Beteuerungen des betreuenden Elternteils, die Beziehung zum zurückbleibenden Elternteil unterstützen zu wollen, sind kritisch zu hinterfragen. Ob es darüber hinaus im Vorfeld erlassener besonderer Maßnahmen zur Sicherstellung des Kontaktes bedarf, ist zu überlegen. Die Untersuchungen zeigen weiterhin, dass die Aufrechterhaltung eines regelmäßigen Kontaktes oftmals auch an den tatsächlichen Umständen scheitert, etwa den finanziellen Kosten sowie den reisebedingten Belastungen für Elternteil und Kind. Als wesentliche Lehre folgt hieraus, dass die zu treffenden Regelungen stets einer umfassenden Überprüfung im Hinblick auf ihre praktische Realisierbarkeit zu unterziehen sind.[178] Alle einer langfristigen Umsetzung möglicherweise entgegenstehenden Aspekte – d.h. die tatsächlichen Kosten des Umgangs, die jeweiligen finanziellen Möglichkeiten sowie die dem

175 Vgl. *Stahl,* 25 J. Am. Acad. Matrim. Law. 425, 440 (2013).

176 *Gollop/Taylor,* in: Freeman (Hrsg.), Law and Childhood Studies, S. 219, 228, 239; *Cashmore/Parkinson*, 28 C.F.L.Q. 151, 170 (2016).

177 *Cashmore/Parkinson*, 28 C.F.L.Q. 151, 170 (2016).

178 *Parkinson/Cashmore/Single,* 44 Fam. L.Q. 1, 33 f. (2010); *Parkinson/Cashmore*, in: Behrens/Smyth/Kaspiew (Hrsg.), Relocation Disputes in Australia, S. 109, 115 f.; *dies.*, 53 Fam. Ct. Rev. 23, 35 (2015); *Taylor/Gollop/Henaghan*, Relocation Following Parental Separation: The Welfare and Best Interests of Children. Research Report, S. 145; *Taylor/Freeman,* 44 Fam. L.Q. 317, 338 (2010).

Kind zumutbaren Belastungen – müssen in der Entscheidung realitätsnah und ohne jegliches Wunschdenken adressiert werden.[179] Dabei sind auch die Wünsche des Kindes selbst zu berücksichtigen, etwa wenn dieses womöglich kein Interesse daran hat, sämtliche Schulferien am Wohnort des zurückgebliebenen Elternteils zu verbringen.[180] Dass indirekter Kontakt via E-Mail, Webcam und Skype zur Aufrechterhaltung eines engen Verhältnisses unzulänglich ist und lediglich unterstützendes Medium sein kann, geht als weitere wichtige Erkenntnis hervor.[181]

Bezogen auf die Aussagekraft der Studien müssen gleichwohl die Grenzen beachtet werden, denen qualitative Forschung dieser Art unterliegt. Bei der Interpretation ihrer Ergebnisse und darauf aufbauenden Schlussfolgerungen ist generell Vorsicht geboten.[182] Allgemeingültige Rückschlüsse lassen sich auf ihrer Grundlage nicht ziehen.[183] Möglich sind lediglich Hypothesen, die es in weiterer empirischer Arbeit zu belegen gilt.[184] Bei den konkret vorliegenden Studien sind zudem gewisse methodische Mängel zu berücksichtigen wie die teils mangelnde Repräsentativität der Probandengruppen, etwa infolge geringer Stichprobengröße,[185] oder bedingt durch die Art der Rekrutierung, die bestimmte Personengruppen von vornherein ausschloss.[186] Mitunter bestand ein Überhang an Vätern, die sich erfolglos gegen den Umzug des Kindes gewandt hatten,[187] wodurch negative Aspekte desselben eventuell stärker Eingang fanden. Im Übrigen

179 *Parkinson/Cashmore/Single,* 44 Fam. L.Q. 1, 33 f. (2010); *Parkinson/Cashmore*, 53 Fam. Ct. Rev. 23, 35 (2015).

180 *Gollop/Taylor*, in: Freeman (Hrsg.), Law and Childhood Studies, S. 219, 233. Sh. auch *Gindes*, 15 J. Am. Acad. Matrim. Law. 119, 124 (1998).

181 *Gollop/Taylor*, in: Freeman (Hrsg.), Law and Childhood Studies, S. 219, 240 f.

182 *Cashmore/Parkinson*, 28 C.F.L.Q. 151, 170 (2016); *Behrens/Smyth/Kaspiew*, 23 Austl. J. Fam. L. 222, 230 (2009). Sh. auch *Coester-Waltjen*, iFamZ 2012, 311, 314, die darauf hinweist, dass man nicht auf das spätere Wohlbefinden des Kindes abstellen könne, da dieses von zahlreichen Faktoren abhängig und einem Vergleich mit einer fiktiven Befindlichkeit, wäre die gegenteilige Entscheidung getroffen worden, nicht zugänglich sei.

183 *Behrens/Smyth/Kaspiew*, 23 Austl. J. Fam. L. 222, 230 (2009).

184 Ebd.

185 Ebd.; *Cashmore/Parkinson*, 28 C.F.L.Q. 151, 170 (2016).

186 So bei *Taylor/Gollop/Henaghan*, sh. *Bala/Wheeler/Holder*, A Study of Post-Separation/Divorce Parental Relocation, S. 16.

187 *Behrens/Smyth/Kaspiew*, 23 Austl. J. Fam. L. 222, 228 (2009); *Freeman,* 1 J. Fam. L. & Prac. 98, 102 (2010).

wurde fast ausschließlich nur ein Elternteil befragt,[188] sodass die Ergebnisse auf der womöglich verzerrten Perspektive nur eines Beteiligten beruhen. Dass die Studien im Ausland durchgeführt wurden und hinsichtlich bestimmter Aspekte das Familienrechtssystem betreffend nicht zwangsläufig auf den deutschen Rechtsraum übertragbar sind – etwa bzgl. der Gerichtskosten oder der Vertretung der Kindesinteressen – ist weiterhin zu berücksichtigen.

Trotz dieser Beschränkungen wird deutlich: *Relocation* infolge elterlicher Trennung birgt durchaus Gefahrenpotential, kann aber auch positive Erfahrungen ermöglichen. Wie sich ein Umzug letztlich auswirkt, richtet sich nach dem konkret betroffenen Kind sowie den individuellen Umständen und Familienverhältnissen.[189] Polarisierte Schlussfolgerungen im Sinne einer generellen Schädlich- bzw. Förderlichkeit des Umzugs sind daher fehl am Platz. Allgemeingültige Vermutungen für bzw. gegen *Relocation* lehnen die Autoren der dargelegten Studien dementsprechend ab.[190]

## C. Weitere psychologische Literatur zur Problematik der *Relocation*

### I. Grundlegende Standpunkte

Seit Mitte der 1990er Jahre setzte man sich in der psychologischen Literatur zunehmend mit der Problematik der *Relocation* infolge elterlicher Trennung auseinander.[191] Bislang konzentrierte sich der Großteil der Debatte dabei auf die Fallgestaltung, dass ein Elternteil der primär betreuende ist.[192] Wie in Fällen geteilter Betreuung zu verfahren ist, wird demgegenüber kaum diskutiert.[193]

---

188 Befragte man ausnahmsweise beide Elternteile, so wurden ihre Antworten nicht immer abgeglichen, sie vielmehr als zwei unterschiedliche Fälle behandelt, sh. *Behrens/Smyth/Kaspiew*, 23 Austl. J. Fam. L. 222, 227 (2009).

189 Vgl. *Parkinson/Cashmore*, 53 Fam. Ct. Rev. 23, 29 (2015).

190 Ebd., 28 f.; *Taylor/Freeman*, 44 Fam. L.Q. 317, 338 (2010); sh. auch *Freeman*, Relocation. The reunite Research, S. 33.

191 *Stahl*, 25 J. Am. Acad. Matrim. Law. 425, 438 (2013); *ders.*, Conducting Child Custody Evaluations, S. 214. Geführt wird die Diskussion insb. im englischsprachigen Raum. Vergleichbare Abhandlungen konkret zur *Relocation*-Problematik auf deutscher Seite sind nicht ersichtlich.

192 *Waldron*, 19 J. Am. Acad. Matrim. Law. 337, 341 f. (2005).

193 Ebd.

Einen wesentlichen Impuls erhielt die Entwicklung durch den von *Wallerstein* verfassten *amica curiae brief*[194] im Fall *In re Marriage of Burgess*[195] des *California Supreme Court*.[196] *Wallerstein* stützte sich auf ihre langjährige Forschung zu den Auswirkungen von Scheidung auf Kinder und übertrug sie auf die Problematik der *Relocation*.[197] Sie verwies auf die zentrale Bedeutung einer gut funktionierenden Beziehung zwischen betreuendem Elternteil und Kind als wesentlichen Schutzfaktor in der Zeit nach der Scheidung und stellte sich auf den Standpunkt, dass in Abwesenheit außerordentlicher Umstände der Umzug mit dem betreuenden Elternteil dem Kindeswohl am besten entspreche.[198] Zwar sei auch der Vater als regelmäßig nicht betreuender Elternteil für die Entwicklung von Kindern und Jugendlichen von Bedeutung,[199] ein Zusammenhang zwischen häufigem und fortwährendem Kontakt und dem psychischen Wohlergehen des Kindes habe jedoch nicht konstant festgestellt werden können.[200] Entscheidend seien vielmehr Substanz und Charakter des Verhältnisses.[201] Durch eine Anpassung der Umgangsregelung könne eine wertvolle Beziehung zum nicht betreuenden Elternteil aufrechterhalten werden.[202] Untersagt man dem betreuenden Elternteil die Mitnahme des Kindes, zwinge man ihn laut *Wallerstein*, zwischen dem Sorgerecht und den umzugsbedingten Möglichkeiten, von denen womöglich auch das Kind profitieren könne, zu entscheiden. Dem betreuenden Elternteil eine solche Entscheidung abzuverlangen, könne sich unabhängig von der getroffenen Wahl ernsthaft auf dessen Wohlergehen sowie folglich seine Erziehungsfähigkeit auswirken und sei geeignet, die Beziehung zum Kind nachhaltig zu

194 Sh. der daraus hervorgegangene Artikel von *Wallerstein/Tanke*, 30 Fam. L.Q. 305 (1996).

195 *In Re Marriage of Burgess*, 913 P.2d 473 (Cal. 1996).

196 *Stahl*, Conducting Child Custody Evaluations, S. 214; sh. auch *ders*., 25 J. Am. Acad. Matrim. Law 425, 438 (2013) sowie *Pasahow*, 19 J. Am. Acad. Matrim. Law. 321 (2005).

197 *Stahl*, 25 J. Am. Acad. Matrim. Law. 425, 438 (2013); *ders*., Conducting Child Custody Evaluations, S. 214; *Pasahow*, 19 J. Am. Acad. Matrim. Law. 321 (2005).

198 *Wallerstein/Tanke*, 30 Fam. L.Q. 305, 311, 318 (1996). Etwas anderes gelte bei tatsächlich gemeinsam ausgeübter Sorge, sh. ebd., 318.

199 Sh. die Nachweise bei *Wallerstein/Tanke*, 30 Fam. L.Q. 305, 312, 315 f. (1996).

200 Sh. die Nachweise ebd., 311 ff.

201 Sh. die Nachweise ebd., 312.

202 Ebd., 318.

beeinträchtigen. Für das Kind könne zudem das Wissen, der Grund für die Aufgabe zentraler Lebensziele zu sein, zur unerträglichen Bürde werden.[203]

Insbesondere *Warshak* kritisierte die Ansichten *Wallersteins.*[204] Dem Wohl von Scheidungskindern entspricht es ihm zufolge am besten, wenn sie die Möglichkeit haben, in der Nähe beider Elternteile aufzuwachsen, um so eine intensive Beziehung zu jeweils beiden aufbauen bzw. aufrechterhalten zu können.[205] Eine gesetzliche Vermutung zugunsten des Umzugs mit dem betreuenden Elternteil lehnt er daher ab.[206] *Warshak* führt zahlreiche Untersuchungen an, die die positiven Auswirkungen eines häufigen Kontakts zum nicht betreuenden Elternteil darlegen, etwa in Bezug auf das Benehmen des Kindes, sein emotionales Wohlbefinden sowie seine schulischen Leistungen.[207] Wesentlicher noch als die Häufigkeit – und insofern stimmt er mit *Wallerstein* überein – sei jedoch die Art des Kontaktes.[208] Anders als *Wallerstein* sieht *Warshak* jedoch Qualität und Quantität eng miteinander verknüpft. So sei es verschiedenen Studien zufolge eine regelmäßige und intensive Einbindung des nicht betreuenden Elternteils in den Alltag des Kindes wie z.B. in schulische Angelegenheiten, d.h. die Einnahme einer tatsächlichen und positiv autoritativen Elternrolle, wie sie letztlich nur bei geographischer Nähe möglich ist, die von positivem Einfluss sei.[209] Dies gelte insbesondere dann, wenn der betreuende Elternteil die Beziehung zum Umgangselternteil unterstütze und das Verhältnis der Eltern insgesamt durch ein geringes Maß an Konflikt sowie starke Übereinstimmung geprägt sei.[210] Unter Missachtung dieser Untersuchungen habe *Wallerstein* ausschließlich Studien zitiert, die

203 *Wallerstein/Tanke*, 30 Fam. L.Q. 305, 315 (1996) Bei der Entscheidung des *California Supreme Courts* im Fall *Burgess* war *Wallersteins* Stellungnahme von entscheidender Bedeutung. Basierend hierauf etablierte das Gericht eine Vermutung zugunsten des Umzugs mit dem betreuenden Elternteil. Dieser hat nach der *Burgess*-Regel das Recht auf den Umzug mit dem Kind, sofern nicht dem zurückbleibenden Elternteil der Nachweis gelingt, dass der Wohnortwechsel schädliche Folgen hätte und eine Übertragung des Sorgerechts dem Kindeswohl daher am besten entspricht, sh. *In Re Marriage of Burgess*, 913 P.2d 473 (Cal. 1996).

204 *Warshak,* 34 Fam. L.Q. 83 (2000); sh. auch *Warshak et al.*, Amici Curiae Brief.

205 *Warshak,* 34 Fam. L.Q. 83, 83 ff. (2000).

206 Ebd., 83 f.

207 Sh. die Nachweise ebd., 90 f.

208 Sh. die Nachweise ebd., 92 ff.

209 Sh. die Nachweise ebd.

210 Sh. die Nachweise ebd., 87, 90 f.

ihre Auffassung unterstützten,[211] bzw. einige dieser gar fehlerhaft interpretiert.[212] Ihre Aussagen stünden zudem in Widerspruch zu ihren eigenen früheren Forschungsarbeiten, in denen sie die Bedeutung einer engen Bindung zu beiden Elternteilen für die mentale Gesundheit von Kindern und Jugendlichen selbst herausgestellt habe.[213]

Nicht nur *Warshaks* Kritik wurde vielfach geteilt,[214] auch die Ansichten *Wallersteins* fanden Zustimmung.[215] So wurde *Warshak* und den ihm Beipflichtenden ihrerseits eine Fehldarstellung und Verzerrung der einschlägigen Forschungsliteratur vorgehalten.[216] Die Ansicht von der Gleichwertigkeit beider Eltern-Kind-Beziehungen und der Appell zugunsten einer regelmäßigen und intensiven Einbindung des Vaters entbehre jeglicher wissenschaftlichen Grundlage und basiere allein auf Wunschvorstellungen.[217] Wissenschaftliche Mängel wie Pauschalurteile, fehlende Quellenangaben, ungenaue Wortwahl, Zitierung primär eigener oder nur wenig anerkannter Autoritäten sowie die Kaschierung konträrer Forschungsergebnisse kennzeichneten die Arbeiten.[218] Um der strengen Überprüfung wissenschaftlicher Fachzeitschriften zu entgehen, veröffentlichten sie zudem ausschließlich oder primär in juristischen Zeitschriften, deren Zielgruppe – Richter, Anwälte, Gesetzgeber – die wissenschaftliche Qualität der Artikel nicht einschätzen könne.[219]

---

211 *Warshak*, 34 Fam. L.Q. 83, 85, 90 (2000).

212 Ebd., 86 f., 89 f.

213 Sh. die Nachweise ebd., 85 f., 87, 89.

214 *Pasahow*, 19 J. Am. Acad. Matrim. Law. 321, 327 (2005); *Gardner*, 26 J. Am. Acad. Psychiatry Law 425 (1998); *Kelly/Lamb*, 17 J. Fam. Psychol. 193, 195 ff. (2003); *Warshak et al.*, Amici Curiae Brief. Die Kindeswohl fördernde Wirkung einer qualitativ hochwertigen Beziehung zum nicht betreuenden Elternteil bei gleichzeitig geringem elterlichen Konfliktniveau betonen außerdem *Austin*, 46 Fam. Ct. Rev. 347, 355 f. (2008); *Gindes*, 15 J. Am. Acad. Matrim. Law. 119, 134 ff. (1998) sowie *Waldron*, 19 J. Am. Acad. Matrim. Law. 337, 359 ff. (2005) jew. m.N. Dies entspricht wohl auch dem aktuellen Forschungsstand, sh. etwa *Friedrich/Walter/Kindler*, in: Klinkhammer/Prinz/Klotmann (Hrsg.), Hdb Begleiteter Umgang, S. 28, 33 ff.

215 *Bruch/Bowermaster*, 30 Fam. L.Q. 245, 262 ff. (1996); *Bruch*, 40 Fam. L.Q. 281 (2006); *Wallerstein et al.*, Amici Curiae Brief.

216 *Bruch*, 40 Fam. L.Q. 281, 297 ff. (2006); sh. auch *Wallerstein et al.*, Amici Curiae Brief, S. 10.

217 *Bruch*, 40 Fam. L.Q. 281, 297 (2006); sh. auch *Wallerstein et al.*, Amici Curiae Brief, S. 11.

218 *Bruch*, 40 Fam. L.Q. 281, 298 ff. (2006).

219 Ebd., 297.

Wie dem Kindeswohl in der *Relocation*-Situation am besten zu entsprechen ist, wird innerhalb der psychologischen Literatur demnach nicht einheitlich beantwortet. Im Wesentlichen stehen sich hier zwei konträre Lager gegenüber – während das eine die zentrale Bedeutung der Beziehung zum betreuenden Elternteil hervorhebt, betont das andere die Gleichwertigkeit einer durch häufigen und alltäglichen Kontakt geprägten Beziehung zum nicht betreuenden Elternteil. Vertreter beider Lager sehen dabei die einschlägige Forschung auf ihrer Seite und lasten sich gegenseitig an, diese jeweils entweder zu ignorieren oder falsch zu interpretieren.

Hinsichtlich des Nutzens dieser psychologischen Literatur für die Frage nach dem richtigen Umgang mit *Relocation*-Fällen ist neben den schon nicht einheitlichen Sichtweisen zu berücksichtigen: Angesichts des Mangels an konkret die Folgen von *Relocation* infolge elterlicher Trennung adressierender Forschung stützen die o.g. Autoren ihre Ansichten auf Forschungsarbeiten zu anderen, in der *Relocation*-Situation mitunter ebenfalls relevanten Fragestellungen, und ziehen hieraus Schlussfolgerungen für die *Relocation*-Problematik.[220] Hierbei geht es etwa um Untersuchungen zum Einfluss von Müttern und Vätern auf die psychische Entwicklung von Kindern, zu den Folgen von elterlicher Abwesenheit, Scheidung, Wiederverheiratung und verschiedenen Sorgerechtsmodellen sowie den Auswirkungen von Mobilität generell.[221] Eine solche Extrapolation birgt jedoch stets die Gefahr von Fehlschlüssen.[222]

## II. Die bei der *Relocation*-Entscheidung zu berücksichtigenden Kindeswohl-Faktoren

### *1. Einführung*

In der Folgezeit konzentrierte man sich in der psychologischen Literatur verstärkt darauf, die im Rahmen einer *Relocation*-Entscheidung zu berücksichtigenden Faktoren herauszuarbeiten.[223] Auch dies erfolgte jedoch primär theoretisch und

---

220 Sh. zu den wenigen verfügbaren Untersuchungen 1.Teil.B.I.

221 Vgl. *Warshak*, 34 Fam. L.Q. 83, 85 (2000).

222 *Waldron*, 19 J. Am. Acad. Matrim. Law. 337, 342 f., 365 (2005). Sh. auch *Coester*, Kindeswohl, S. 426 ff.

223 Sh. *Stahl*, Conducting Child Custody Evaluations, S. 224 ff., 77 ff.; *ders.*, Complex Issues in Child Custody Evaluations; *Austin*, 34 Fam. L.Q. 63 (2000); *ders.*, 38 Fam. & Concil. Cts. Rev. 192 (2000); *ders.*, 46 Fam. Ct. Rev. 347 (2008); *ders.*, 46 Fam. Ct. Rev. 137 (2008); *ders.*, in: Smith (Hrsg.), The Role of the Child and Family Investigator and the Child's Legal Representative in Colorado, S. C9-1; *Kelly/Lamb*, 17 J. Fam.

mittels Extrapolationen aus nicht direkt *Relocation* betreffender Forschung.[224] Die Autoren betrachteten mögliche Risiko- und Schutzfaktoren in der psychologischen Literatur betreffend Scheidung und generell Mobilität und schufen darauf aufbauend ein theoretisches Verständnis davon, welche Faktoren das Kind in *Relocation*-Fällen womöglich schädigen bzw. es von dem Umzug profitieren lassen.[225] *Austin* zufolge birgt *Relocation* für das Trennungskind grundsätzlich ein im Vergleich zu in intakten Familien lebenden Kindern erhöhtes Schadensrisiko.[226] Ob sich dieses für das individuelle Kind realisiert, hängt von den jeweils vorhandenen Risiko- bzw. Schutzfaktoren ab, die in eine *risk/benefit*-Analyse einzustellen sind.[227] Je nach Lage des Einzelfalles fungieren dabei gewisse Aspekte entweder als die Gefahr von schädlichen Folgen steigernde Risikofaktoren oder aber diese minimierende Schutzfaktoren.[228] Wenngleich eine abschließende Auflistung aller für die *Relocation*-Entscheidung möglicherweise relevanten Aspekte ausgeschlossen ist,[229] wurden vor allem die folgenden Gesichtspunkte als bedeutsam ausgemacht: Alter des Kindes; psychische Ressourcen, Temperament und Geschlecht des Kindes sowie gegebenenfalls besondere Bedürfnisse; Distanz des Umzugs sowie Reisezeit und -kosten; psychische Verfassung und Erziehungsfähigkeit beider Elternteile; Fähigkeit beider Elternteile, die Beziehung zum jeweils anderen Elternteil zu unterstützen; Geschichte, Natur und Ausmaß

---

Psychol. 193 (2003); *Gindes*, 15 J. Am. Acad. Matrim. Law. 119 (1998); *Waldron*, 19 J. Am. Acad. Matrim. Law. 337 (2005).

224 *Stahl*, 25 J. Am. Acad. Matrim. Law. 425, 438 (2013). Sh. auch *Austin*, 34 Fam. L.Q. 63, 72 (2000); *ders.*, 29 Am. J. Fam. L. 156, 160 (2015).

225 *Stahl*, 25 J. Am. Acad. Matrim. Law. 425, 438 (2013). Sh. auch *Austin*, 29 Am. J. Fam. L. 156, 160 (2015); *ders.*, 29 Am. J. Fam. L. 207, 212 (2015).

226 *Austin*, 46 Fam. Ct. Rev. 137, 140 ff. (2008), *ders.*, in: Kuehnle/Drozd (Hrsg.), Parenting Plan Evaluations, S. 540, 553; *ders.*, 29 Am. J. Fam. L. 156, 159 (2015); *ders.*, 29 Am. J. Fam. L. 207, 211 (2015) jew. m.N. Sh. auch *Austin/Gould*, in: Stahl/Drozd (Hrsg.), Relocation Issues in Child Custody Cases, S. 63, 78 m.N.

227 Sh. *Austin*, 46 Fam. Ct. Rev. 137, 140 ff. (2008); *ders.*, 46 Fam. Ct. Rev. 347, 349, 360 (2008); *ders.*, 34 Fam. L.Q. 63, 73 f. (2000); *ders.*, 38 Fam. & Concil. Cts. Rev. 192, 197 ff. (2000). Ebenso *Kelly/Lamb*, 17 J. Fam. Psychol. 193, 202 (2003); *Waldron*, 19 J. Am. Acad. Matrim. Law. 337, 369 ff. (2005); *Stahl*, 25 J. Am. Acad. Matrim. Law. 425, 438 ff. (2013); *Gindes*, 15 J. Am. Acad. Matrim. Law. 119, 131 ff. (1998); *Gollop/Taylor*, in: Freeman (Hrsg.), Law and Childhood Studies, S. 219, 222; *Taylor/Freeman*, 1 J. Fam. L. & Prac. 19, 22 (2010).

228 *Austin*, 46 Fam. Ct. Rev. 137, 140 (2008); *ders.*, 29 Am. J. Fam. L. 207, 213 (2015). Sh. auch *ders.*, 34 Fam. L.Q. 63, 73 (2000); *ders.*, 38 Fam. & Concil. Cts. Rev. 192, 203 (2000).

229 *Warshak*, 34 Fam. L.Q. 83, 110 (2000).

elterlichen Konflikts sowie gegebenenfalls häuslicher Gewalt; Beziehung des Kindes zu beiden Elternteilen und die Einbindung des nicht betreuenden Elternteils; der seit der elterlichen Trennung bzw. Scheidung vergangene Zeitraum sowie der Wille des Kindes.[230]

### 2. *Relevante Faktoren für die Relocation-Entscheidung*

#### a) *Alter des Kindes*

Jeder Altersgruppe haften im Hinblick auf die Auswirkungen von *Relocation* ihr eigene Risiken an.[231] So weisen z.B. Kinder unterschiedlichen Alters hinsichtlich ihrer kognitiven und emotionalen Fähigkeiten verschiedene Entwicklungsstufen auf, die ihre Reaktion auf Scheidung und Trennung sowie auch die Folgen eines sich anschließenden Umzugs beeinflussen können.[232] Das begrenzte Zeitgefühl von Kleinkindern etwa sowie ihr noch nicht ausgereiftes Bildgedächtnis erschweren die Aufrechterhaltung bzw. gar erst den Aufbau einer Bindung zum zurückbleibenden Elternteil, wenn häufiger Kontakt aufgrund größerer Entfernungen nicht möglich ist.[233] Mit zunehmendem Alter wächst sodann zwar die Fähigkeit, stabile Beziehungen auch über größere Entfernungen hinweg aufrechtzuerhalten,[234] gleichwohl gewinnen andere womöglich gegen einen Umzug sprechende Faktoren an Bedeutung, etwa im Falle von Teenagern das außerhalb der Familie aufgebaute soziale Netzwerk (Freunde, Schule, Sport etc.).[235] Auch der Wille des Kindes kann mit fortschreitendem Alter bedeutsamer werden.[236]

---

230 Wissenschaftliche Nachweise für die nachstehenden Aussagen finden sich bei den im Folgenden zitierten Autoren. Im Rahmen der vorliegenden Arbeit kann nur ein Überblick über die anzustellenden Erwägungen erfolgen

231 Sh. dazu *Waldron*, 19 J. Am. Acad. Matrim. Law. 337, 348 ff. (2005); *Gindes*, 15 J. Am. Acad. Matrim. Law. 119, 138 ff. (1998); *Austin*, 46 Fam. Ct. Rev. 347, 351 ff. (2008) jew. m.N.

232 Sh. *Gindes*, 15 J. Am. Acad. Matrim. Law. 119, 138 ff. (1998) m.N.

233 Sh. *Kelly/Lamb*, 17 J. Fam. Psychol. 193, 194 f. (2003) m.N. Sh. auch *Austin*, 46 Fam. Ct. Rev. 347, 352 (2008). Ob dem Kind durch den Abriss dieser Bindung bzw. die Verhinderung ihrer Formierung langfristige Schäden drohen, wird wiederum nicht einheitlich beantwortet, sh. dazu bereits 1.Teil.C.I.

234 Sh. *Waldron*, 19 J. Am. Acad. Matrim. Law. 337, 351 (2005); *Gindes*, 15 J. Am. Acad. Matrim. Law. 119, 141 (1998) jew. m.N.

235 Sh. *Waldron*, 19 J. Am. Acad. Matrim. Law. 337, 351 ff. (2005); *Stahl*, Conducting Child Custody Evaluations, S. 226; *Austin*, 46 Fam. Ct. Rev. 347, 352 f. (2008) m.N.

236 Sh. *Austin*, 46 Fam. Ct. Rev. 347, 352 f. (2008) m.N.; *Stahl*, Conducting Child Custody Evaluations, S. 228.

Insgesamt werden kleinere Kinder (bis ca. 6 Jahre) und Jugendliche aus oben genannten Gründen oftmals als die am meisten gefährdetsten Altersgruppen betrachtet.[237]

### b) *Psychische Ressourcen und Temperament des Kindes, Geschlecht, besondere Bedürfnisse*

Die individuellen psychischen Ressourcen und das individuelle Temperament des Kindes ist verschiedenen Untersuchungen zufolge ein entscheidender Faktor hinsichtlich dessen Reaktion auf Traumata einschließlich der elterlichen Trennung.[238] Kinder mit einem eher „schwierigen" Temperament weisen demnach eine geringere Resilienz auf, während ein „angenehmes" Temperament bei der Bewältigung der Scheidung – und daraus schlussfolgernd bei der Bewältigung eines sich anschließenden Umzugs – als Schutzfaktor fungiert.[239] Auch starke kognitive Fähigkeiten sowie emotionale Reife können insofern von Vorteil sein.[240] Individuelle Bedürfnisse medizinischer, schulischer oder seelischer Art sowie die an den jeweiligen Orten vorhandenen diesbezüglichen Möglichkeiten sind ebenfalls zu berücksichtigen.[241] Eine Rolle kann daneben das Geschlecht des Kindes spielen,[242] aber auch die Frage, inwieweit Kind und jeweiliger Elternteil hinsichtlich ihres Temperaments und ihrer Persönlichkeit kompatibel sind.[243]

---

237 *Austin*, 46 Fam. Ct. Rev. 347, 351 f. (2008); *ders.*, 29 Am. J. Fam. L. 207, 213 (2015), *Stahl*, 25 J. Am. Acad. Matrim. Law. 425, 444 (2013); sh. auch *Waldron*, 19 J. Am. Acad. Matrim. Law. 337, 348 ff. (2005).

238 Sh. *Austin*, 46 Fam. Ct. Rev. 347, 354 (2008); *ders.*, in: Smith (Hrsg.), The Role of the Child and Family Investigator and the Child's Legal Representative in Colorado, S. C9-1, C9-6 jew. m.N.

239 Sh. *Austin*, 46 Fam. Ct. Rev. 347, 354 (2008); *ders.*, 29 Am. J. Fam. L. 207, 214 (2015) jew. m.N. Vgl. auch *Warshak*, 34 Fam. L.Q. 83, 110 f. (2000). Gleichsam zu berücksichtigen ist, dass ein „schwieriges" Temperament auch die Anpassung an einen Wechsel in den Haushalt des zurückbleibenden Elternteils erschweren kann, sh. *Stahl*, Conducting Child Custody Evaluations, S. 227.

240 Sh. *Austin*, 46 Fam. Ct. Rev. 347, 354 f. (2008); *ders.*, 29 Am. J. Fam. L. 207, 214 (2015) jew. m.N.

241 *Stahl*, Conducting Child Custody Evaluations, S. 226; sh. auch *Gindes*, 15 J. Am. Acad. Matrim. Law. 119, 126 (1998).

242 Für einen männlichen Teenager z.B. ist mit dem Wegzug von seinem nicht betreuenden Vater möglicherweise ein größeres Risiko verbunden, sh. *Stahl*, Conducting Child Custody Evaluations, S. 226 f.

243 Ebd., S. 227.

### c) *Umzugsdistanz, Reisezeit und -kosten*

Die geographische Entfernung zwischen den jeweiligen Wohnorten stellt eine erhebliche Hürde im Hinblick auf die Aufrechterhaltung der Beziehung zum zurückbleibenden Elternteil dar.[244] So können längere Distanzen erhebliche logistische und finanzielle Probleme mit sich bringen und letztlich eine Reduzierung von Häufigkeit und Dauer des Kontaktes bewirken.[245] Als für das Kind belastend können sich die zur Fortführung des Kontakts erforderlichen, mitunter viel Zeit in Anspruch nehmenden Reisen darstellen.[246] Ob diese womöglich sogar schädlicher sind als der andernfalls drohende Verlust wichtiger Bindungen, wird nicht einheitlich beantwortet.[247] Ein empirischer Beleg für eine solche Annahme existiert jedenfalls nicht.[248] In jedem Fall zu berücksichtigen sind die anfallenden Reisekosten sowie die jeweils zur Verfügung stehenden finanziellen Ressourcen.[249]

### d) *Psychische Verfassung und Erziehungsfähigkeit beider Elternteile*

Die psychische Stabilität des betreuenden Elternteils, die sich nicht zuletzt auch auf dessen Erziehungskompetenzen auswirkt, ist für die Anpassung des Kindes nach der Scheidung von entscheidender Bedeutung.[250] Bei der Bewältigung umzugsbedingter negativer Lebensumstellungen kann ein mental starker Elternteil dem

244 *Austin*, 46 Fam. Ct. Rev. 347, 353 (2008); *Kelly/Lamb*, 17 J. Fam. Psychol. 193, 199 (2003); *Waldron*, 19 J. Am. Acad. Matrim. Law. 337, 357 (2005). Sh. auch *Stahl*, Conducting Child Custody Evaluations, S. 229 f. sowie *Gindes*, 15 J. Am. Acad. Matrim. Law. 119, 135 (1998).

245 Sh. *Kelly/Lamb*, 17 J. Fam. Psychol. 193, 199 f. (2003); *Waldron*, 19 J. Am. Acad. Matrim. Law. 337, 357 (2005) m.N. Sh. auch *Stahl*, Conducting Child Custody Evaluations, S. 229 f.; *Austin*, 46 Fam. Ct. Rev. 347, 353 (2008).

246 Sh. *Kelly/Lamb*, 17 J. Fam. Psychol. 193, 200 (2003).

247 Dem stehen zahlreiche Studien gegenüber, die die schädlichen Folgen abgerissener Bindungen darlegen, sh. *Kelly/Lamb*, 17 J. Fam. Psychol. 193, 200 (2003) m.N.

248 Ebd.

249 Sh. ebd., 199; *Stahl*, Conducting Child Custody Evaluations, S. 229 f.; *Gindes*, 15 J. Am. Acad. Matrim. Law. 119, 124 (1998).

250 Sh. *Austin*, 46 Fam. Ct. Rev. 347, 354 (2008); *ders.*, in: Smith (Hrsg.), The Role of the Child and Family Investigator and the Child's Legal Representative in Colorado, S. C9-1, C9-7; *Kelly/Lamb*, 17 J. Fam. Psychol. 193, 197 (2003); *Gindes*, 15 J. Am. Acad. Matrim. Law. 119, 142 f. (1998) jew. m.N. *Waldron* verweist in diesem Zusammenhang auch auf die mit „single parenting" verbundenen Belastungen, sh. *Waldron*, 19 J. Am. Acad. Matrim. Law. 337, 363 (2005) m.N.

Kind die erforderliche Unterstützung bieten.[251] Dem Kontakt zu einem psychisch kranken oder aus anderen Gründen erziehungsungeeigneten und für die Entwicklung des Kindes daher schädlichen Elternteil – etwa bei Gewalt, Missbrauch oder Vernachlässigung – ist allenfalls geringes Gewicht beizumessen.[252] Begrenzter bzw. kein Kontakt kann dem Kindeswohl in diesem Fall am besten dienen.[253]

#### *e) Fähigkeit beider Elternteile, die Beziehung zum jeweils anderen Elternteil zu unterstützen*

Verschiedene Untersuchungen zeigen den positiven Einfluss eines guten Verhältnisses zwischen den Eltern, etwa in Form eines stärkeren väterlichen Engagements, einer besseren Anpassung des Kindes oder eines höheren Kindesunterhalts seitens des nicht betreuenden Elternteils.[254] Unterbindet der betreuende Elternteil den Kontakt zum anderen Elternteil, hält er ihm Information vor oder setzt er ihn vor dem Kind herab, bringt er dieses um eine gute Beziehung zum anderen Elternteil und die damit verbundenen Gewinne.[255] Inwieweit der betreuende Elternteil die Beziehung zum zurückbleibenden Elternteil unterstützt, ist daher von zentraler Bedeutung.[256] Dass eine restriktive Haltung des betreuenden Elternteils im Einzelfall auch dem Schutz des Kindes vor schädlichem Einfluss dienen kann, ist gleichwohl zu berücksichtigen.[257]

#### *f) Elterlicher Konflikt und häusliche Gewalt*

Die schädliche Wirkung von offen ausgetragenen elterlichen Konflikten sowie häuslicher Gewalt ist unbestritten.[258] Wenngleich eine größere Distanz nicht zwangsläufig zu einer Abnahme elterlicher Konflikte führt, so kann ein Umzug

---

251 *Austin*, 46 Fam. Ct. Rev. 347, 353 (2008); *ders.*, in: Smith (Hrsg.), The Role of the Child and Family Investigator and the Child's Legal Representative in Colorado, S. C9-1, C9-7; *ders.*, 29 Am. J. Fam. L. 207, 214 (2015).

252 Sh. *Kelly/Lamb*, 17 J. Fam. Psychol. 193, 198 (2003) m.N.

253 Sh. *Gindes*, 15 J. Am. Acad. Matrim. Law. 119, 135, 141 f. (1998) m.N.

254 Sh. *Austin*, 46 Fam. Ct. Rev. 347, 354 (2008) m.N.

255 *Austin*, 46 Fam. Ct. Rev. 347, 357 (2008). Sh. auch *Kelly/Lamb*, 17 J. Fam. Psychol. 193, 198 (2003) sowie *Austin*, in: Kuehnle/Drozd (Hrsg.), Parenting Plan Evaluations, S. 540, 550.

256 *Austin*, in: Kuehnle/Drozd (Hrsg.), Parenting Plan Evaluations, S. 540, 550; *ders.*, 29 Am. J. Fam. L. 207, 214 (2015).

257 *Stahl*, Conducting Child Custody Evaluations, S. 232.

258 Sh. *Austin*, 46 Fam. Ct. Rev. 347, 357 f. (2008); *ders.*, 29 Am. J. Fam. L. 207, 214 (2015); *Bruch*, 40 Fam. L.Q. 281, 291 (2006); *Gindes*, 15 J. Am. Acad. Matrim. Law. 119, 136 f. (1998) jew. m.N.

dennoch zu ihrer Eindämmung und somit zum Schutz des Kindes beitragen.[259] Zu berücksichtigen ist in diesem Zusammenhang, dass die kindeswohlförderliche Wirkung des Kontakts zum nicht betreuenden Elternteil vor allem bei geringem elterlichen Konfliktniveau eintritt, während sich Umgang bei anhaltend hohem Konfliktniveau eher belastend auswirken kann.[260] Dass sich durch eine große Entfernung eine neue Gefahr eröffnet, nämlich die Möglichkeit, dem zurückbleibenden Elternteil das Kind leichter vorenthalten zu können, ist gleichwohl zu berücksichtigen.[261] Im Falle ernster und andauernder häuslicher Gewalt kann eine das Kind schützende Entfernung für den Umzug sprechen.[262] Liegt die Erfahrung mit häuslicher Gewalt jedoch lange zurück und wird ein Elternplan seit längerer Zeit erfolgreich praktiziert, kann dieser Aspekt für die *Relocation*-Entscheidung an Relevanz verlieren.[263]

### *g) Beziehung des Kindes zu beiden Elternteilen und Einbindung des nicht betreuenden Elternteils*

Kontinuität in den Eltern-Kind-Beziehungen wird als primärer Schutzfaktor bei der Bewältigung der elterlichen Scheidung betrachtet.[264] Im Zusammenhang mit *Relocation* ist allerdings umstritten, ob die schützende Wirkung eher von der emotionalen Sicherheit in einer hochwertigen Beziehung zum betreuenden Elternteil ausgeht oder aber von einer intensiven Beziehung zu beiden Elternteilen.[265] Zu

---

259 *Austin*, 46 Fam. Ct. Rev. 347, 357 (2008) m.N. Sh. auch *ders.*, 29 Am. J. Fam. L. 207, 215 (2015); *Gindes*, 15 J. Am. Acad. Matrim. Law. 119, 130, 138 (1998).

260 *Austin*, 46 Fam. Ct. Rev. 347, 355 (2008); *Gindes*, 15 J. Am. Acad. Matrim. Law. 119, 134 (1998); *Waldron*, 19 J. Am. Acad. Matrim. Law. 337, 359 (2005); *Warshak*, 34 Fam. L.Q. 83, 87, 90 f. (2000), *Kindler*, ZKJ 2009, 110, 111; *Friedrich/Walter/Kindler*, in: Klinkhammer/Prinz/Klotmann (Hrsg.), Hdb Begleiteter Umgang, S. 28, 34 f. jew. m.N.

261 *Austin*, in: Smith (Hrsg.), The Role of the Child and Family Investigator and the Child's Legal Representative in Colorado, S. C9-1, C9-6.

262 *Austin*, 46 Fam. Ct. Rev. 347, 358 (2008). Sh. auch *Kelly/Lamb*, 17 J. Fam. Psychol. 193, 199 (2003); *Gindes*, 15 J. Am. Acad. Matrim. Law. 119, 130 (1998).

263 *Austin*, 46 Fam. Ct. Rev. 347, 358 (2008).

264 *Austin/Gould*, in: Stahl/Drozd (Hrsg.), Relocation Issues in Child Custody Cases, S. 63, 78 m.N. Zum Konzept des „Social Capital" als theoretische Erklärung für die Folgen von *Relocation* sh. *Austin*, 46 Fam. Ct. Rev. 137, 144 (2008); *ders.*, 29 Am. J. Fam. L. 156, 160 (2015).

265 *Austin/Gould*, in: Stahl/Drozd (Hrsg.), Relocation Issues in Child Custody Cases, S. 63, 78. Sh. dazu bereits 1.Teil.C.I. Allgemein anerkannt wird zwar, dass die konstante Beziehung zu wenigstens einem stabilen und erziehungsgeeigneten

untersuchen sind die bisherigen wie aktuellen Betreuungsverhältnisse sowie die Einbindung beider Elternteile in die täglichen Aktivitäten, die Aufschluss geben über die jeweilige Qualität der Eltern-Kind-Beziehung und die tatsächlichen Bindungen und Präferenzen des Kindes.[266] Zu berücksichtigen ist insofern, dass es insbesondere eine hohe Qualität der Beziehung zum nicht betreuenden Elternteil ist, die ein Kind vom Umgang mit diesem profitieren lässt.[267] Je stärker der nicht betreuende Elternteil eingebunden und je besser dessen Beziehung zum Kind ist, desto größer sind die aus einem Umzug erwachsenden Risiken.[268] Die Kernfrage in diesem Zusammenhang ist daher, inwieweit ein Umzug voraussichtlich zu einer Verschlechterung dieser Beziehung führen wird.[269] Zu berücksichtigen ist insofern allerdings, dass ein gutes Verhältnis zum nicht betreuenden Eltenteil im Falle des Umzugs gleichzeitig auch als Schutzfaktor fungiert.[270]

### *h) Soziale Beziehungen an den jeweiligen Orten*

Kinder profitieren nicht nur von einem guten Verhältnis zu ihren Eltern, sondern auch von einer großen Bandbreite an weiteren sozialen Beziehungen. Die an den jeweiligen Orten vorhandenen Kontakte des Kindes sind daher zu prüfen.[271]

---

Elternteil mit einem herzlichen und effektiven Erziehungsstil der wesentlichste Schutzfaktor im Hinblick auf die Bewältigung der Scheidung ist, jedoch verweisen Vertreter der zweiten Ansicht auf Forschungsliteratur, derzufolge es um die Entwicklung von Scheidungskindern noch besser gestellt ist, wenn sie ein gutes Verhältnis zu zwei engagierten Elternteilen haben, sh. *Austin*, 46 Fam. Ct. Rev. 347, 348 f. (2008); *ders.*, in: Kuehnle/Drozd (Hrsg.), Parenting Plan Evaluations, S. 540, 550, 553 f. jew. m.N.

266 *Stahl*, Conducting Child Custody Evaluations, S. 224 f.

267 *Austin*, 46 Fam. Ct. Rev. 347, 355 f. (2008); *Gindes*, 15 J. Am. Acad. Matrim. Law. 119, 134 ff. (1998); *Waldron*, 19 J. Am. Acad. Matrim. Law. 337, 361 ff. (2005); *Warshak*, 34 Fam. L.Q. 83, 92 ff. (2000); *Kindler*, ZKJ 2009, 110, 111; *Friedrich/Walter/Kindler*, in: Klinkhammer/Prinz/Klotmann (Hrsg.), Hdb Begleiteter Umgang, S. 28, 34 f. jew. m.N.

268 *Austin*, 46 Fam. Ct. Rev. 347, 357 f. (2008); *ders.*, 29 Am. J. Fam. L. 207, 214 (2015); *ders.*, in: Smith (Hrsg.), The Role of the Child and Family Investigator and the Child's Legal Representative in Colorado, S. C9-1, C9-6.

269 *Austin*, 46 Fam. Ct. Rev. 347, 356 (2008).

270 Sh. ebd., 357 f.; *ders.*, 29 Am. J. Fam. L. 207, 214 (2015); *ders.*, in: Smith (Hrsg.), The Role of the Child and Family Investigator and the Child's Legal Representative in Colorado, S. C9-1, C9-6.

271 *Stahl*, Conducting Child Custody Evaluations, S. 226; *ders.*, 25 J. Am. Acad. Matrim. Law. 425, 448 (2013). Zum Konzept des „Social Capital" als theoretische Erklärung

### i) *Zeitraum seit Trennung bzw. Scheidung*

Jedenfalls auf kurze Sicht hat die elterliche Scheidung einschneidende, mitunter traumatische Folgen für die betroffenen Kinder.[272] Gerade in dieser Zeit sind sie verwundbar im Hinblick auf weitere tiefgreifende Veränderungen.[273] Durch einen zeitgleich erfolgenden Umzug als weiteres einschneidendes Lebensereignis erhöht sich das für das Kind bestehende Schadensrisiko.[274] Zudem beeinträchtigen die mit der Scheidung bzw. Trennung zusammenhängenden Belastungen die elterliche Erziehungsfähigkeit, die innerhalb eines gewissen Zeitraums danach grundsätzlich geringer ist und sich ebenfalls nachteilig auf das Kind auswirken kann.[275]

### j) *Wille des Kindes*

Insbesondere mit zunehmendem Alter und zunehmender Reife des Kindes kann der von ihm geäußerte Wille zu einem maßgeblichen Faktor bei der *Relocation*-Entscheidung werden.[276] Welches Gewicht ihm beizumessen ist, hängt von den zugrunde liegenden Beweggründen ab.[277] Zu berücksichtigen ist insofern, dass eine Willensäußerung auch Pflichtgefühl oder Angst entspringen kann, sowie die Tatsache, dass der geäußerte Wille nicht zwangsläufig auch dem objektiven Wohl des Kindes entsprechen muss – etwa wenn das Leben im Haushalt des einen Elternteils mehr Freiheiten oder weniger Verantwortung verspricht.[278] Die

---

für die Folgen von *Relocation* sh. *Austin*, 46 Fam. Ct. Rev. 137, 144 (2008); *ders.*, 29 Am. J. Fam. L. 156, 160 (2015).

272 Sh. *Waldron*, 19 J. Am. Acad. Matrim. Law. 337, 345 (2005) m.N.

273 *Waldron*, 19 J. Am. Acad. Matrim. Law. 337, 345 (2005). Sh. auch *Gindes*, 15 J. Am. Acad. Matrim. Law. 119, 141 (1998) sowie *Austin*, 46 Fam. Ct. Rev. 347, 358 (2008) m.N.

274 Sh. *Austin/Gould*, in: Stahl/Drozd (Hrsg.), Relocation Issues in Child Custody Cases, S. 63, 77 m.N.; *Austin*, 38 Fam. & Concil. Cts. Rev. 192, 199 f. (2000). Sh. auch *Waldron*, 19 J. Am. Acad. Matrim. Law. 337, 345 f. (2005) m.N.

275 *Austin*, 46 Fam. Ct. Rev. 347, 354 (2008); *ders.*, in: Smith (Hrsg.), The Role of the Child and Family Investigator and the Child's Legal Representative in Colorado, S. C9-1, C9-7, C9-16; *Kelly/Lamb*, 17 J. Fam. Psychol. 193, 197 (2003); *Gindes*, 15 J. Am. Acad. Matrim. Law. 119, 142 f. (1998) jew. m.N.

276 *Stahl*, Conducting Child Custody Evaluations, S. 228;

277 *Warshak*, 34 Fam. L.Q. 83, 104 f. (2000); *Stahl*, Conducting Child Custody Evaluations, S. 228.

278 *Warshak*, 34 Fam. L.Q. 83, 104 f. (2000).

Möglichkeit einer Manipulation durch einen Elternteil ist ebenfalls in Betracht zu ziehen.[279]

### 3. *Zusammenfassung und Fazit*

*Relocation* infolge elterlicher Trennung birgt für die davon betroffenen Kinder stets ein erhöhtes Schadensrisiko. Ob sich dieses im konkreten Fall realisiert, hängt von den jeweils vorhandenen Risiko- und Schutzfaktoren ab, die in eine *risk/benefit*-Analyse einzustellen sind. Die insbesondere zu berücksichtigenden Faktoren wurden innerhalb der psychologischen Literatur herausgearbeitet. Bei deren Heranziehung im konkreten Fall ist zu berücksichtigen, dass die Arbeit primär theoretisch und mittels Extrapolationen aus nicht direkt *Relocation* betreffender Forschung erfolgte und daher die Gefahr von Fehlschlüssen birgt.[280] Sieht man davon ab, so bleiben gleichsam die generellen Leistungsgrenzen wissenschaftlicher Forschung zum Kindeswohl zu bedenken.[281] Die Bestimmung des Kindeswohls in der *Relocation*-Situation bildet letztlich ein komplexes Gefüge, in dem der infrage stehende Umzug nicht von weiteren signifikanten Lebensereignissen getrennt gesehen werden kann und sich die zu prüfenden Faktoren gegenseitig beeinflussen.[282] Die Bedeutung eines jeden Faktors lässt sich daher nicht endgültig bestimmen.[283] Insgesamt kann die dargestellte psychologische Literatur deshalb stets nur als Ausgangspunkt für eine im Übrigen einzelfallorientierte Bewertung dienen.[284] Sie vermittelt einen Eindruck davon, was dem Kindeswohl in der *Relocation*-Situation generell dienlich bzw. abträglich sein kann,[285] und ermöglicht die Aufstellung einer darauf basierenden Hypothese.[286] Entscheidend sind jedoch stets die Gegebenheiten des konkreten Falles und der jeweils betroffenen Familie.[287]

---

279 *Warshak*, 34 Fam. L.Q. 83, 105 (2000).

280 Sh. *Waldron,* 19 J. Am. Acad. Matrim. Law. 337, 342 f. (2005).

281 Sh. dazu 1.Teil.A.

282 Sh. *Gindes*, 15 J. Am. Acad. Matrim. Law. 119, 144 (1998). Sh. auch *Austin*, 46 Fam. Ct. Rev. 347 (2008); *ders.*, 38 Fam. & Concil. Cts. Rev. 192, 200 (2000).

283 Sh. *Gindes*, 15 J. Am. Acad. Matrim. Law. 119, 144 (1998).

284 Sh. *Austin*, 46 Fam. Ct. Rev. 137, 143, 147 (2008), *ders.*, in: Kuehnle/Drozd (Hrsg.), Parenting Plan Evaluations, S. 540, 554; *ders.*, 46 Fam. Ct. Rev. 347, 349, 351 (2008); *ders.*, 38 Fam. & Concil. Cts. Rev. 192, 196 f. (2000).

285 Sh. *Gindes*, 15 J. Am. Acad. Matrim. Law. 119, 147 (1998).

286 Sh. *Austin*, 46 Fam. Ct. Rev. 347, 350 f. (2008); *ders.*, 29 Am. J. Fam. L. 207, 213 (2015).

287 Sh. *Stahl,* 25 J. Am. Acad. Matrim. Law. 425, 429, 441 (2013); *Austin*, 46 Fam. Ct. Rev. 137, 147 (2008); *Gindes*, 15 J. Am. Acad. Matrim. Law. 119, 147 (1998); *Shear,* 34 Fam. & Concil. Cts. Rev. 439, 458 (1996).

Von der Formulierung allgemeingültiger Vermutungen für bzw. gegen *Relocation* auf Grundlage der dargestellten Literatur wird daher abgeraten.[288]

## D. Zusammenfassung und Fazit

Innerhalb der psychologischen und sozialwissenschaftlichen Literatur gibt es verschiedene Ansichten über die „richtige" Handhabung von *Relocation*-Fällen. Während einerseits eine enge Bindung zum betreuenden Elternteil hervorgehoben wird, betonen andere die Bedeutung einer intensiven, durch häufigen und alltäglichen Kontakt geprägten Beziehung zu beiden Elternteilen. Da die geführte Diskussion primär auf Extrapolationen beruht, ist sie für die Frage nach der korrekten rechtlichen Handhabung von *Relocation*-Fällen nur von begrenztem Nutzen. Die wenigen vorhandenen Studien speziell zu den Auswirkungen von *Relocation* auf Scheidungskinder bieten ebenfalls keine konkrete Hilfestellung, da auch sie keine einheitlichen Ergebnisse generieren und ihre Aussagekraft zudem gewissen Grenzen unterliegt. Praktisch bedeutsamer sind die in Australien, Neuseeland und England durchgeführten soziojuristischen Studien zu den Erfahrungen von Kindern und Eltern mit *Relocation*-Streitigkeiten im Kontext des Familienrechtssystems. Obgleich sie ebenfalls keine umfassende Richtlinie für die mit *Relocation*-Fällen betrauten Gerichte bieten und ihre Aussagekraft in gewissem Maße begrenzt ist, ermöglichen sie doch einen Eindruck von Familien in *Relocation*-Situationen, der hier gegebenen komplizierten Interessenlage und schaffen insofern eine Sensibilisierung für den Rechtsanwender. Darüber hinaus bieten sie konkrete Anhaltspunkte im Hinblick auf die korrekte Handhabung von *Relocation*-Fällen. So zeigen die Schilderungen betroffener Kinder die enorme Bedeutung sozialer Beziehungen als Risiko- wie auch Schutzfaktor, das Erfordernis einer Einbeziehung des Kindeswillens im Rahmen einer kindesorientierten Herangehensweise und eine bezogen auf die Bewältigung des Umzugs bei Kindern oftmals vorhandene Resilienz und Anpassungsfähigkeit. Die Untersuchungen offenbaren zudem das nach Vollzug des Wohnortwechsels regelmäßige Scheitern eines fortwährenden Kontaktes zum zurückgebliebenen Elternteil infolge finanzieller oder organisatorischer Schwierigkeiten wie auch fehlender Kooperationsbereitschaft des betreuenden Elternteils. Sie verdeutlichen daher das Erfordernis einer umfassenden Überprüfung der zu treffenden

288 Sh. *Austin*, 46 Fam. Ct. Rev. 137, 147 (2008); *ders.*, in: Smith (Hrsg.), The Role of the Child and Family Investigator and the Child's Legal Representative in Colorado, S. C9-1, C9-9; *Warshak*, 34 Fam. L.Q. 83, 112 f. (2000). Sh. auch *Stahl*, 25 J. Am. Acad. Matrim. Law. 425, 450 (2013).

Regelungen im Hinblick auf ihre tatsächliche Realisierbarkeit sowie das Bedürfnis nach gegebenenfalls weitergehenden Sicherungsmaßnahmen. Welche Entscheidung im konkreten Fall zu treffen ist, hängt letztlich von den jeweils vorhandenen Risiko- und Schutzfaktoren ab, die in eine *risk/benefit*-Analyse einzustellen sind. Hilfe bei deren Ermittlung bietet die einschlägige psychologische Literatur, die jedoch stets nur als Ausgangspunkt verstanden werden darf. Entscheidend sind die individuellen Fakten des Falles und der konkret betroffenen Familie. Eine allgemeingültige Vermutung für bzw. gegen *Relocation* lässt sich auf ihrer Grundlage nicht formulieren.

# 2. Teil: Die Rechtssituation in Deutschland

## A. Rechtsgrundlagen

### I. Die elterliche Sorge

Unter dem Begriff der elterlichen Sorge beschreibt das Gesetz die Pflicht und das Recht der Eltern, für ihre minderjährigen Kinder zu sorgen (§ 1626 Abs. 1 S. 1 BGB). Sie leitet sich aus dem verfassungsrechtlichen Elternrecht des Art. 6 Abs. 2 S. 1 GG her;[289] darüber hinaus steht sie unter dem Schutz von Art. 8 EMRK.[290]

Die elterliche Sorge steht beiden Elternteilen gemeinsam zu, wenn sie im Zeitpunkt der Geburt des Kindes miteinander verheiratet sind (§ 1626 Abs. 1 S. 1 BGB; Umkehrschluss aus § 1626a Abs. 1 BGB).[291] Voraussetzung hierfür ist die Elternschaft im Rechtssinne (§§ 1591; 1592 Nr. 1 BGB);[292] die rechtliche Vaterschaft des Ehemannes darf daher insbesondere nicht gem. §§ 1599 Abs. 1, 1600 Abs. 1 Nr. 1 BGB rechtskräftig angefochten sein.[293]

Zum Zeitpunkt der Geburt nicht miteinander verheiratete Eltern erlangen die gemeinsame Sorgeverantwortung ex lege durch spätere Heirat (§ 1626a Abs. 1 Nr. 2 BGB). Seit Inkrafttreten des KindRG steht es nicht miteinander verheirateten Eltern zudem offen, die gemeinsame Sorge durch beiderseitige Sorgeerklärungen zu begründen (§ 1626a Abs. 1 Nr. 1 BGB).[294] Werden diese bereits pränatal abgegeben (§ 1626b Abs. 2 BGB), tritt die gemeinsame Sorge unmittelbar mit der Geburt des Kindes ein, andernfalls mit wirksamer Abgabe der

---

289 *Gernhuber/Coester-Waltjen*, FamR § 57 I 4 Rz. 5 8. Sh. dazu BVerfG, Beschl. v. 07.05.1991, Az.: 1 BvL 32/88, BVerfGE 84, 168, 179 = NJW 1991, 1944 Tz. 37 zit. nach juris.

290 Sh. etwa EGMR, Urt. v. 03.12.2009, Beschwerde Nr. 22028/04, *Zaunegger/Deutschland*, NJW 2010, 501.

291 *Schwab*, FamR Rz. 667; *Gernhuber/Coester-Waltjen*, FamR § 57 X 1 Rz. 137.

292 Sh. § 1626 Abs. 1 S. 1 BGB („die Eltern“) sowie *Schwab*, FamR Rz. 669.

293 *Schwab*, FamR Rz. 669.

294 In dem bis dato ausnahmslosen Ausschluss der gemeinsamen Sorge für nicht miteinander verheiratete Eltern sah das *BVerfG* einen Verstoß gegen Art. 6 Abs. 2 GG, sh. BVerfG, Beschl. v. 07.05.1991, Az.: 1 BvL 32/88, BVerfGE 84, 168 = NJW 1991, 1944; sh. auch Staud/*Peschel-Gutzeit*, § 1626 Rz. 32. Sh. §§ 1626b bis 1626e BGB sowie MünchKomm/*Huber*, § 1626a Rz. 27 ff. zu den Wirksamkeitsvoraussetzungen. Zur Frage nach der Rechtsnatur der Sorgeerklärungen sh. Staud/*Coester*, § 1626a Rz. 32 ff.; MünchKomm/*Huber*, § 1626a Rz. 25 jew. m.w.N.

zweiten Sorgeerklärung.[295] Ohne elterlichen Konsens kann die gemeinsame Sorge dadurch begründet werden, dass das FamG sie auf Antrag eines Elternteils auf beide Eltern überträgt (§ 1626a Abs. 1 Nr. 3, Abs. 2 BGB).[296] Einem solchen Antrag entspricht das FamG, wenn die Übertragung dem Kindeswohl nicht widerspricht (§ 1626a Abs. 2 S. 1 BGB, negative Kindeswohlprüfung).[297] Letzteres wird vermutet, sofern entgegenstehende Gründe weder vorgetragen noch ersichtlich sind (§ 1626a Abs. 2 S. 2 BGB). Voraussetzung für den Erwerb der gemeinsamen Sorgeverantwortung nach § 1626a Abs. 1 Nr. 1 bis 3 BGB ist jeweils die rechtliche Etablierung der Elternschaft (§§ 1591; 1592 Nr. 2 oder §§ 1592 Nr. 3, 1600d BGB, 182 Abs. 1 FamFG)[298] zum Zeitpunkt der Heirat,[299] der Sorgeerklärungen,[300] oder aber der gerichtlichen Entscheidung.[301]

---

295 MünchKomm/*Huber*, § 1626a Rz. 33; Staud/*Coester*, § 1626a Rz. 63; *Schwab*, FamR Rz. 678, 681.

296 Neugefasst durch das Gesetz zur Reform der elterlichen Sorge nicht miteinander verheirateter Eltern v. 16.04.2013, BGBl. I, S. 795 m.W.v. 19.05.2013. Der Gesetzesänderung war ein Urteil des *EGMR* vorausgegangen, das die fehlende Möglichkeit, die gemeinsame Sorge ohne Zustimmung des anderen Elternteils zu begründen, als Verstoß gegen Art. 14 i.V.m. Art. 8 EMRK wertete, sh. EGMR, Urt. v. 03.12.2009, Beschwerde Nr. 22028/04, *Zaunegger/Deutschland*, NJW 2010, 501. Auch das *BVerfG* sah hier einen Verfassungsverstoß und traf eine Übergangsregelung, wonach die elterliche Sorge auf Antrag eines Elternteils gemeinsam zu übertragen war, soweit zu erwarten war, dass dies dem Kindeswohl entspricht (positive Kindeswohlprüfung), sh. BVerfG, Beschl. v. 21.07.2010, Az.: 1 BvR 420/09, BVerfGE 127, 132 = NJW 2010, 3008.

297 Begründung zum RegE, BT-Drucks. 17/11048, S. 17; *Heilmann*, NJW 2013, 1473, 1474.

298 Sh. § 1626a Abs. 1 BGB („die Eltern").

299 Die erst nach der Eheschließung anerkannte bzw. gerichtlich festgestellte Vaterschaft wirkt hinsichtlich des Sorgerechtserwerbs zurück, ohne dass allerdings abgeschlossene Sorgerechtsentscheidungen der bisher alleinsorgeberechtigten Mutter in Frage gestellt werden, Staud/*Coester*, § 1626a Rz. 16.

300 OLG Stuttgart, Beschl. v. 07.11.2007, Az.: 16 WF 181/07, FamRZ 2008, 539, 540 Tz. 13 ff. zit. nach juris; Staud/*Coester*, § 1626a Rz. 40; *Schwab*, DNotZ 1998, 437, 450. Im Falle vorgeburtlicher Sorgeerklärungen ist daher die zeitlich vorangehende pränatale Anerkennung der Vaterschaft (§§ 1594 Abs. 4, 1595 Abs. 3 BGB) erforderlich, Staud/*Coester*, § 1626b Rz. 8; Johannsen/Henrich/*Jaeger*, § 1626b Rz. 3; *Schwab*, DNotZ 1998, 437, 450. Zur schwebend unwirksamen Vaterschaftsanerkenntnis bzw. Sorgeerklärung, insb. im Fall des § 1599 Abs. 2 BGB sh. BGH, Beschl. v. 11.02.2004, Az.: XII ZB 158/02, BGHZ 158, 74 = FamRZ 2004, 802; Johannsen/Henrich/*Jaeger*, § 1626b Rz. 3; Staud/*Coester*, § 1626b Rz. 11 jew. m.w.N.

301 Begründung zum RegE, BT-Drucks. 17/11048, S. 16 f.

Ist die gemeinsame Sorge einmal begründet, bleibt sie über die Ehescheidung bzw. dauerhafte Trennung hinaus bestehen,[302] ohne dass es einer gerichtlichen Feststellung dieses Zustandes bedarf.[303] Die ehemals obligatorische Sorgerechtsentscheidung aus Anlass der Ehescheidung („Zwangsverbund“, §§ 1671 Abs. 1 S. 1 BGB a.F, 623 Abs. 3 S. 1 ZPO a.F.) wurde mit Inkrafttreten des KindRG durch ein Antragssystem ersetzt.[304] Die Regelung der elterlichen Sorge nach Ehescheidung bzw. dauerhafter Trennung findet – vorbehaltlich der Fälle des § 1666 BGB –[305] nur auf Antrag eines Elternteils statt (§ 1671 Abs. 1 BGB). Dies gilt auch für den Fall der gemeinsamen Sorge kraft Sorgeerklärungen. Die so erworbene Sorgeverantwortung steht nicht mehr zur Disposition der Eltern und kann nur durch gerichtliche Entscheidung oder ex lege geändert werden.[306]

Sind die Kindeseltern bei der Geburt des Kindes nicht miteinander verheiratet (vgl. § 1626 Abs. 1 S. 1 BGB; Umkehrschluss aus § 1626a Abs. 1 BGB) und liegt auch keiner der Erwerbsgründe des § 1626a Abs. 1 Nr. 1 bis 3 BGB vor, steht die elterliche Sorge kraft Gesetzes der Kindesmutter alleine zu (§ 1626a Abs. 3 BGB).

Sowohl die alleinige als auch die gemeinsame Sorge kann daneben durch gerichtliche Entscheidung begründet werden. Von Bedeutung ist hier insbesondere die Übertragung der Alleinsorge bei Getrenntleben der Eltern gem. § 1671 Abs. 1, 2 BGB. In Betracht kommen zudem die Änderung einer bereits bestandskräftigen gerichtlichen Übertragung der Sorgeverantwortung gem. § 1696 Abs. 1

---

302 Staud/*Coester*, § 1671 Rz. 1; Johannsen/Henrich/*Jaeger*, § 1671 Rz. 5; *Schilling*, NJW 2007, 3233.

303 *Schwab*, FamRZ 1998, 457; *ders.*, FamR Rz. 826.

304 Johannsen/Henrich/*Jaeger*, § 1671 Rz. 4; Staud/*Coester*, § 1671 Rz. 1, 4; *Schwab*, FamRZ 1998, 457, 457 f.; *Schilling*, NJW 2007, 3233; *Diederichsen*, NJW 1998, 1977, 1985; sh. auch die Begründung zum RegE, BT-Drucks. 13/4899, S. 61. Str. ist, ob die gemeinsame Sorge damit zum „Regelfall“, die Alleinsorge zur „Ausnahme“ wird, sh. dazu die Nachweise bei Bamberger/Roth/*Veit*, § 1671 Rz. 2.

305 Johannsen/Henrich/*Jaeger*, § 1671 Rz. 5; *Schilling*, NJW 2007, 3233 Fn. 6.

306 *Schwab*, FamR Rz. 683; MünchKomm/*Huber*, § 1626a Rz. 34 f.

S. 1 BGB,[307] aber auch gerichtliche Maßnahmen bei Gefährdung des Kindeswohls gem. §§ 1666 Abs. 1, 3 Nr. 6, 1680 Abs. 3 BGB.[308]

## II. Das Aufenthaltsbestimmungsrecht

Das Recht und die Pflicht zur Aufenthaltsbestimmung ist Teil der tatsächlichen Personensorge und somit Teilbereich der elterlichen Sorge (§§ 1626 Abs. 1, 1631 Abs. 1 BGB).[309] Es umfasst die Wahl und Bestimmung desjenigen Ortes, an dem sich das Kind tatsächlich aufhalten soll, insbesondere also auch die Festlegung von Wohnung und Wohnort des Kindes.[310]

Inhaber des Aufenthaltsbestimmungsrechts sind bei gemeinsamer elterlicher Sorge beide Eltern gemeinsam.[311] Hierbei bleibt es auch im Falle der dauerhaften Trennung bzw. Scheidung. Ebenso wie diese nicht die Auflösung der gemeinsamen elterlichen Sorge bewirkt,[312] bleibt auch das gemeinschaftliche Aufenthaltsbestimmungsrecht über die Trennung bzw. Scheidung hinaus bestehen.[313] Steht die elterliche Sorge einem Elternteil alleine zu, so ist der Alleinsorgeberechtigte auch alleiniger Inhaber des Aufenthaltsbestimmungsrechts.[314]

Das Aufenthaltsbestimmungsrecht kann vom Sorgerecht abgespalten und gesondert geregelt werden.[315] Möglich ist daher nicht nur die Zuweisung des

---

307 Sh. OLG Dresden, Beschl. v. 22.03.2010, Az.: 21 UF 0670/09, 21 UF 670/09, ZKJ 2010, 333; OLG Rostock, Beschl. v. 08.12.2005, Az.: 11 UF 39/05, FamRZ 2007, 1352; OLG Köln, Beschl. v. 10.10.2006; Az.: 4 UF 42/06, ZKJ 2007, 117; Staud/*Coester*, § 1696 Rz. 18 f., 41, 77; *Schwab*, FamRZ 1998, 457, 470 ff. Für die Änderung der gem. § 1626a Abs. 1 Nr. 3, Abs. 2 BGB begründeten gemeinsamen Sorge gilt § 1671 Abs. 1 Nr. 2 BGB (§ 1696 Abs. 1 S. 2 Hs. 1 BGB). Str. ist die Abgrenzung zwischen § 1671 und § 1696 BGB bei Umwandlung einer auf Gerichtsbeschluss beruhenden gemeinsamen Sorge in Alleinsorge, sh. dazu Staud/*Coester*, § 1696 Rz. 19.

308 Für die vorliegende Arbeit unerheblich sind die weiteren Fälle der Begründung alleiniger Sorge ex lege bzw. kraft gerichtlicher Entscheidung: §§ 1677, 1680 Abs. 1, 2; 1678 Abs. 2; 1681 Abs. 1, 2 BGB.

309 Staud/*Salgo*, § 1631 Rz. 52; Staud/*Peschel-Gutzeit*, § 1626 Rz. 58.

310 Staud/*Salgo*, § 1631 Rz. 50; BeckOK/*Veit*, § 1631 Rz. 10. Hiervon abzugrenzen ist das Recht zur Bestimmung des Wohnsitzes i.S.d. § 11 BGB, Staud/*Salgo*, § 1631 Rz. 50; MünchKomm/*Huber*, § 1631 Rz. 11.

311 BeckOK/*Veit*, § 1631 Rz. 11.

312 Sh. oben unter 2.Teil.A.I.

313 Staud/*Salgo*, § 1631 Rz. 61.

314 BeckOK/*Veit*, § 1631 Rz. 11.

315 Sh. § 1671 Abs. 1 S. 1 BGB („oder einen Teil der elterlichen Sorge“) sowie MünchKomm/*Hennemann*, § 1671 Rz. 138; *Schwab*, FamR Rz. 845.

Aufenthaltsbestimmungsrechts an nur einen Elternteil unter Beibehaltung der gemeinsamen Sorge im Übrigen,[316] sondern auch die Belassung des gemeinsamen Aufenthaltsbestimmungsrechts bei sonstiger Alleinsorge eines Elternteils.[317]

## III. Das Umgangsrecht

Jeder rechtliche[318] Elternteil ist zum Umgang mit dem Kind verpflichtet und berechtigt (§ 1684 Abs. 1 Hs. 2 BGB). Nicht entscheidend ist die sorgerechtliche Lage.[319] Auch dem alleinsorgeberechtigten Elternteil steht daher ein Umgangsrecht zu, wenn sich das Kind mit seiner Zustimmung beim anderen Elternteil aufhält.[320] Seiner Natur nach handelt es sich um ein Pflicht-Recht.[321] Es erwächst aus dem natürlichen Elternrecht und der damit verbundenen Verantwortung gem. Art. 6 Abs. 2 S. 1 GG.[322] Korrespondierend mit der Umgangspflicht eines jeden Elternteils ist das Kind zum Umgang berechtigt (§ 1684 Abs. 1 Hs. 1 BGB).[323] Damit hat der Gesetzgeber das Recht des Kindes auf Pflege und Erziehung durch

---

316 Sind die Eltern abgesehen von der Betreuungsfrage zu sachlicher Kooperation in der Lage, ist die Übertragung nur des Aufenthaltsbestimmungsrechts verfassungsrechtlich geboten, sh. BVerfG, Beschl. v. 01.03.2004, Az.: 1 BvR 738/01, FamRZ 2004, 1015, 1016 Tz. 11 f.; Staud/*Coester*, § 1671 Rz. 259.

317 Sh. z.B. OLG Köln, Beschl. v. 08.02.2011, Az.: II-4 UF 233/10, 4 UF 233/10; OLG Frankfurt, Beschl. v. 28.11.2006, Az.: 3 UF 238/06, FamRZ 2007, 759; OLG Hamm, Beschl. v. 30.11.1998, Az.: 2 UF 86/98, FamRZ 1999, 394. Krit. dazu Staud/*Coester*, § 1671 Rz. 211.

318 Sh. *Gernhuber/Coester-Waltjen*, FamR § 66 II 3 Rz. 5. Das Umgangsrecht sozialer oder biologischer Eltern bestimmt sich nach §§ 1685 Abs. 2 BGB; 1686a BGB.

319 Begründung zum RegE, BT-Drucks. 13/4899, S. 68; Staud/*Rauscher*, § 1684 Rz. 6; *Schwab*, FamR Rz. 857; *Gernhuber/Coester-Waltjen*, FamR § 68 II 1 Rz. 2.

320 Begründung zum RegE, BT-Drucks. 13/4899, S. 68.

321 *Gernhuber/Coester-Waltjen*, FamR § 66 II 1 Rz. 2; BeckOK/*Veit*, § 1684 Rz. 9; Staud/*Rauscher*, § 1684 Rz. 44. Sh. auch BVerfG, Urt. v. 01.04.2008, Az.: 1 BvR 1620/04, BVerfGE 121, 69, 92 = NJW 2008, 1287, 1288 Tz. 70 zit. nach juris.

322 BVerfG, Beschl. v. 13.12.2012, Az.: 1 BvR 1766/12, ZKJ 2013, 162, 163 Tz. 20; Beschl. v. 26.09.2006, Az.: 1 BvR 1827/06, NJW 2007, 1266, 1267 Tz. 12; *Schwab*, FamR Rz. 853; *Gernhuber/Coester-Waltjen*, FamR § 66 II 1 Rz. 2.

323 Eingefügt durch das Gesetz zur Reform des Kindschaftsrechts v. 16.12.1997, BGBl. 1997 I, S. 2942. Str. ist, ob und unter welchen Voraussetzungen die elterliche Umgangspflicht gegen den Willen des Verpflichteten zwangsweise durchgesetzt werden kann, sh. dazu BVerfG, Urt. v. 01.04.2008, Az.: 1 BvR 1620/04, BVerfGE 121, 69, 72 ff. = FamRZ 2008, 845, 846 Tz. 10 ff. zit. nach juris m.w.N.

seine Eltern aus Art 6. Abs. 2 S. 1 GG konkretisiert.[324] Das Umgangsrecht steht auch unter dem Schutz von Art. 8 EMRK.[325]

## B. Die *Relocation*-Problematik in den verschiedenen Sorgerechtskonstellationen

### I. Gemeinsame elterliche Sorge / gemeinsames Aufenthaltsbestimmungsrecht

#### *1. Rechtspositionen der Beteiligten*

Steht die elterliche Sorge bzw. das Aufenthaltsbestimmungsrecht beiden Eltern gemeinsam zu, leben diese aber nicht nur vorübergehend getrennt, so richtet sich die Ausübung der elterlichen Sorge bzw. des Aufenthaltsbestimmungsrechts nach § 1687 Abs. 1 BGB. In Angelegenheiten des täglichen Lebens ist hiernach der Elternteil zur alleinigen Entscheidung befugt, bei dem sich das Kind gewöhnlich aufhält (§ 1687 Abs. 1 S. 2 BGB). Entscheidungen in Angelegenheiten, deren Regelung für das Kind von erheblicher Bedeutung ist, erfordern demgegenüber das gegenseitige Einvernehmen der Eltern (§ 1687 Abs. 1 S. 1 BGB). Die Bestimmung des gewöhnlichen Aufenthalts ist grundsätzlicher Art und somit eine Angelegenheit von erheblicher Bedeutung.[326] Über einen dauerhaften Umzug des Kindes ins Ausland müssen die Eltern daher im gegenseitigen Einvernehmen entscheiden.[327] Verbringt der betreuende Elternteil das Kind ohne Einverständnis des anderen Elternteils ins Ausland, handelt er rechtswidrig.[328] Es

324 BVerfG, Urt. v. 01.04.2008, Az.: 1 BvR 1620/04, BVerfGE 121, 69, 95 = NJW 2008, 1287, 1289 Tz. 75 zit. nach juris.

325 Sh. z.B. EGMR, Urt. v. 13.07.2000, Beschwerde Nr. 25735/94, *Elsholz/Deutschland*, NJW 2001, 2315; Urt. v. 08.07.2003, Beschwerde Nr. 31871/96, *Sommerfeld/Deutschland*, FPR 2004, 344; Urt. v. 08.07.2003, Beschwerde Nr. 30943/96, *Sahin/Deutschland*, FPR 2004, 350.

326 Begründung zum RegE, BT-Drucks. 13/4899, S. 107; Staud/*Salgo*, § 1687 Rz. 38; Staud/*Peschel-Gutzeit*, § 1628 Rz. 29; MünchKomm/*Hennemann*, § 1687 Rz. 10; *Schilling*, NJW 2007, 3233, 3234; sh. auch BGH, Beschl. v. 02.05.1956, Az.: IV ZB 40/56, BGHZ 20, 313, 319 = NJW 1956, 1148, 1149.

327 OLG Karlsruhe, Beschl. v. 15.06.2001, Az.: 16 UF 30/01, NJW-RR 2002, 1011, 1012; *Finger*, FamFR 2009, 134; *Faber*, FuR 2012, 464, 465.

328 BGH, Beschl. v. 28.04.2010, Az.: XII ZB 81/09, BGHZ 185, 272, 278 = FamRZ 2010, 1060, 1061 Tz. 16; *Finger*, FamFR 2009, 134, 135; *Faber*, FuR 2012, 464, 465.

kann sich dann um eine Kindesentführung i.S.d. HKÜ handeln, die den zurückbleibenden Elternteil zur Beantragung einer Kindesrückführung berechtigt.[329]

### *2. Rechtlicher Rahmen für die Relocation-Entscheidung*

Gelangen die Eltern im Hinblick auf den Umzug des Kindes zu keiner einvernehmlichen Lösung, liegt es an dem auswanderungswilligen Elternteil, die Übertragung der elterlichen Sorge bzw. des Aufenthaltsbestimmungsrechts auf sich zu beantragen. Der andere Elternteil kann dem Antrag entgegentreten oder gar seinerseits einen Antrag auf Übertragung der elterlichen Sorge bzw. des Aufenthaltsbestimmungsrechts stellen. Ist die gemeinsame Sorge kraft Gesetzes mit der Geburt des ehelichen Kindes eingetreten oder wurde sie gem. § 1626a Abs. 1 Nr. 1 bis 3 BGB begründet,[330] ist ein Verfahren nach § 1671 Abs. 1 S. 1, 2 Nr. 2 BGB einzuleiten. Nicht einschlägig ist nach zutreffender Ansicht § 1628 BGB, da es sich bei der Entscheidung über den gewöhnlichen Aufenthalt des Kindes zwar um eine einer einmaligen Entscheidung zugängliche Einzelfrage handelt, diese jedoch von fundamentaler Bedeutung für „das sorge- und vermögensrechtliche Gesamtgefüge und die Eltern-Kind-Beziehung" ist und daher einer umfassenden Gesamtabwägung nach § 1671 Abs. 1 S. 1, 2 Nr. 2 BGB unterliegen sollte.[331] Beruht die gemeinsame Sorge auf Gerichtsbeschluss, ist streitig, ob sich das Änderungsverfahren ebenfalls nach § 1671 BGB richtet oder § 1696 Abs. 1 S. 1 BGB als gesetzliche Grundlage heranzuziehen ist.[332] Es lässt sich hier einerseits der Standpunkt vertreten, § 1696 BGB sei als Spezialnorm für Änderungsentscheidungen vorrangig.[333] Andererseits kann auch § 1671 Abs. 1 BGB als lex

---

329 Sh. Staud/*Pirrung*, EGBGB/IPR, Vorbem. zu Art. 19 EGBGB Rz. D 27 ff. zu den Voraussetzungen einer Kindesentführung i.S.d. HKÜ sowie Rz. D 55 ff. zur Rückführung.

330 Sh. oben unter 2.Teil.A.I. Bei gerichtlicher Übertragung gem. § 1626a Abs. 1 Nr. 3, Abs. 2 BGB: § 1696 Abs. 1 S. 2 Hs. 1 BGB.

331 Staud/*Coester*, § 1671 Rz. 56; sh. auch BeckOK/*Veit*, § 1628 Rz. 16; OLG Zweibrücken, Beschl. v. 29.06.2000, Az.: 6 UF 73/99, NJW-RR 2001, 506 Tz. 2 f. zit. nach juris. A.A. z.B. *Stößer*, FamRBint 2008, 37, 38 (wegen des Grundsatzes der Verhältnismäßigkeit sollte vorrangig ein Antrag nach § 1628 S. 1 BGB gestellt werden). Sh. zum Streitstand *Schwab*, FamRZ 1998, 457, 467 f.

332 Bedeutung hat der Streit aufgrund der unterschiedlichen Eingriffsschwelle, sh. dazu unten 2.Teil.B.I.2.b).

333 So OLG Nürnberg, Beschl. v. 11.02.2000, Az.: 7 UF 4435/99, FamRZ 2000, 1603 Tz. 47; OLG Jena, Beschl. v. 10.07.2000, Az.: 1 UF 21/00, FamRZ 2001, 436 Tz. 14 ff. jew. zit. nach juris; *Gernhuber/Coester-Waltjen*, FamR § 65 III 1 Rz. 36.

specialis für die richterliche Beendigung der gemeinsamen Sorge angesehen werden.[334] In Betracht kommt daneben die Anwendung der weniger strengen Maßstäbe des § 1671 Abs. 1 S. 1, 2 Nr. 2 BGB im Rahmen des § 1696 Abs. 1 S. 1 BGB.[335] Nicht nach § 1671 Abs. 1 BGB ist zu entscheiden, wenn mit der Auswanderung eine Kindeswohlgefährdung i.S.d. § 1666 BGB verbunden ist, sodass die Regelung der elterlichen Sorge auf Grundlage dieser Norm zu treffen ist (§ 1671 Abs. 4 BGB).[336]

### *a) § 1671 Abs. 1 S. 1, 2 Nr. 2 BGB*

Ein Verfahren nach § 1671 Abs. 1 S. 1, 2 Nr. 2 BGB wird nur auf Antrag eines oder beider Elternteile eingeleitet.[337] Dem Antrag auf Übertragung der Alleinsorge bzw. des alleinigen Aufenthaltsbestimmungsrechts gibt das FamG statt, „soweit zu erwarten ist, dass die Aufhebung der gemeinsamen Sorge bzw. des gemeinsamen Aufenthaltsbestimmungsrechts und die Übertragung auf den Antragsteller dem Wohl des Kindes am besten entspricht" (§ 1671 Abs. 1 S. 2 Nr. 2 BGB). Die vorzunehmende Prüfung setzt sich aus zwei eigenständigen Prüfungsschritten zusammen (sog. „doppelte Kindeswohlprüfung").[338] In einem ersten Schritt ist zu untersuchen, ob die (gegebenenfalls auf das Aufenthaltsbestimmungsrecht beschränkte) Aufhebung der gemeinsamen Sorge dem Kindeswohl besser entspricht als deren Aufrechterhaltung. Nur wenn dies der Fall ist, prüft das FamG in einem weiteren Schritt, ob die Übertragung gerade auf den Antragsteller am kindeswohldienlichsten ist.[339]

Streiten die Eltern über den Kindesaufenthalt, ist der erste Prüfungsschritt nur von untergeordneter Bedeutung.[340] Die Entscheidungskompetenz muss in

---

334 So OLG Dresden, Beschl. v. 22.03.2010, Az.: 21 UF 0670/09, 21 UF 670/09, ZKJ 2010, 333 Tz. 7; OLG Hamm, Beschl. v. 07.11.2006, Az.: 3 UF 75/06, FamRZ 2007, 756, 757 Tz. 21 f. jew. zit. nach juris; Staud/*Coester*, § 1696 Rz. 19; Staud/*Coester*, § 1671 Rz. 26.

335 MünchKomm/*Hennemann*, § 1671 Rz. 10.

336 BGH, Beschl. v. 28.04.2010, Az.: XII ZB 81/09, BGHZ 185, 272, 277 f. = FamRZ 2010, 1060, 1061 Tz. 15. Zum Verhältnis von § 1696 und § 1666 BGB sh. MünchKomm/*Olzen*, § 1696 Rz. 16 m.w.N.

337 Sh. § 1671 Abs. 1 S. 1 BGB („kann jeder Elternteil beantragen") sowie *Völker/Clausius*, FamRMandat § 1 Rz. 344; *Schwab*, FamRZ 1998, 457.

338 BeckOK/*Veit*, § 1671 Rz. 45; *Schilling*, NJW 2007, 3233, 3237.

339 *Schwab*, FamRZ 1998, 457, 462; sh. auch die Begründung zum RegE, BT-Drucks. 13/4899, S. 99. Krit. zum zweistufigen Prüfungsaufbau Staud/*Coester*, § 1671 Rz. 104.

340 OLG Düsseldorf, Beschl. v. 05.08.2003, Az.: II-6 UF 57/03, Tz. 5 zit. nach juris (Umzug innerhalb Deutschlands). Sh. auch z.B. OLG Hamm, Beschl. v. 04.04.2011,

diesem Fall notwendigerweise auf einen Elternteil übertragen werden, was die vorherige Aufhebung der gemeinsamen Zuständigkeit zwangsläufig voraussetzt.[341] Wurde jedoch Übertragung der Alleinsorge beantragt, hat sich die gerichtliche Prüfung auch darauf zu konzentrieren, ob die vollumfängliche Aufhebung der gemeinsamen Sorge erforderlich ist oder die Auflösung des gemeinsamen Aufenthaltsbestimmungsrechts genügt.[342]

Das FamG ist in seiner Entscheidung an die gestellten Anträge gebunden.[343] Hat der auswanderungswillige Elternteil nur die Übertragung des Aufenthaltsbestimmungsrechts beantragt, kann das Gericht nicht darüber hinaus die gesamte elterliche Sorge übertragen.[344] Ebenso kann die elterliche Sorge bzw. das Aufenthaltsbestimmungsrecht nicht auf den anderen Elternteil übertragen werden, wenn dieser einen entsprechenden Antrag nicht gestellt hat.[345] Hat jedoch der auswanderungswillige Elternteil einen Antrag auf Übertragung der Alleinsorge gestellt, kann ihm das FamG auch nur im Hinblick auf das Aufenthaltsbestim-

---

Az.: II-8 UF 237/10, 8 UF 237/10, ZKJ 2011, 385, 387 Tz. 24; OLG Karlsruhe, Beschl. v. 27.11.2008, Az.: 2 UF 88/08, FamRZ 2009, 435, 436 Tz. 37; OLG Köln, Beschl. v. 11.01.2006, Az.: 4 UF 229/05, ZKJ 2007, 204 Tz. 4; Beschl. v. 18.01.2006, Az.:4 UF 209/04, NJW-RR 2006, 1588, 1589 Tz. 5; OLG Zweibrücken, Beschl. v. 13.07.2004, Az.: 5 UF 47/04, NJW-RR 2004, 1588, 1588 Tz. 21 jew. zit. nach juris.

341 OLG Düsseldorf, Beschl. v. 05.08.2003, Az.: II-6 UF 57/03, Tz. 5 zit. nach juris (Umzug innerhalb Deutschlands).

342 BVerfG, Beschl. v. 01.03.2004, Az.: 1 BvR 738/01, FamRZ 2004, 1015. Ob die Übertragung nur des Aufenthaltsbestimmungsrechts im Einzelfall sachlich sinnvoll ist, ist sorgsam zu prüfen, sh. *Coester*, FF 2010, 365, 365 f.; Staud/*Coester*, § 1671 Rz. 144. Allein die nunmehr große Entfernung zwischen den Wohnorten ist nach zutreffender Ansicht allerdings kein Grund für die vollständige Beendigung der gemeinsamen Sorge, sh. BVerfG, Beschl. v. 01.03.2004, Az.: 1 BvR 738/01, FamRZ 2004, 1015, 1016 Tz. 13 zit. nach juris; Staud/*Coester*, § 1671 Rz. 144. Anders z.B. OLG Koblenz, Beschl. v. 04.05.2010, Az.: 11 UF 149/10, FamRZ 2010, 1572 Tz. 20; OLG Köln, Beschl. v. 18.01.2006, Az.: 4 UF 209/04, NJW-RR 2006, 1588, 1589 Tz. 5; Beschl. v. 27.07.2010, Az.: 14 UF 80/10, II-14 UF 80/10, NJW-RR 2011, 149, 150 Tz. 18 jew. zit. nach juris.

343 Staud/*Coester*, § 1671 Rz. 101; *Gernhuber/Coester-Waltjen*, FamR § 65 III 2 Rz. 38; *Völker/Clausius*, FamRMandat § 1 Rz. 227.

344 OLG Brandenburg, Beschl. v. 19.03.2008, Az.: 9 UF 213/07, FamRZ 2008, 1472 Tz. 23 zit. nach juris; Staud/*Coester*, § 1671 Rz. 101; BeckOK/*Veit*, § 1671 Rz. 17.

345 OLG Nürnberg, Beschl. v. 14.03.2012, Az.: 10 UF 1899/11, FamRZ 2013, 553, 554 Tz. 15; OLG Dresden, Beschl. v. 03.08.1999, Az.: 22 UF 121/99, FamRZ 2000, 109, 111 Tz. 28 jew. zit. nach juris; Staud/*Coester*, § 1671 Rz. 101, 148, 150; Johannsen/Henrich/*Jaeger*, § 1671 Rz. 31.

mungsrecht stattgeben.[346] Zwischen allen denkbaren Alternativen (Alleinsorge des auswandernden Elternteils, Alleinsorge des zurückbleibenden Elternteils, nur Aufenthaltsbestimmungsrecht des auswandernden bzw. zurückbleibenden Elternteils) kann das FamG daher nur dann die kindeswohldienlichste Lösung frei wählen, wenn beide Elternteile wechselseitige Anträge auf Übertragung der Alleinsorge gestellt haben.[347]

### *b) § 1696 Abs. 1 S. 1 BGB*

Für die Einleitung eines Änderungsverfahrens nach § 1696 Abs. 1 S. 1 BGB bedarf es keines entsprechenden Antrags.[348] Die in der *Relocation*-Situation gleichwohl gestellten elterlichen Anträge sind als Anregungen i.S.v. § 24 Abs. 1 FamFG aufzufassen.[349] Anders als bei § 1671 Abs. 1 S. 1, 2 Nr. 2 BGB ist das FamG nicht an diese gebunden.[350] Es kann die elterliche Sorge daher auch dann vollständig auf den zurückbleibenden Elternteil übertragen werden, wenn dieser lediglich einen Teilantrag auf Übertragung des Aufenthaltsbestimmungsrechts gestellt hat.

Gem. § 1696 Abs. 1 S. 1 BGB ist eine Entscheidung zum Sorgerecht zu ändern, „wenn dies aus triftigen, das Wohl des Kindes nachhaltig berührenden Gründen angezeigt ist". Damit weist § 1696 Abs. 1 S. 1 BGB die im Vergleich zu § 1671 Abs. 1 S. 1, 2 Nr. 2 BGB höhere Eingriffsschwelle auf.[351] Eine Änderung der bestehenden Sorgerechtsregelung ist nicht bereits möglich, wenn dies dem Kindeswohl am besten entsprechen würde. Die Vorteile der Änderung müssen die mit ihr verbundenen Nachteile vielmehr deutlich überwiegen.[352] Das FamG nimmt somit keine offene Neuabwägung der Kindesinteressen vor, um die kindeswohldienlichste Lösung zu ermitteln.[353] Für die Abwägung der Kindeswohlbelange ist stattdessen eine stärkere Gewichtung der Bestands- und Kontinuitätsinteressen

---

346 Staud/*Coester*, § 1671 Rz. 102.

347 Ebd., Rz. 101.

348 *Völker/Clausius*, FamRMandat § 1 Rz. 359; Staud/*Coester*, § 1696 Rz. 43; *Gernhuber/Coester-Waltjen*, FamR § 65 VI 3 Rz. 68.

349 MünchKomm/*Olzen*, § 1696 Rz. 55.

350 OLG Karlsruhe, Beschl. v. 27.08.1998, Az.: 2 UF 135/98, FamRZ 1999, 801.

351 OLG Hamm, Beschl. v. 30.11.1998, Az.: 2 UF 86/98, FamRZ 1999, 394 Tz. 2 zit. nach juris.

352 OLG Bremen, Beschl. v. 25.11.2010, Az.: 4 UF 128/10, Streit 2010, 157, 158 Tz. 9 zit. nach juris; MünchKomm/*Olzen*, § 1696 Rz. 24; Staud/*Coester*, § 1696 Rz. 62.

353 Staud/*Coester*, § 1696 Rz. 63.

des Kindes vorgegeben.[354] Eine Übertragung der elterlichen Sorge bzw. des Aufenthaltsbestimmungsrechts auf den zurückbleibenden Elternteil ist erst dann zulässig (dann aber auch geboten),[355] wenn die Mitnahme des Kindes für dessen Wohl derart nachteilig ist bzw. sich ein Verbleib beim nichtsorgeberechtigten Elternteil als so überlegen darstellt, dass das grundsätzlich unterstellte Bedürfnis des Kindes nach Kontinuität und Stabilität der Lebensverhältnisse zurücktreten muss.[356] Ob sich diese theoretisch höhere Eingriffsschwelle allerdings auch praktisch bemerkbar macht, ist fraglich. Die im Rahmen dieser Arbeit ausgewerteten Entscheidungen weisen bzgl. der vorgenommenen Abwägungen insofern keine Unterschiede auf. Es ist vielmehr davon auszugehen, dass in jedem Fall die Entscheidung getroffen wird, die dem Kindeswohl am besten entspricht, mag sie nun auf Grundlage von § 1696 Abs. 1 S. 1 BGB oder § 1671 Abs. 1 S. 1, 2 Nr. 2 BGB ergehen.

## II. Alleinige elterliche Sorge / alleiniges Aufenthaltsbestimmungsrecht des umzugswilligen Elternteils

### *1. Rechtspositionen der Beteiligten*

Steht dem auswanderungswilligen Elternteil die elterliche Sorge oder jedenfalls das Aufenthaltsbestimmungsrecht alleine zu, sind die Rechtspositionen streitig. Nach teilweise vertretener Ansicht ist die Mitnahme des Kindes – trotz der formalen Legitimation durch das Aufenthaltsbestimmungsrecht –[357] nicht ohne weiteres zulässig. Die Kompetenz zur Bestimmung des Kindesaufenthalts findet hiernach eine Schranke im Umgangsrecht des anderen Elternteils.[358] Vorrang könne das Aufenthaltsbestimmungsrecht des auswanderungswilligen Elternteils nur haben, wenn dieser triftige Gründe für die Auswanderung habe.[359]

---

354 *Staud/Coester*, § 1696 Rz. 62 f. Vgl. auch KG Berlin, Beschl. v. 05.09.2008, Az.: 18 UF 83/08, ZKJ 2009, 211, 212 Tz. 16 zit. nach juris.

355 Staud/*Coester*, § 1696 Rz. 39; Johannsen/Henrich/*Jaeger*, § 1696 Rz. 11.

356 Staud/*Coester*, § 1696 Rz. 82.

357 Sh. Staud/*Rauscher*, § 1684 Rz. 68.

358 OLG Oldenburg, Beschl. v. 16.11.1979, Az.: 5 UF 80/79, FamRZ 1980, 78; Staud/*Rauscher*, § 1684 Rz. 68; Schwab/*Motzer*, Hdb ScheidungsR III Rz. 221; *ders.*, FamRZ 2000, 925, 927.

359 OLG Oldenburg, Beschl. v. 16.11.1979, Az.: 5 UF 80/79, FamRZ 1980, 78; Staud/*Rauscher*, § 1684 Rz. 72; *Büte*, Umgangsrecht Rz. 161.

Der überwiegenden und zutreffenden Ansicht zufolge kann der allein Sorge- bzw. Aufenthaltsbestimmungsberechtigte[360] das Kind grundsätzlich mit ins Ausland nehmen, ohne dass es der Zustimmung des anderen Elternteils oder gar einer gerichtlichen Genehmigung bedarf.[361] Die Befugnis zur Bestimmung des Kindesaufenthalts wird hiernach durch das Umgangsrecht des zurückbleibenden Elternteils nicht beschränkt.[362] Zwar steht das Umgangsrecht dem Sorgerecht als eigenständige, dieses einschränkende Rechtsposition gegenüber,[363] seine Ausübung hat sich gleichwohl nach dem vom Alleinsorgeberechtigten vorgegebenen Wohnort des Kindes zu richten.[364] Dieser ist nicht verpflichtet, den Aufenthalt

360 Nach a.A. soll trotz alleinigen Aufenthaltsbestimmungsrechts die Zustimmung des anderen Elternteils erforderlich sein, wenn mit dem Umzug ein Schulwechsel verbunden ist, weil dies eine Angelegenheit von erheblicher Bedeutung i.S.d. § 1687 Abs. 1 S. 2 BGB sei, sh. OLG Dresden, Beschl. v. 15.10.2002, Az.: 10 UF 433/02, NJW-RR 2003, 148, 148 f. Tz. 8 zit. nach juris. Hiergegen spricht jedoch, dass dann mit jeder Schulfrage das Aufenthaltsbestimmungsrecht ausgehebelt werden könnte, sh. *Carstensen*, SchlHA 2011, 185,186.

361 BGH, Beschl. v. 28.04.2010, Az.: XII ZB 81/09, BGHZ 185, 272, 278 = FamRZ 2010, 1060, 1061 Tz. 16; Urt. v. 14.01.1987, Az.: IVb ZR 65/85, NJW 1987, 893, 896 Tz. 40; OLG Köln, Beschl. v. 29.10.2009, Az.: II-21 UF 158/09, 21 UF 158/09, FamRZ 2010, 913 Tz. 8; OLG Koblenz, Beschl. v. 09.08.2007, Az.: 9 UF 450/07, NJW 2008, 238, 239 Tz. 12; OLG Düsseldorf, Beschl. v. 13.06.1979, Az.: 5 UF 235/79, FamRZ 1979, 965; OLG Köln, Beschl. v. 18.07.1972, Az.: 16 Wx 88/72, FamRZ 1972, 572, 574 jew. zit. nach juris; MünchKomm/*Hennemann*, § 1671 Rz. 110.

362 BGH, Urt. v. 14.01.1987, Az.: IVb ZR 65/85, NJW 1987, 893, 896 Tz. 40; Beschl. v. 06.12.1989, Az.: IVb ZB 66/88; NJW-RR 1990, 258, 259 Tz. 12; OLG Karlsruhe, Beschl. v. 16.02.1996, Az.: 2 WF 8/96, FamRZ 1996, 1094 Tz. 7 jew. zit. nach juris; OLG Düsseldorf, Beschl. v. 13.06.1979, Az.: 5 UF 235/79, FamRZ 1979, 965, 965 f.; OLG Köln, Beschl. v. 18.07.1972, Az.: 16 Wx 88/72, FamRZ 1972, 572, 574; Johannsen/Henrich/*Jaeger*, § 1684 Rz. 17; MünchKomm/*Hennemann*, § 1684 Rz. 57 f.; Staud/*Coester*, § 1696 Rz. 90.

363 BGH, Urt. v. 14.01.1987, Az.: IVb ZR 65/85, NJW 1987, 893, 896 Tz. 40; Beschl. v. 13.12.1968, Az.: IV ZB 1035/68, BGHZ 51, 219, 221 = NJW 1969, 422 Tz. 12; BVerfG, Beschl. v. 15.06.1971, Az.: 1 BvR 192/70, BVerfGE 31, 194, 206 f. = NJW 1971, 1447, 1448 Tz. 34; OLG Karlsruhe, Urt. v. 21.12.2001, Az.: 5 UF 78/01, FamRZ 2002, 1056 Tz. 15 jew. zit. nach juris; Johannsen/Henrich/*Jaeger*, § 1684 Rz. 7.

364 BGH, Urt. v. 14.01.1987, Az.: IVb ZR 65/85, NJW 1987, 893, 896 Tz. 40; Beschl. v. 06.12.1989, Az.: IVb ZB 66/88; NJW-RR 1990, 258, 259 Tz. 12; OLG Karlsruhe, Beschl. v. 16.02.1996, Az.: 2 WF 8/96, FamRZ 1996, 1094 Tz. 7 jew. zit. nach juris; OLG Düsseldorf, Beschl. v. 13.06.1979, Az.: 5 UF 235/79, FamRZ 1979, 965; Johannsen/Henrich/*Jaeger*, § 1684 Rz. 17; Staud/*Peschel-Gutzeit*, 12. Aufl., § 1634 a.F. Rz. 310.

des Kindes so zu bestimmen, dass die Ausübung des Umgangs gesichert ist.[365] Umzugsbedingte Erschwerungen in der praktischen Wahrnehmung muss der Umgangsberechtigte hinnehmen,[366] wenngleich der *BGH* die Formulierung vom insofern „schwächeren" Umgangsrecht, das dem „stärkeren" Sorgerecht weichen müsse,[367] in seinen Entscheidungen neueren Datums nicht fortgeführt hat.[368] Nicht entscheidend kann insofern auch sein, ob der sorge- bzw. aufenthaltsbestimmungsberechtigte Elternteil triftige Gründe für die Auswanderung hat.[369] Beabsichtigt der Sorge- bzw. Aufenthaltsbestimmungsberechtigte mit der Auswanderung allerdings gerade die Vereitelung des Umgangs, stellt dies einen Verstoß gegen die Wohlverhaltensklausel des § 1684 Abs. 2 BGB dar.[370]

Ist dem auswanderungswilligen Elternteil nicht die elterliche Sorge insgesamt, sondern lediglich das Aufenthaltsbestimmungsrecht alleine übertragen, kann etwas anderes gelten, wenn die dauerhafte Verbringung des Kindes ins Ausland aufgrund der dann bestehenden Entfernung und der damit verbundenen Kommunikationsprobleme dazu führen würde, dass eine gemeinsame Ausübung der übrigen Sorgerechtsbereiche (z.B. Gesundheitsfürsorge, Vermögenssorge, Entscheidung über Religion und Schulbesuch) tatsächlich unmöglich und die gemeinsame elterliche Sorge folglich zu einem nur noch formal bestehenden Recht herabgesetzt wird.[371] Die Mitnahme des Kindes wäre dann widerrechtlich i.S.d.

---

365 BGH, Urt. v. 14.01.1987, Az.: IVb ZR 65/85, NJW 1987, 893, 896 Tz. 43; OLG Karlsruhe, Beschl. v. 16.02.1996, Az.: 2 WF 8/96, FamRZ 1996, 1094 Tz. 7 jew. zit. nach juris; OLG Köln, Beschl. v. 18.07.1972, Az.: 16 Wx 88/72, FamRZ 1972, 572, 574; MünchKomm/*Hennemann*, § 1684 Rz. 57 f.; Staud/*Peschel-Gutzeit*, 12. Aufl., § 1634 a.F. Rz. 310.

366 BGH, Beschl. v. 06.12.1989, Az.: IVb ZB 66/88; NJW-RR 1990, 258, 259 Tz. 12 zit. nach juris; MünchKomm/*Hennemann*, § 1684 Rz. 57 f.

367 BGH, Urt. v. 14.01.1987, Az.: IVb ZR 65/85, NJW 1987, 893, 896 Tz. 40; Beschl. v. 06.12.1989, Az.: IVb ZB 66/88, NJW-RR 1990, 258, 259 Tz. 12 jew. zit. nach juris.

368 Vgl. *Coester*, FF 2010, 365, 366. Sh. dazu BGH, Beschl. v. 28.04.2010, Az.: XII ZB 81/09, BGHZ 185, 272 = FamRZ 2010, 1060; Beschl. v. 16.03.2011, Az.: XII ZB 407/10, FamRZ 2011, 796.

369 Johannsen/Henrich/*Jaeger*, § 1684 Rz. 18; MünchKomm/*Hennemann*, § 1684 Rz. 57 f.; Erman/*Döll*, § 1684 Rz. 11; vgl. auch BGH, Urt. v. 14.01.1987, Az.: IVb ZR 65/85, NJW 1987, 893, 896 Tz. 40 zit. nach juris.

370 Johannsen/Henrich/*Jaeger*, § 1684 Rz. 17; Staud/*Coester*, § 1696 Rz. 90 i.V.m. Rz. 85; Staud/*Peschel-Gutzeit*, 12. Aufl., § 1634 a.F. Rz. 314. Eine andere Frage ist wiederum, welche Konsequenzen aus einem so motivierten Wohnortwechsel zu ziehen sind, sh. dazu unten 2.Teil.C.II., III., IV.

371 Bejaht für die dauerhafte Verlegung des Aufenthalts nach Thailand: OLG Köln, Beschl. v. 29.10.2009, Az.: II-21 UF 158/09, 21 UF 158/09, FamRZ 2010, 913 Tz. 8

Art. 3 HKÜ.[372] Eine solche, die Ausübung des verbleibenden (Mit-)Sorgerechts vereitelnde Auswanderung wird jedoch nicht schon angenommen, wenn der Aufenthaltswechsel innerhalb der Staaten der Europäischen Union erfolgt.[373] In derartigen Fällen soll eine ausreichende Wahrnehmung der verbleibenden Sorgerechtsbefugnisse auch vom Heimatland aus möglich sein.[374]

Hat der allein sorge- bzw. aufenthaltsbestimmungsberechtigte Elternteil die Auswanderung bereits vollzogen, kann unter Berufung auf das Umgangsrecht ein Rückführungsverfahren nach dem HKÜ nicht angestrengt werden. Die tatsächliche Beeinträchtigung des Umgangs stellt keine Verletzung des Sorgerechts und somit keine widerrechtliche Verbringung i.S.d. Art. 3 HKÜ dar.[375]

### 2. *Rechtlicher Rahmen für die Relocation-Entscheidung*

Steht dem auswanderungswilligen Elternteil die Alleinsorge oder zumindest das alleinige Aufenthaltsbestimmungsrecht zu, muss der andere Elternteil – vorbehaltlich der Fälle, in denen ein Einschreiten gem. §§ 1696, 1666 BGB von Amts wegen erforderlich ist –[376] die Initiative ergreifen und ein Verfahren zur

---

zit. nach juris. Noch strenger wohl *Stößer*, FamRBint 2008, 37, 38 f. (Einvernehmen der Eltern „für einen bedeutsamen, die Erheblichkeitsschwelle überschreitenden Umzug" erforderlich).

372 OLG Köln, Beschl. v. 29.10.2009, Az.: II-21 UF 158/09, 21 UF 158/09, FamRZ 2010, 913 Tz. 8 zit. nach juris.

373 OLG Koblenz, Beschl. v. 09.08.2007, Az.: 9 UF 450/07, NJW 2008, 238 ff. Ls. 1, Tz. 13 ff.; OLG Köln, Beschl. v. 29.10.2009, Az.: II-21 UF 158/09, 21 UF 158/09, FamRZ 2010, 913 Tz. 8 jew. zit. nach juris.

374 OLG Koblenz, Beschl. v. 09.08.2007, Az.: 9 UF 450/07, NJW 2008, 238, 238, 240 Ls. 1, Tz. 17; OLG Köln, Beschl. v. 29.10.2009, Az.: II-21 UF 158/09, 21 UF 158/09, FamRZ 2010, 913 Tz. 8 jew. zit. nach juris.

375 Sh. die ausdrückliche Differenzierung zwischen Sorge- und Umgangsrecht in Art. 5 HKÜ sowie den erläuternden Bericht zum HKÜ von *Pérez-Vera*, BT-Drucks. 11/5314, S. 48; OLG Koblenz, Beschl. v. 09.08.2007, Az.: 9 UF 450/07, NJW 2008, 238, 239 Tz. 15; OLG Stuttgart, Beschl. v. 22.12.2000, Az.: 17 UF 393/00, FamRZ 2001, 645, 646 Tz. 16 jew. zit. nach juris; Staud/*Pirrung*, EGBGB/IPR, Vorbem. zu Art. 19 EGBGB Rz. D 30; *Martiny*, FamRZ 2012, 1765, 1769.

376 Vgl. Johannsen/Henrich/*Jaeger*, § 1684 Rz. 18 f.

Änderung des Sorgerechts anstrengen.[377] Grundlage des Änderungsverfahrens ist § 1671 Abs. 2 S. 1, 2 Nr. 2 BGB[378] oder § 1696 Abs. 1 S. 1 BGB.

### a) § 1671 Abs. 2 S. 1, 2 Nr. 2 BGB

Steht der auswanderungswilligen Kindesmutter die elterliche Sorge gem. § 1626a Abs. 3 BGB alleine zu, muss der zurückbleibende Kindesvater die Übertragung der Alleinsorge bzw. des alleinigen Aufenthaltsbestimmungsrechts gem. § 1671 Abs. 2 S. 1, 2 Nr. 2 BGB beantragen. Das FamG gibt dem Antrag statt, „soweit eine gemeinsame Sorge nicht in Betracht kommt" – vorrangig zu ermitteln ist demnach, ob nicht gemeinsame Sorge bzw. gemeinsames Aufenthaltsbestimmungsrecht gem. § 1626a Abs. 1 Nr. 3, Abs. 2 BGB zu begründen ist – „und zu erwarten ist, dass die Übertragung auf den Vater dem Wohl des Kindes am besten entspricht" (§ 1671 Abs. 2 S. 2 Nr. 2 BGB). Wie in den Fällen des § 1671 Abs. 1 S. 1, 2 Nr. 2 BGB bedarf es hier einer doppelten Kindeswohlprüfung.[379]

### b) § 1696 Abs. 1 S. 1 BGB

Beruht die Alleinsorge bzw. das alleinige Aufenthaltsbestimmungsrecht des auswanderungswilligen Elternteils auf gerichtlicher Entscheidung, vollzieht sich eine Änderung der Sorgerechtsentscheidung nach § 1696 Abs. 1 S. 1 BGB.[380] Allein die mit der Auswanderung verbundene Erschwerung oder gar tatsächliche Unmöglichkeit der Umgangsausübung genügt als Änderungsgrund insofern allerdings nicht.[381]

---

377 Sh. BGH, Urt. v. 14.01.1987, Az.: IVb ZR 65/85, NJW 1987, 893, 896 Tz. 40; OLG Karlsruhe, Beschl. v. 16.02.1996, Az.: 2 WF 8/96, FamRZ 1996, 1094 Tz. 7 jew. zit. nach juris; *Rauscher*, NJW 2011, 2332, 2333; MünchKomm/*Hennemann*, § 1684 Rz. 59; Johannsen/Henrich/*Jaeger*, § 1684 Rz. 18 f.

378 Eingefügt durch das Gesetz zur Reform der elterlichen Sorge nicht miteinander verheirateter Eltern v. 16.04.2013, BGBl. I, S. 795 m.W.v. 19.05.2013.

379 *Heilmann*, NJW 2013, 1473, 1478. Sh. dazu oben unter 2.Teil.B.I.2.a).

380 Sh. dazu oben unter 2.Teil.B.I.2.b).

381 OLG Karlsruhe, Beschl. v. 29.12.1977, Az.: 2 UF 112/77, FamRZ 1978, 201, 202 Tz. 13 zit. nach juris; OLG Düsseldorf, Beschl. v. 13.06.1979, Az.: 5 UF 235/79, FamRZ 1979, 965, 966; BeckOK/*Veit*, § 1696 Rz. 20; Johannsen/Henrich/*Büte*, § 1696 Rz. 25; Staud/*Rauscher*, § 1684 Rz. 70.

## C. Die Rechtsprechungspraxis

### I. Das Entscheidungsverhalten in Zahlen

Seit Inkrafttreten des KindRG sind insgesamt 25 obergerichtliche Entscheidungen zu internationaler *Relocation* rechtskräftig ergangen (22 auf Grundlage von § 1671 Abs. 1, 2 BGB, drei gem. § 1696 Abs. 1 S. 1 BGB).[382] In nahezu allen Entscheidungen war der auswanderungswillige Elternteil die Kindesmutter.[383] Lediglich in einem Fall war sie nicht der überwiegend betreuende Elternteil, sondern teilte sie sich die Betreuung hälftig mit dem Kindesvater.[384] In einem weiteren Fall lag der Lebensmittelpunkt der Kinder nach bereits vollzogenem Auslandsumzug der Mutter schon seit längerer Zeit im Haushalt des in Deutschland verbliebenen Kindesvaters.[385] Zwei Fälle betrafen die Konstellation, dass die Betreuung bislang primär durch dritte Personen ausgeübt wurde.[386] In 18 Fällen (72%) wurde der Mitnahme des Kindes entweder durch Übertragung des Aufenthaltsbestimmungsrechts (12 Fälle) bzw. der elterlichen Sorge insgesamt (5 Fälle) oder Beibehaltung der alleinigen elterlichen Sorge (1 Fall) stattgegeben (16 auf Grundlage von § 1671 Abs. 1, 2 BGB, zwei gem. § 1696 Abs. 1 S. 1 BGB).[387] In zwei dieser Entscheidungen war der Auslandsumzug zeitlich begrenzt.[388] In 7 Fällen (28%) wurde die Mitnahme des Kindes durch Übertragung des Aufenthaltsbestimmungsrechts (2 Fälle) bzw. der alleinigen elterlichen Sorge (2 Fälle)

382 Stand: 01.01.2018.

383 Schwer einzuordnen ist insofern OLG Brandenburg, Beschl. v. 11.10.2012, Az.: 9 UF 91/11, da die Mutter den Lebensmittelpunkt des Kindes hier bereits Jahre zuvor mit Zustimmung der französischen Gerichte nach Deutschland verlagert hatte, ehe der Kindesvater die Rückkehr nach Frankreich begehrte. In OLG Brandenburg, Beschl. v. 08.12.2014, Az.: 10 UF 194/13, FamRZ 2015, 1304 begehrte der bereits in sein Heimatland verzogene Kindesvater die Übertragung des Aufenthaltsbestimmungsrechts.

384 Im konkreten Fall KG Berlin, Beschl. v. 05.09.2008, Az.: 18 UF 83/08, ZKJ 2009, 211 wurden die Betreuungsanteile später zwar dahingehend geändert, dass die Kindesmutter die Betreuung zu zwei Dritteln übernehmen sollte, diese Regelung wurde vor dem Umzugsbegehren jedoch kaum ausgeübt.

385 OLG Hamm, Beschl. v. 02.09.1998, Az.: 6 UF 693/97, NJW-RR 1999, 372.

386 OLG Brandenburg, Beschl. v. 08.12.2014, Az.: 10 UF 194/13, FamRZ 2015, 1304; Beschl. v. 21.03.2016, Az.: 9 UF 142/15.

387 Bei OLG Köln, Beschl. v. 11.01.2006, Az.: 4 UF 229/05, ZKJ 2007, 204 handelte es sich um eine vorläufige Entscheidung im Wege des einstweiligen Anordnungsverfahrens.

388 OLG Hamm, Beschl. v. 04.04.2011, Az.: II-8 UF 237/10, 8 UF 237/10, ZKJ 2011, 385; OLG Bremen, Beschl. v. 25.11.2010, Az.: 4 UF 128/10, Streit 2010, 157.

auf den zurückbleibenden Elternteil oder Beibehaltung des gemeinsamen Aufenthaltsbestimmungsrechts bzw. der gemeinsamen elterlichen Sorge (2 Fälle) untersagt.[389] In einem Fall wurde zwar die alleinige elterliche Sorge auf die auswanderungswillige Kindesmutter übertragen, jedoch unter Beschränkung des Aufenthaltsbestimmungsrechts gem. § 1666 BGB dergestalt, dass eine Änderung des gewöhnlichen Aufenthalts der Zustimmung des Vaters bedurfte.[390]

Berücksichtigt wurden zudem fünf weitere Entscheidungen betreffend einen – teilweise dieselben Probleme aufwerfenden – Umzug innerhalb Deutschlands (drei auf Grundlage von § 1671 Abs. 1, 2 BGB, zwei gem. § 1696 Abs. 1 S. 1 BGB) sowie zwei nicht rechtskräftige Entscheidungen in Bezug auf ihre von der Beschwerdeinstanz nicht bemängelten Teile.

## II. Die Entscheidungsgrundsätze nach dem BGH

Maßstab der Entscheidung ist sowohl im Rahmen von § 1671 Abs. 1, 2 BGB als auch im Rahmen von § 1696 Abs. 1 S. 1 BGB das Kindeswohl.[391] Weiterhin zu berücksichtigen sind die durch Art. 6 Abs. 2 S. 1 GG gewährleisteten Elternrechte beider Elternteile.[392] Nicht unmittelbar betroffen und daher nicht direkt gegen das Elternrecht des zurückbleibenden Elternteils abzuwägen ist die allgemeine Handlungsfreiheit des auswanderungswilligen Elternteils aus Art. 2 Abs. 1 GG.[393] Bedeutung hat diese allerdings insofern, als dass sie die tatsächliche Ausgangslage für die Abwägung bestimmt.[394] So ist die Verwirklichung der Auswanderungspläne der Beurteilung des Kindeswohls und der Abwägung der beiderseitigen Elternrechte als Tatsache zugrundezulegen.[395] Ein Verbleib

389 Bei OLG Hamm, Beschl. v. 15.11.2010, Az.: 8 WF 240/10 sowie OLG München, Beschl. v. 03.09.2008, Az.: 16 WF 1252/08 handelte es sich um vorläufige Entscheidungen im Wege des einstweiligen Anordnungsverfahrens.

390 OLG Frankfurt, Beschl. v. 16.09.2002, Az.: 3 UF 205/01, FamRZ 2003, 1491.

391 Für § 1671 Abs. 1, 2 BGB z.B. BGH, Beschl. v. 28.04.2010, Az.: XII ZB 81/09, BGHZ 185, 272, 278 = FamRZ 2010, 1060, 1061 Tz. 17; Beschl. v. 16.03.2011, Az.: XII ZB 407/10, FamRZ 2011, 796, 798 Tz. 43; OLG Frankfurt, Beschl. v. 18.06.2013, Az.: 7 UF 67/12, FamRZ 2014, 323 Tz. 13; OLG Brandenburg, Beschl. v. 11.10.2012, Az.: 9 UF 91/11 Tz. 63 jew. zit. nach juris; für § 1696 Abs. 1 S. 1 BGB z.B. OLG Bremen, Beschl. v. 25.11.2010, Az.: 4 UF 128/10, Streit 2010, 157, 158 Tz. 9 zit. nach juris.

392 BGH, Beschl. v. 28.04.2010, Az.: XII ZB 81/09, BGHZ 185, 272, 279 = FamRZ 2010, 1060, 1062 Tz. 20.

393 Ebd., Tz. 21.

394 Ebd., Tz. 22.

395 Ebd.

des Elternteils im Inland ist nicht in Erwägung zu ziehen, wenngleich dies dem Kindeswohl am ehesten entsprechen mag.[396] Für die Abwägung kann es deshalb auch keine Rolle spielen, ob sich der auswanderungswillige Elternteil für den Fall der Nichtübertragung bzw. Einschränkung des Aufenthaltsbestimmungsrechts bereit erklärt, „zum Wohle des Kindes unter Hintanstellung eigener Interessen und Bedürfnisse“[397] auf den Umzug zu verzichten.[398] Der Abwägung der Kindesinteressen ist auch in diesem Fall die Umsetzung des Auswanderungswunsches faktisch zugrundezulegen.[399] Die Beurteilung des Kindeswohls erfolgt somit stets auf der Basis zweier allein in Betracht zu ziehender Alternativen: Auswanderung des Kindes mit dem einen Elternteil oder Verbleib beim anderen Elternteil im Inland.[400]

Dem Elternteil selbst kann die Auswanderung nicht untersagt werden.[401] Verhindert werden kann über eine Änderung der bestehenden Sorgerechtsverhältnisse gem. §§ 1671, 1696, 1666 BGB lediglich die Ausreise mit dem Kind. Auch eine Rechtfertigung seines Auswanderungswunsches kann dem Elternteil nicht abverlangt werden. Ob er triftige bzw. beachtliche Gründe für die Auswanderung hat, ist für sich genommen unbeachtlich.[402] Bedeutung erlangen die Auswanderungsmotive gleichwohl dann, wenn sie sich negativ auf das Kindeswohl auswirken.[403] So ist etwa die Erziehungseignung des auswanderungswilligen Elternteils kritisch zu hinterfragen, wenn mit der Auswanderung schädliche Folgen für das Kind einhergehen oder sie sich gar als unvernünftiges Vorhaben mit nicht vertretbaren Risiken für das Kind darstellt.[404] Beabsichtigt der auswanderungswillige Elternteil mit der Ausreise (auch) die Vereitelung des Kontaktes

396 BGH, Beschl. v. 28.04.2010, Az.: XII ZB 81/09, BGHZ 185, 272, 279 = FamRZ 2010, 1060, 1062 Tz. 22.

397 OLG Zweibrücken, Beschl. v. 13.07.2007, Az.: 5 UF 47/04; NJW-RR 2004, 1588, 1590 Tz. 34 zit. nach juris.

398 BGH, Beschl. v. 28.04.2010, Az.: XII ZB 81/09, BGHZ 185, 272, 285 = FamRZ 2010, 1060, 1063 Tz. 36.

399 Ebd.

400 Ebd., Tz. 28.

401 Ebd., 1062 Tz. 24; Beschl. v. 16.03.2011, Az.: XII ZB 407/10, FamRZ 2011, 796, 799 Tz. 54.

402 Sh. etwa BGH, Beschl. v. 28.04.2010, Az.: XII ZB 81/09, BGHZ 185, 272, 280, 285 = FamRZ 2010, 1060, 1062, 1063 f. Tz. 23, 37; Beschl. v. 16.03.2011, Az.: XII ZB 407/10, FamRZ 2011, 796, 799 Tz. 54.

403 BGH, Beschl. v. 28.04.2010, Az.: XII ZB 81/09, BGHZ 185, 272, 280 = FamRZ 2010, 1060, 1062 Tz. 24.

404 Ebd.

zwischen Kind und zurückbleibendem Elternteil, ist seine Bindungstoleranz und somit ebenfalls seine Erziehungseignung in Zweifel zu ziehen.[405]

Der Abwägung liegen keinerlei tatsächliche oder rechtliche Vermutungen zugrunde.[406] Der Ansicht, aus § 1626 Abs. 3 S. 1 BGB („Zum Wohl des Kindes gehört in der Regel der Umgang mit beiden Elternteilen") ergebe sich die Vermutung der Kindeswohlschädlichkeit, wenn der Umgang des Kindes mit dem anderen Elternteil durch die Ausreise wesentlich erschwert oder ganz vereitelt wird,[407] erteilte der *BGH* eine Absage. Weder eine generelle noch eine vermutete Kindeswohlschädlichkeit könne hieraus gefolgert werden.[408] Die Beziehung des Kindes zu beiden Elternteilen sei zwar ein gewichtiger Aspekt des Kindeswohls, gleichwohl aber einer von mehreren. Dass er in § 1626 Abs. 3 S. 1 BGB gesetzliche Klarstellung gefunden habe, verschaffe ihm keinen generellen Vorrang gegenüber anderen Kindeswohlaspekten.[409] Für die Abwägung ist folglich nicht davon auszugehen, dass die Auswanderung „prima facie [...] eine für das Kindeswohl nachteilige Erschwerung oder Vereitelung des Umgangsrechts" darstellt,[410] sich also „die Waage anfangs gegen die Auswanderung neigt".[411] Dem auswanderungswilligen Elternteil obliegt daher weder der Nachweis, dass die gemeinsame Ausreise dem Kindeswohl dennoch am besten entspricht,[412] noch muss die Auswanderung im Zweifelsfall unterbleiben.[413] Etwas anderes folgt auch nicht aus dem Wohlverhaltensgebot des § 1684 Abs. 2 BGB. Eine Sperrwirkung gegenüber

405 BGH, Beschl. v. 28.04.2010, Az.: XII ZB 81/09, BGHZ 185, 272, 280 = FamRZ 2010, 1060, 1062 Tz. 24; Beschl. v. 16.03.2011, Az.: XII ZB 407/10, FamRZ 2011, 796, 799 Tz. 54.

406 BGH, Beschl. v. 28.04.2010, Az.: XII ZB 81/09, BGHZ 185, 272, 282 = FamRZ 2010, 1060, 1062 Tz. 28.

407 So Schwab/*Motzer*, Hdb ScheidungsR III Rz. 221; *ders.*, FamRZ 2000, 925, 927; Staud/*Rauscher*, § 1684 Rz. 70; *ders.*, LMK 2010, 305039; ähnl. auch MünchKomm/*Olzen*, § 1696 Rz. 32. Argumentiert wird mit der Stärkung des Umgangs als Recht des Kindes durch das KindRG, sh. Schwab/*Motzer* a.a.O.

408 BGH, Beschl. v. 28.04.2010, Az.: XII ZB 81/09, BGHZ 185, 272, 281 = FamRZ 2010, 1060, 1062 Tz. 25.

409 Ebd.

410 So aber Staud/*Rauscher*, § 1684 Rz. 70 (zu prüfen sei, „ob sie sich dennoch *ausnahmsweise* in der Gesamtschau als für das Kindeswohl nicht nachteilig erweist" [Hervorhebung durch Verf.]).

411 So aber *Rauscher*, LMK 2010, 305039.

412 Ebd.

413 So aber Schwab/*Motzer*, Hdb ScheidungsR III Rz. 221; *ders.*, FamRZ 2000, 925, 927.

Ortsveränderungen, deretwegen die Umgangskontakte erheblich beeinträchtigt werden, wird hierdurch nicht erzeugt.[414]

Grundlage der Entscheidung ist eine umfassende Abwägung aller im konkreten Einzelfall berührten Kindeswohlbelange.[415] Deren Ermittlung erfolgt gem. § 26 FamFG von Amts wegen.[416] Zu untersuchen sind die einzelnen Gesichtspunkte des Kindeswohls, d.h. die Bindungen des Kindes, das Förderungsprinzip bzw. die Erziehungseignung der Eltern, das Kontinuitätsprinzip sowie der Kindeswille.[417] Speziell in der *Relocation*-Situation sind die Ermittlungen zudem darauf zu richten, wie sich die Auswanderung auf den Kontakt zwischen Kind und zurückbleibendem Elternteil auswirkt und in welchem Umfang dieser aufrechterhalten werden kann.[418] Zu untersuchen ist weiterhin, inwieweit die Auswanderung für das Kind zu Umstellungen in seiner Lebenssituation führt und ob es die damit verbundenen Anforderungen ohne bleibende Defizite bewältigen kann.[419] Welche Bedeutung der einzelne Kindeswohlaspekt für die konkret zu treffende Entscheidung erlangt, ist eine Frage des Einzelfalls. Die genannten Kriterien stehen „nicht wie Tatbestandsmerkmale kumulativ nebeneinander. Jedes von ihnen kann im Einzelfall mehr oder weniger bedeutsam für die Beurteilung sein, was dem Wohl des Kindes am besten entspricht".[420]

## III. Die Abwägung der Kindeswohlkriterien in der Rechtsprechung

Obgleich dem FamG eine Gewichtung der Kindeswohlbelange nicht vorgegeben ist, zeigt sich bei genauerer Betrachtung der einschlägigen Entscheidungen, dass bestimmte Kindeswohlaspekte regelmäßig größere Bedeutung erlangen als

414 BGH, Beschl. v. 28.04.2010, Az.: XII ZB 81/09, BGHZ 185, 272, 281 = FamRZ 2010, 1060, 1062 Tz. 26.

415 Ebd., Tz. 27.

416 Ebd., 1063 Tz. 30.

417 BGH, Beschl. v. 28.04.2010, Az.: XII ZB 81/09, BGHZ 185, 272, 281 = FamRZ 2010, 1060, 1062 Tz. 19; Beschl. v. 16.03.2011, Az.: XII ZB 407/10, FamRZ 2011, 796, 798 Tz. 43; Beschl. v. 06.12.1989, Az.: IVb ZB 66/88, FamRZ 1990, 392, 393 Tz. 8 zit. nach juris.

418 BGH, Beschl. v. 28.04.2010, Az.: XII ZB 81/09, BGHZ 185, 272, 283 = FamRZ 2010, 1060, 1063 Tz. 31.

419 Ebd.

420 Ebd., 279 = 1062 Tz. 19; Beschl. v. 16.03.2011, Az.: XII ZB 407/10, FamRZ 2011, 796, 798 Tz. 43; nahezu identisch: Beschl. v. 06.12.1989, Az.: IVb ZB 66/88, FamRZ 1990, 392, 393 Tz. 8 zit. nach juris.

andere. Das Abwägungsverhalten der mit internationaler *Relocation* befassten deutschen Oberlandesgerichte wird im Folgenden näher dargestellt.[421]

### 1. Betreuungs- und Bindungskontinuität

Den Bindungen des Kindes und der Kontinuität der Betreuung kommt regelmäßig eine außerordentliche Bedeutung zu. Fast immer sind es diese beiden Aspekte, die im Hinblick auf die Erlaubnis der Kindesmitnahme entscheidendes Gewicht erlangen.[422] Bereits zu Beginn der Abwägung stellt das FamG zuweilen fest, dass „schon der Kontinuitätsgrundsatz [...] dafür [spricht], der Kindesmutter das Aufenthaltsbestimmungsrecht zu übertragen, da mit dieser Entscheidung die Aufrechterhaltung der Bindung des Kindes zu seiner Hauptbezugsperson gesichert wird",[423] oder die Übertragung dem Kindeswohl „schon deshalb [am besten entspricht], weil damit eine [...] Trennung der Kindesmutter von ihren Kindern verhindert und somit deren stärkere[n] gefühlsmäßigen Bindungen an die Antragstellerin als bislang betreuender Bezugsperson Rechnung getragen und insoweit Kontinuität gewahrt wird".[424] Andere Entscheidungen stellen darauf ab, dass die Übertragung gerechtfertigt sei, „um die Kontinuität der Beziehung der Kinder zu ihrer Hauptbezugsperson sicherzustellen".[425] Begründet wird die starke Gewichtung der Betreuungs- und Bindungskontinuität oftmals mit dem noch jungen Alter des Kindes. So kommt dem Kontinuitätsgrundsatz im Falle sehr kleiner Kinder besondere Bedeutung zu.[426] Doch selbst „bei einem fast

---

421 Zu den Kindeswohlkriterien bei Entscheidungen gem. § 1671 BGB generell sh. nur Staud/*Coester*, § 1671 Rz. 177 ff.

422 Z.B. OLG Köln, Beschl. v. 27.07.2010, Az.: 14 UF 80/10, II-14 UF 80/10, NJW-RR 2011, 149, 150 Tz. 15 zit. nach juris. „hohen und letztlich entscheidenden Stellenwert"; OLG Brandenburg, Beschl. v. 11.10.2012, Az.: 9 UF 91/11: „entscheidendes Kriterium", „ausschlaggebende Bedeutung".

423 OLG Frankfurt, Beschl. v. 02.10.2008, Az.: 6 WF 138/08, Tz. 7 zit. nach juris (Umzug innerhalb Deutschlands).

424 OLG Köln, Beschl. v. 11.01.2006, Az.: 4 UF 229/05, ZKJ 2007, 204 Tz. 6 f.; mit nahezu exaktem Wortlaut: OLG Zweibrücken, Beschl. v. 13.07.2004, Az.: 5 UF 47/04, NJW-RR 2004, 1588, 1589 Tz. 30; OLG Köln, Beschl. v. 18.01.2006, Az.: 4 UF 209/04, NJW-RR 2006, 1588, 1590 Tz. 10 jew. zit. nach juris.

425 OLG München, Beschl. v. 09.05.2008, Az.: 12 UF 1854/07, NJW-RR 2009, 512, 513 Tz. 22; mit nahezu exaktem Wortlaut OLG Karlsruhe, Beschl. v. 27.11.2008, Az.: 2 UF 88/08, FamRZ 2009, 435, 437 Tz. 49 jew. zit. nach juris.

426 Z.B. OLG Frankfurt, Beschl. v. 02.10.2008, Az.: 6 WF 138/08, Tz. 7 (Umzug innerhalb Deutschlands) für ein dreieinhalb Jahre altes Kind; OLG Karlsruhe, Beschl. v. 27.11.2008, Az.: 2 UF 88/08, FamRZ 2009, 435, 437 Tz. 50 für ein ca. fünf Jahre altes

10jährigen Kind [steht] weniger die Bewahrung der Kontinuität der Beziehungen zum bisherigen Wohnort und zur Schule im Vordergrund, sondern eher die Kontinuität der bestehenden Erziehungsverhältnisse und personellen Bindungen".[427] Haben sich die Betreuungsverhältnisse zwischenzeitlich geändert, kann es darauf ankommen, wer in den prägenden ersten Jahren des Kindes Hauptbezugsperson war.[428] Offene Geschlechterprivilegierungen sind grundsätzlich nicht festzustellen; einzige Ausnahme bildet insofern eine Entscheidung des *OLG Hamm*, demzufolge das geringe Alter des Kindes „es nahe legt, dass dieses derzeit grundsätzlich noch besser bei seiner Mutter aufgehoben ist".[429] Dass die starke Gewichtung der Betreuungs- und Bindungskontinuität allein im Lichte des Kindeswohls zu sehen ist und nicht als Sanktionierung elterlichen Fehlverhaltens verstanden werden darf, wird mitunter betont. Das *OLG Köln* etwa merkt an, dass dies „keinen Vorwurf an den Kindesvater dahin dar[stellt], er habe sich nicht ausreichend um seine Kinder gekümmert. [...] Gleichwohl ist es eine objektive Tatsache, dass die konkrete Familiensituation dazu geführt hat, dass die beiden Kinder weitgehend an die Mutter gebunden und die sozialen Kontakte zum Kindesvater eher locker sind".[430]

Den untersuchten Entscheidungen liegt regelmäßig die Auffassung zugrunde, dass die „persönliche Beziehung des Kindes zum Sorgeberechtigten [...] in aller Regel so wichtig [ist], dass ein Wechsel im Sorgerecht nur in Betracht kommt, wenn das Verhältnis zum bisher Umgangsbefugten intakt ist und die Kindesinteressen durch den Umzug ins Ausland erheblich gefährdet werden".[431] Das *OLG*

Kind; AG Coesfeld, Beschl. v. 11.10.2010, Az.: 12 F 228/10, wiedergegeben bei OLG Hamm, Beschl. v. 04.04.2011, Az.: II-8 UF 237/10, 8 UF 237/10, ZKJ 2011, 385, 386 Tz. 12 für ein ca. drei Jahre altes Kind; sh. auch OLG Köln, Beschl. v. 27.07.2010, Az.: 14 UF 80/10, II-14 UF 80/10, NJW-RR 2011, 149, 150 Tz. 15 für ein noch nicht zwei Jahre altes Kind, jew. zit. nach juris.

427 KG Berlin, Beschl. v. 06.08.2009, Az.: 13 UF 106/08, FamRZ 2010, 135, 137 Tz. 43 zit. nach juris.

428 KG Berlin, Beschl. v. 09.02.2011, Az.: 3 UF 201/10, Tz. 40 zit. nach juris.

429 So für ein ca. drei Jahre altes Kind OLG Hamm, Beschl. v. 04.04.2011, Az.: II-8 UF 237/10, 8 UF 237/10, ZKJ 2011, 385, 387 Tz. 26 zit. nach juris.

430 OLG Köln, Beschl. v. 11.01.2006, Az.: 4 UF 229/05, ZKJ 2007, 204 Tz. 7 zit. nach juris. Sh. auch OLG Brandenburg, Beschl. v. 11.10.2012, Az.: 9 UF 91/11, Tz. 63 zit nach juris.

431 OLG München, Beschl. v. 09.04.2009, Az.: 2 UF 1818/08, FamRZ 2009, 1600, 1601 Tz. 14 f. (aufgehoben); sh. auch OLG Zweibrücken, Beschl. v. 13.07.2004, Az.: 5 UF 47/04, NJW-RR 2004, 1588, 1589 Tz. 26; ähnl.: OLG Köln, Beschl. v. 18.01.2006, Az.: 4 UF 209/04, NJW-RR 2006, 1588, 1589 Tz. 7 jew. zit. nach juris.

*Brandenburg* hält insofern fest: „Den Lebensmittelpunkt eines Kindes verändert man nicht ohne Not".[432] Grundsätzlich gehen die Gerichte demnach davon aus, dass es dem Wohl des Kindes am besten entspricht, wenn die Beziehung zum bislang betreuenden Elternteil als Hauptbezugsperson aufrechterhalten wird. Der Grundsatz der Betreuungs- und Bindungskontinuität gibt somit einen erheblichen Ausschlag für die Mitnahme des Kindes. Bestehen im konkreten Fall gleich starke Bindungen zu beiden Elternteilen, sodass sich ein Vorrang eines Elternteils insofern nicht ergibt, wird jedenfalls dem Gesichtspunkt der Betreuungskontinuität große Bedeutung beigemessen.[433] Dass allerdings die bisherigen Betreuungsverhältnisse nicht um ihrer selbst willen zu beachten sind, sondern nur, wenn sie sich in gefestigten Lebensverhältnissen manifestieren, betont das *OLG Hamm*: „Es ist jedoch für das Aufenthaltsbestimmungsrecht nicht primär entscheidend, welcher Elternteil das Kind vor der Trennung überwiegend betreut hat. Entscheidend ist vielmehr, ob sich die Lebensverhältnisse des Kindes derart gefestigt haben, dass sie ohne triftige Gründe nicht durch einen Wechsel des Aufenthalts verändert werden sollten."[434]

Die enge Bindung zum betreuenden Elternteil kann allerdings auch zurücktreten, wenn es andere emotionale Bindungen des Kindes verlangen. Dies kann etwa der Fall sein, wenn das Kind auch eine enge Bindung an ein Geschwisterkind hat, eine Trennung der Geschwister nicht in Betracht kommt, und die Gesamtumstände für einen Verbleib beim Vater in Deutschland sprechen, da das Kind andernfalls nämlich Vater und Bruder entbehren müsste.[435] Das *OLG Hamm* formuliert insofern: „Besondere Berücksichtigung verlangen die gefühlsmäßigen Bindungen des Kindes an Eltern, Geschwister und andere Bezugspersonen."[436]

Festhalten lässt sich, dass die Aufrechterhaltung der Beziehung zum betreuenden Elternteil grundsätzlich als die dem Kindeswohl am besten dienendste Lösung angesehen wird. In aller Regel überwiegt daher die „Kontinuität der […] Hauptbezugsperson [...] in ihrer Bedeutung die Diskontinuität der übrigen

432 OLG Brandenburg, Beschl. v. 11.10.2012, Az.: 9 UF 91/11, Tz. 77 zit. nach juris.

433 Ebd., Tz. 75 ff. zit. nach juris.

434 OLG Hamm, Beschl. v. 15.11.2010, Az.: 8 WF 240/10, Tz. 79 zit. nach juris.

435 OLG Hamm, Beschl. v. 02.09.1998, Az.: 6 UF 693/97, NJW-RR 1999, 372, 372 Tz. 24 zit. nach juris.

436 OLG Hamm, Beschl. v. 15.11.2010, Az.: 8 WF 240/10, Tz. 76 zit. nach juris. Sh. auch BGH, Beschl. v. 06.12.1989, Az.: IVb ZB 66/88, FamRZ 1990, 392, 393 Tz. 8; OLG Brandenburg, Beschl. v. 06.02.2013, Az.: 9 UF 226/12, Tz. 26 (Umzug innerhalb Deutschlands) jew. zit. nach juris.

Lebensumstände".[437] Die durch letztere bedingten Belastungen sind regelmäßig „geringer einzustufen als diejenige, die durch einen Wechsel des Kindes in den Haushalt des Kindesvaters eintreten würde, da in diesem Fall die Hauptbezugsperson des Kindes ausgewechselt werden würde".[438] Nur wenn sich aufgrund der konkreten Umstände des Einzelfalls (ausnahmsweise) ergibt, dass das Kindeswohl durch die Auswanderung gefährdet ist, kommt ein Verbleib des Kindes im Inland in Betracht. Eine treffende Wiedergabe dieses Abwägungsverhaltens findet sich in einer Entscheidung des *OLG Karlsruhe*: „Da einerseits die Bindungen [...] an ihre Mutter eng sind und die Mutter in der Vergangenheit die Erziehung und Betreuung [...] übernommen hat, andererseits keine hinreichenden Anhaltspunkte erkennbar sind, dass die weitere Entwicklung von A. und ihre Interessen in den U. gefährdet sein könnten, vielmehr auch dort ihre Entwicklung gesichert erscheint, ist die Übertragung des Aufenthaltsbestimmungsrechts auf die Mutter zur Wahrung des Kindeswohls gerechtfertigt, um die Kontinuität der Beziehung von A. zu ihrer Hauptbezugsperson sicherzustellen."[439]

### *2. Umgebungskontinuität*

Der Umgebungskontinuität kommt eine im Vergleich zur Bindungs- und Betreuungskontinuität nachrangige Bedeutung zu. Insbesondere im Falle jüngerer Kinder ist dies festzustellen. Das *KG Berlin* hält insofern fest: „Die Umgebungskontinuität (Kindergarten, Spielkameraden) ist für ein knapp fünf Jahre altes und noch nicht schulpflichtiges Kind in ihrer Bedeutung für seine Entwicklung nachrangig".[440] Aber auch „bei einem fast 10jährigen Kind [steht] weniger die Bewahrung der Kontinuität der Beziehungen zum bisherigen Wohnort und zur Schule im Vordergrund, sondern eher die Kontinuität der bestehenden Erziehungsverhältnisse und personellen Bindungen".[441] Den bei realistischer Einschätzung zu erwartenden Bruch in der Beziehung zu den jetzigen Freunden des Kindes hält das *KG Berlin* für „verschmerzbar", da ein 10-jähriges Mädchen

---

437 OLG Zweibrücken, Beschl. v. 13.07.2004, Az.: 5 UF 47/04, NJW-RR 2004, 1588, 1589 Tz. 30 zit. nach juris.

438 OLG Frankfurt, Beschl. v. 02.10.2008, Az.: 6 WF 138/08, Tz. 7 zit. nach juris (Umzug innerhalb Deutschlands).

439 OLG Karlsruhe, Beschl. v. 27.11.2008, Az.: 2 UF 88/08, FamRZ 2009, 435, 437 Tz. 49 zit. nach juris.

440 KG Berlin, Beschl. v. 09.02.2011, Az.: 3 UF 201/10, Tz. 42 zit. nach juris.

441 KG Berlin, Beschl. v. 06.08.2009, Az.: 13 UF 106/08, FamRZ 2010, 135, 137 Tz. 43 zit. nach juris.

„leicht neue Freundschaften [schließt]".[442] Auch das *OLG Düsseldorf* hält im Fall eines Kindergartenkindes fest: „Der damit für die Kinder einhergehende Verlust ihrer bisher [...] bestehenden Kontakte ist insbesondere mit Blick auf das Alter der Kinder zu vernachlässigen."[443]

Gleichwohl kann der Umgebungskontinuität eine ausschlaggebende Bedeutung für die Übertragung der Alleinsorge bzw. des Aufenthaltsbestimmungsrechts auf den zurückbleibenden Elternteil zukommen. So etwa, wenn im Hinblick auf die konkret betroffenen Kinder ein besonderes Bedürfnis nach Kontinuität der gesamten Lebensumstände besteht. In einem Fall des *KG Berlin* waren die Kinder durch die konfliktreiche Trennung der Eltern derart belastet, dass ihr seelischer und psychischer Zustand eine kontinuierliche Betreuung im gewohnten Umfeld dringend erforderte: „Sind Kinder in dem Maße – wie hier – durch die Trennung der Eltern belastet, spielt für die Sorgerechtsregelung der Gesichtspunkt der Betreuung und Erziehungskontinuität unter Berücksichtigung des sozialen Umfeldes eine besonders gewichtige Rolle."[444] Voraussetzung für ein Überwiegen der Umgebungskontinuität ist jedoch, dass zum zurückbleibenden Elternteil eine gleichwertig starke und enge Verbindung besteht.[445]

Untersucht wird im Rahmen der Abwägung, inwieweit die Auswanderung für das Kind zu Umstellungen in seiner äußeren Lebenssituation führt und ob es die damit verbundenen Anforderungen wird bewältigen können.[446] Dass „die mit einem Umzug an einen neuen Wohnort verbundenen Veränderungen ihrer Umwelt das Wohl der davon betroffenen [...] Kinder stets ernsthaft beeinträchtigten", kann dabei nicht angenommen werden.[447] Berücksichtigung finden zahlreiche Einzelumstände, etwa ob das Kind mit den örtlichen, familiären und kulturellen Gegebenheiten im Ausland bereits vertraut ist,[448] sich dort womöglich

---

442 KG Berlin, Beschl. v. 06.08.2009, Az.: 13 UF 106/08, FamRZ 2010, 135, 137 Tz. 43 zit. nach juris.

443 OLG Düsseldorf, Beschl. v. 05.08.2003, Az.: II-6 UF 57/03, Tz. 11 (Umzug innerhalb Deutschlands).

444 KG Berlin, Beschl. v. 05.09.2008, Az.: 18 UF 83/08, ZKJ 2009, 211, 213 Tz. 19 zit. nach juris.

445 Ebd., 213, 214 Tz. 17, 21, 32 zit. nach juris. Sh. auch OLG Hamm, Beschl. v. 02.09.1998, Az.: 6 UF 693/97, NJW-RR 1999, 372, 373 Tz. 30 zit. nach juris.

446 Sh. BGH, Beschl. v. 28.04.2010, Az.: XII ZB 81/09, BGHZ 185, 272, 279 = FamRZ 2010, 1060, 1063 Tz. 31.

447 BGH, Beschl. v. 06.12.1989, Az.: IVb ZB 66/88, FamRZ 1990, 392, 393 Tz. 12 zit. nach juris.

448 Für die Auswanderung: KG Berlin, Beschl. v. 06.08.2009, Az.: 13 UF 106/08, FamRZ 2010, 135, 137 Tz. 43; Beschl. v. 09.02.2011, Az.: 3 UF 201/10, Tz. 46; OLG Karlsruhe,

schon längere Zeit aufhält, bereits eingelebt hat und schulisch integriert ist.[449] Ob es in eine Familie eingebunden sein wird,[450] die Auswanderung gar im größeren Familienverband erfolgt,[451] wird ebenso gewürdigt wie die Qualität der (neuen) familiären Bindungen,[452] oder aber das Vorhandensein anderweitiger, womöglich ausbaufähiger sozialer Kontakte.[453] Einbezogen wird darüber hinaus, ob das Kind die am künftigen Wohnort gesprochene Sprache beherrscht,[454] bereits

---

Beschl. v. 27.11.2008, Az.: 2 UF 88/08, FamRZ 2009, 435, 437 Tz. 49; OLG Nürnberg, Beschl. v. 11.02.2000, Az.: 7 UF 4435/99, FamRZ 2000, 1603, 1604 Tz. 62; OLG Stuttgart, Beschl. v. 08.07.2003, Az.: 16 UF 170/03, Tz. 2; OLG Zweibrücken, Beschl. v. 13.07.2004, Az.: 5 UF 47/04, NJW-RR 2004, 1588, 1589 Tz. 31 f.; OLG Hamm, Beschl. v. 04.04.2011, Az.: II-8 UF 237/10, 8 UF 237/10, ZKJ 2011, 385, 387 f. Tz. 26; OLG München, Beschl. v. 09.04.2009, Az.: 2 UF 1818/08, FamRZ 2009, 1600, 1602 Tz. 19 (aufgehoben); OLG Frankfurt, Beschl. v. 22.03.2001, Az.: 5 UF 206/00, Tz. 11 (aufgehoben) jew. zit. nach juris. Gegen die Auswanderung: OLG Hamm, Beschl. v. 15.11.2010, Az.: 8 WF 240/10, Tz. 81 zit. nach juris.

449 OLG Köln, Beschl. v. 18.01.2006, Az.: 4 UF 209/04, NJW-RR 2006, 1588, 1590 Tz. 11, 14; sh. auch OLG Frankfurt, Beschl. v. 22.03.2001, Az.: 5 UF 206/00, Tz. 7 f. (aufgehoben) jew. zit. nach juris. Die Kinder lebten hier bereits seit ca. vier Jahren bzw. ca. einem halben Jahr mit der Mutter in deren Heimat. Sh. ebenso OLG Nürnberg, Beschl. v. 25.03.2009, Az.: 9 UF 1655/08, Tz. 25 ff. zit. nach juris (Umzug innerhalb Deutschlands). Die Kinder lebten hier seit fast einem Jahr am neuen Wohnort.

450 Für die Auswanderung: OLG München, Beschl. v. 09.05.2008, Az.: 12 UF 1854/07, NJW-RR 2009, 512, 513 Tz. 21; OLG Zweibrücken, Beschl. v. 13.07.2004, Az.: 5 UF 47/04, NJW-RR 2004, 1588, 1589 Tz. 32; OLG Köln, Beschl. v. 18.01.2006, Az.: 4 UF 209/04, NJW-RR 2006, 1588, 1590 Tz. 11 jew. zit. nach juris. Gegen die Auswanderung: OLG Koblenz, Beschl. v. 04.05.2010, Az.: 11 UF 149/10, FamRZ 2010, 1572, 1573 Tz. 37 zit. nach juris.

451 OLG Köln, Beschl. v. 27.07.2010, Az.: 14 UF 80/10, II-14 UF 80/10, NJW-RR 2011, 149, 150 Tz. 17 zit. nach juris.

452 KG Berlin, Beschl. v. 06.08.2009, Az.: 13 UF 106/08, FamRZ 2010, 135, 137 Tz. 43; OLG Köln, Beschl. v. 18.01.2006, Az.: 4 UF 209/04, NJW-RR 2006, 1588, 1590 Tz. 14; OLG Nürnberg, Beschl. v. 11.02.2000, Az.: 7 UF 4435/99, Tz. 58; OLG München, Beschl. v. 09.04.2009, Az.: 2 UF 1818/08, FamRZ 2009, 1600, 1602 Tz. 23 (aufgehoben); OLG Brandenburg, Beschl. v. 11.10.2012, Az.: 9 UF 91/11, Tz. 78 jew. zit. nach juris.

453 OLG Nürnberg, Beschl. v. 11.02.2000, Az.: 7 UF 4435/99, FamRZ 2000, 1603, 1604 Tz. 62; KG Berlin, Beschl. v. 06.08.2009, Az.: 13 UF 106/08, FamRZ 2010, 135, 137 Tz. 43 jew. zit. nach juris.

454 OLG Stuttgart, Beschl. v. 08.07.2003, Az.: 16 UF 170/03, Tz. 2; OLG Zweibrücken, Beschl. v. 13.07.2004, Az.: 5 UF 47/04, NJW-RR 2004, 1588, 1589 Tz. 31; KG Berlin, Beschl. v. 09.02.2011, Az.: 3 UF 201/10, Tz. 46; OLG Karlsruhe, Beschl. v.

versteht,[455] jedenfalls aber derzeit erlernt, sodass eine zeitnahe schulische und soziale Integration zu erwarten ist.[456] Dabei kann zu berücksichtigen sein, ob sich die Kinder „in einem Alter [befinden], in dem sie noch relativ leicht und spielerisch eine fremde Sprache erlernen können".[457] Ob der auswandernde Elternteil aufgrund seiner Kenntnisse der ausländischen Sprache in der Lage ist, das Kind beim Erlernen derselben besonders zu fördern, wird mitunter bedacht.[458]

Zugunsten der Auswanderung wird teils berücksichtigt, ob eine gewisse Verbindung zur deutschen Sprache und Kultur auch im Ausland aufrechterhalten werden kann. So etwa, wenn die auswandernde Mutter viele deutsche Bekannte hat, mit den Kindern weiterhin Deutsch spricht und Unterrichtshefte für im Ausland aufwachsende Kinder durcharbeitet sowie öfters zu Besuchen nach Deutschland fliegt.[459] Auch die Möglichkeit der Einschulung in einer Schule mit dem Schwerpunkt Deutsch wird insofern gewürdigt.[460]

Die zu berücksichtigenden Aspekte bedingen sich teilweise auch gegenseitig. So wird die Integration in eine Familie und die insofern bestehenden engen und vertrauensvollen Beziehungen als gute Voraussetzung für die Bewältigung der Änderungen in den äußeren Lebensverhältnissen sowie der sprachlichen und schulischen Anforderungen betrachtet.[461] Insgesamt kann sich unter all diesen Gesichtspunkten ergeben, dass ein Umzug ins Ausland sogar mit weniger Eingewöhnungsschwierigkeiten verbunden ist als ein Wechsel in den Haushalt des zurückbleibenden Elternteils, wenn dies nämlich einen Umzug in eine den Kindern völlig fremde Umgebung bedeuten würde.[462]

---

27.11.2008, Az.: 2 UF 88/08, FamRZ 2009, 435, 437 Tz. 49 jew. zit. nach juris. Gegen die Auswanderung: OLG Frankfurt, Beschl. v. 16.09.2002, Az.: 3 UF 205/01, FamRZ 2003, 1491.

455 OLG Köln, Beschl. v. 11.01.2006, Az.: 4 UF 229/05, ZKJ 2007, 204, 205 Tz. 11 zit. nach juris.

456 OLG München, Beschl. v. 09.04.2009, Az.: 2 UF 1818/08, FamRZ 2009, 1600, 1602 Tz. 19 zit. nach juris (aufgehoben).

457 OLG Köln, Beschl. v. 11.01.2006, Az.: 4 UF 229/05, ZKJ 2007, 204, 205 Tz. 11 zit. nach juris.

458 OLG Nürnberg, Beschl. v. 11.02.2000, Az.: 7 UF 4435/99, FamRZ 2000, 1603, 1604 Tz. 63 zit. nach juris.

459 OLG Nürnberg, Beschl. v. 21.03.1988, Az.: 10 UF 3754/87.

460 KG Berlin, Beschl. v. 09.02.2011, Az.: 3 UF 201/10, Tz. 46 zit. nach juris.

461 OLG Nürnberg, Beschl. v. 11.02.2000, Az.: 7 UF 4435/99, FamRZ 2000, 1603, 1604 Tz. 61 zit nach juris.

462 OLG Stuttgart, Beschl. v. 08.07.2003, Az.: 16 UF 170/03, Tz. 2 zit. nach juris.

Eine Rolle spielen weiterhin die schulischen Leistungen des Kindes. Zugunsten der Auswanderung kann es insofern sprechen, wenn diese bisher gut waren und daher zu erwarten ist, dass sich das Kind die fremde Sprache sehr schnell aneignen und sodann auch im Ausland wieder gute schulische Leistungen erbringen wird.[463] Besteht demgegenüber eine problematische Schulsituation, kann dies entscheidend gegen eine Übersiedlung des Kindes sprechen. So etwa, wenn sich „eine erhebliche Abneigung gegen einen geregelten Schulbesuch, wenn nicht [...] sogar eine ausgeprägte Schulangst, aufgebaut hat“ und es „schon in einer deutschsprachigen Schule zu erheblichen Problemen bei der Wiedereingliederung kommen“ dürfte.[464] Eine Einschulung in eine fremdsprachige Schule, in der neben den ausgeprägten Wiedereingliederungsproblemen auch noch nicht unerhebliche kulturelle und sprachliche Schwierigkeiten auftreten werden, wertete das *OLG Hamm* im konkreten Fall als „nicht zu verantworten“.[465] Auch wenn es im Falle eines Verbleibs der Kinder beim Vater ebenfalls zu Schwierigkeiten bei der Schuleingliederung kommen werde – den Kindern waren die dortigen Schulen gleichermaßen nicht bekannt –, sei eine Wiedereingliederung „im deutschen Schulsystem [...] eher möglich und zudem auch nicht mit zusätzlichen Sprach- und Schriftproblemen behaftet“.[466] Sie erfolge „in einem kulturellen Umfeld, das den Kindern von Geburt an bekannt“ sei.[467]

Dass die schulischen Leistungen des Kindes gleichwohl nicht herausragend sein müssen, um ihm die mit dem Wechsel in ein fremdsprachiges Schulsystem verbundenen Anforderungen zuzumuten, zeigt eine Entscheidung des *KG Berlin*. Das Zeugnis des Kindes war im konkreten Fall „nicht glänzend“, zudem hatte es Schwierigkeiten in Orthographie und Leseleistung. Das Gericht hob jedoch darauf ab, dass auf das Kind zwar eine „schwierige Situation“ zukommen werde, diese jedoch zu meistern sei, „wenn die Eltern [...] unter Ausnutzung der [...] bestehenden Möglichkeiten einer schulischen und sprachlichen Förderung“ zusammenarbeiteten.[468] Das Mädchen sei „intelligent, ausweislich ihrer Zeugnisse ehrgeizig und schon von sich aus bemüht, ihre Defizite auszugleichen“.[469]

---

463 OLG Nürnberg, Beschl. v. 11.02.2000, Az.: 7 UF 4435/99, FamRZ 2000, 1603, 1604 Tz. 63 zit. nach juris.

464 OLG Hamm, Beschl. v. 15.11.2010, Az.: 8 WF 240/10, Tz. 95 zit. nach juris.

465 Ebd.

466 Ebd., Tz. 98 zit. nach juris.

467 Ebd.

468 KG Berlin, Beschl. v. 06.08.2009, Az.: 13 UF 106/08, FamRZ 2010, 135, 137 Tz. 50 zit. nach juris.

469 Ebd.

Sie habe „offensichtlich Frustrationstoleranz und ihre vorhandenen Lücken in der deutschen und englischen Sprache“ seien behebbar.[470]

Insgesamt zeigt sich, dass es sich nicht zwangsläufig um „Musterschüler“ handeln muss, damit die mit der Auswanderung verbundenen schulischen und sprachlichen Probleme in der Abwägung nicht überwiegen. Der umzugsbedingte Nachteil in Form eines höheren Lernaufwandes wird im Hinblick auf die so ermöglichte Aufrechterhaltung der Betreuungs- und Bindungskontinuität in Kauf genommen. Ein gewisses Maß an Anpassungsleistung wird dem Kind insofern abverlangt. In einem Urteil des *OLG Nürnberg* findet sich etwa die Formulierung „dass der Umzug von den Kindern [...] eine erhebliche Anpassungsleistung verlangt hat. Dies ist allerdings immer der Fall, wenn Eltern mit ihren Kindern umziehen“.[471] Erst wenn schulische Schwierigkeiten großen Ausmaßes zu erwarten sind, kann eine gegen die Auswanderung sprechende Kindeswohlgefährdung angenommen werden.

Ein Aufwachsen in Deutschland wird dem Aufwachsen im Ausland in keinem Fall vorgezogen. Das *OLG München* gesteht zwar ein, dass durch einen Wegzug des Kindes „die Prägung durch die deutsche Kultur von anderen Einflüssen überlagert“[472] werde und auch das *OLG Nürnberg* meint, der „Wunsch des Vaters, daß seine Kinder in Deutschland aufwachsen sollen“, sei „verständlich“.[473] Gleichwohl – so das *OLG Zweibrücken* – könnten „Deutsche [...] nicht nur in Deutschland gesund und zu ihrem Gedeihen heranwachsen. Die Annahme eines „natürlichen Vorranges“ für eine Erziehung des Kindes in Deutschland wäre verfehlt“.[474]

Lässt sich im Hinblick auf die o.g. Faktoren eine insgesamt positive Prognose ziehen, wird die Auswanderung des Kindes darüber hinaus nicht nur als nicht kindeswohlgefährdend bewertet, sondern die damit verbundene Erweiterung des Sprach- und Kulturkreises scheinbar sogar als Vorteil in die Waagschale

---

470 KG Berlin, Beschl. v. 06.08.2009, Az.: 13 UF 106/08, FamRZ 2010, 135, 137 Tz. 50 zit. nach juris.

471 OLG Nürnberg, Beschl. v. 25.03.2009, Az.: 9 UF 1655/08, Tz. 25 zit. nach juris (Umzug innerhalb Deutschlands).

472 OLG München, Beschl. v. 09.05.2008, Az.: 12 UF 1854/07, NJW-RR 2009, 512, 513 Tz. 12 zit. nach juris.

473 OLG Nürnberg, Beschl. v. 21.03.1988, Az.: 10 UF 3754/87.

474 OLG Zweibrücken, Beschl. v. 13.07.2004, Az.: 5 UF 47/04, NJW-RR 2004, 1588, 1589 Tz. 32 zit. nach juris. Nahezu identisch: OLG München, Beschl. v. 09.04.2009, Az.: 2 UF 1818/08, FamRZ 2009, 1600, 1602 Tz. 20 zit. nach juris (aufgehoben). Sh. auch OLG Bamberg, Beschl. v. 09.02.1988, Az.: 7 UF 135/87, NJW-RR 1988, 1225, 1226 Tz. 18 zit. nach juris.

geworfen. Der *BGH* etwa räumt zwar ein, dass „die Kinder später im Vergleich zu anderen, die in Deutschland aufgewachsen sind und nur deutsche Schulen besucht haben, auf den Gebieten benachteiligt sein können, die auf besondere Kenntnisse der deutschen Kultur und der deutschen Sprache aufbauen".[475] Jedoch stehe „diesem Nachteil der im Hinblick auf die europäische Entwicklung hoch einzuschätzende Vorteil gegenüber [...], [...] einem zweiten großen europäischen Sprach- und Kulturkreis besonders verbunden zu sein".[476] Auch das *OLG Nürnberg* ist der Ansicht, dass ein „zweisprachiges Aufwachsen der Kinder [...] für deren spätere berufliche Entwicklung [...] von Vorteil sein" könne.[477] Zwar sieht es, dass sofern „die Kinder später einmal den Wunsch haben sollten, in Deutschland zu studieren, [...] infolge des Aufwachsens in einem anderen Kulturkreis und Schulsystem Schwierigkeiten auftreten" könnten. Diese möglichen Schwierigkeiten in der Zukunft könnten eine Herausnahme der Kinder aus den derzeitig günstigen Lebensverhältnissen jedoch nicht rechtfertigen, zumal die Vorbildungsnachweise innerhalb der europäischen Union anerkannt würden.[478] Das *OLG München* sieht in dem Besuch einer fremdsprachigen Schule trotz der damit verbundenen Umstellung für das Kind „aber auch eine erhebliche positive Entwicklungschance".[479] Zudem könne das Kind mehrsprachig aufwachsen und einen neuen Kulturkreis kennenlernen.[480] Das *KG Berlin* führt an, dass im Falle einer Übersiedlung „Chancen z.B. im Hinblick auf das noch intensivere Kennenlernen eines anderen kulturellen Umfelds bestünden".[481] Dass im Falle einer „Rückkehr nach Deutschland die [...] erlernten Sprachkenntnisse und Erfahrungen für die weitere Entwicklung [...] von Vorteil sein würden", stellt das *OLG Nürnberg* fest.[482] Das *OLG Köln* meint gar, dass nicht nur die Zweisprachigkeit die geistige Entwicklung des Kindes durchaus fördern könne, sondern auch die mit der Auswanderung insgesamt verbundenen Umstellungen in der Lebenssituation (dauerhafte Trennung von wichtigen Bezugspersonen,

---

475 BGH, Beschl. v. 06.12.1989, Az.: IVb ZB 66/88, FamRZ 1990, 392, 393 Tz. 15 zit. nach juris.

476 Ebd.

477 OLG Nürnberg, Beschl. v. 21.03.1988, Az.: 10 UF 3754/87.

478 Ebd.

479 OLG München, Beschl. v. 09.04.2009, Az.: 2 UF 1818/08, FamRZ 2009, 1600, 1602 Tz. 19 zit. nach juris (aufgehoben).

480 Ebd., Tz. 20 zit. nach juris (aufgehoben).

481 KG Berlin, Beschl. v. 05.07.2012, Az.: 16 UF 139/10 (aufgehoben).

482 OLG Nürnberg, Beschl. v. 11.02.2000, Az.: 7 UF 4435/99, FamRZ 2000, 1603, 1604 Tz. 72 zit nach juris.

Fremdbetreuung durch nicht Deutsch sprechende Personen, Aufwachsen in völlig fremder Umgebung in einem andersreligiösen Land): Diese Belastungen „[erscheinen] für die Kinder durchaus verkraftbar - ihrer seelisch geistigen Entwicklung sogar förderlich".[483] Inwieweit diese Erwägungen allerdings tatsächlich entscheidungserheblich sind oder ob es sich nicht vielmehr nur um eine „Unterfütterung" der im Hinblick auf das herausragende Gewicht der Betreuungs- und Bindungskontinuität ohnehin feststehenden Entscheidung zugunsten der Auswanderung handelt, sei dahingestellt.

### 3. *Förderungsprinzip / Erziehungseignung der Eltern*

Unter dem Aspekt des Förderungsprinzips bzw. der Erziehungseignung wird untersucht, von welchem Elternteil das Kind die meiste Unterstützung für den Aufbau seiner Persönlichkeit erwarten kann,[484] d.h., welcher Elternteil die verlässlichere und stabilere Bezugsperson zu sein verspricht.[485] Entscheidend ist dabei weniger die Vor- oder Ausbildung als vielmehr die Bereitschaft, das Kind zu sich zu nehmen und die Verantwortung für seine Erziehung und Versorgung zu übernehmen.[486] Der emotionalen Förderung ist gegebenenfalls sogar Vorrang vor schulischer Förderung einzuräumen.[487]

Grundsätzlich bedeutet allein der Auswanderungswunsch keine Einschränkung der Erziehungsfähigkeit.[488] Gegen die Erziehungseignung des auswanderungswilligen Elternteils kann es jedoch sprechen, wenn sich die Auswanderung als „ersichtlich unvernünftige[s] Vorhaben" darstellt, „das mit nicht vertretbaren Risiken für das Kind verbunden ist".[489] Bei bestehender Erziehungseignung des

---

483 OLG Köln, Beschl. v. 11.01.2006, Az.: 4 UF 229/05, ZKJ 2007, 204, 205 Tz. 11 f. zit. nach juris.

484 BGH, Beschl. v. 06.12.1989, Az.: IVb ZB 66/88, FamRZ 1990, 392, 393 Tz. 8; OLG München, Beschl. v. 09.05.2008, Az.: 12 UF 1854/07, NJW-RR 2009, 512, 513 Tz. 11; Beschl. v. 09.04.2009, Az.: 2 UF 1818/08, FamRZ 2009, 1600, 1602 Tz. 20 (aufgehoben) jew. zit. nach juris.

485 OLG München, Beschl. v. 09.05.2008, Az.: 12 UF 1854/07, NJW-RR 2009, 512, 513 Tz. 11; Beschl. v. 09.04.2009, Az.: 2 UF 1818/08, FamRZ 2009, 1600, 1602 Tz. 20 (aufgehoben) jew. zit. nach juris.

486 OLG München, Beschl. v. 09.05.2008, Az.: 12 UF 1854/07, NJW-RR 2009, 512, 513 Tz. 11 zit. nach juris.

487 Ebd.

488 Sh. KG Berlin, Beschl. v. 09.02.2011, Az.: 3 UF 201/10, Tz. 46 zit. nach juris.

489 BGH, Beschl. v. 28.04.2010, Az.: XII ZB 81/09, BGHZ 185, 272, 280 f. = FamRZ 2010, 1060, 1062 Tz. 24; OLG Hamm, Beschl. v. 15.11.2010, Az.: 8 WF 240/10, Tz. 69 zit. nach juris.

anderen Elternteils kann dies regelmäßig den Ausschlag dafür geben, diesem das Sorgerecht zu übertragen.[490] Nachdrücklich in Frage stand die Förderkompetenz der Kindesmutter in einem Fall des *OLG Hamm*. Diese hatte die Kinder zunächst mit auf eine etwa halbjährige Segelreise genommen, während der die Kinder praktisch keine schulische Bildung erhalten hatten („urlaubsgeprägte Auszeit von der Schule").[491] Auch ihre Pläne, sich nunmehr dauerhaft auf einer griechischen Insel niederzulassen – ohne dass sie einen näheren persönlichen Bezug zu dieser aufwies – und die Kinder dort einzuschulen, erschienen dem Gericht im Hinblick auf die geistige und seelische Förderung der Kinder bedenklich, da sich bei diesen eine erhebliche Abneigung gegen einen geregelten Schulbesuch bzw. sogar eine ausgeprägte Schulangst aufgebaut hatte. Vor dem Hintergrund der daher ohnehin zu erwartenden erheblichen Wiedereingliederungsschwierigkeiten wertete das Gericht die mit der Einschulung in eine fremdsprachige Schule verbundenen kulturellen und sprachlichen Probleme als „nicht zu verantworten".[492]

Im Rahmen des Förderungsgrundsatzes kommt der Bindungstoleranz, d.h. „der Bereitschaft, den persönlichen Umgang des Kindes mit dem anderen Elternteil zuzulassen, besondere Bedeutung zu[...]".[493] Weist der auswanderungswillige Elternteil eine ausreichende Bindungstoleranz nicht auf, kann dies (mit-) entscheidendes Kriterium bei der Übertragung der Alleinsorge bzw. des Aufenthaltsbestimmungsrechts auf den anderen Elternteil sein. Dies gilt selbst für den Fall, dass Betreuungs- und Bindungskontinuität für eine Mitnahme des Kindes ins Ausland sprechen.[494] Beispielhaft ist insofern ein Fall des *OLG München*. Obwohl das Gericht zunächst feststellte, dass die Mutter die Hauptbezugsperson für die Kinder sei und es „außer Frage [steht], dass die Kinder bei der Mutter

---

490 BGH, Beschl. v. 28.04.2010, Az.: XII ZB 81/09, BGHZ 185, 272, 281 = FamRZ 2010, 1060, 1062 Tz. 24; OLG Hamm, Beschl. v. 15.11.2010, Az.: 8 WF 240/10, Tz. 69 zit. nach juris.

491 OLG Hamm, Beschl. v. 15.11.2010, Az.: 8 WF 240/10, Tz. 86 ff. zit. nach juris.

492 Ebd., Tz. 95 zit. nach juris.

493 OLG Karlsruhe, Beschl. v. 27.11.2008, Az.: 2 UF 88/08, FamRZ 2009, 435, 436 Tz. 44; OLG München, Beschl. v. 09.04.2009, Az.: 2 UF 1818/08, FamRZ 2009, 1600, 1601 Tz. 16 (aufgehoben) jew. zit. nach juris. Sh. auch OLG Brandenburg, Beschl. v. 06.02.2013, Az.: 9 UF 226/12 Tz. 38 (Umzug innerhalb Deutschlands); KG Berlin, Beschl. v. 09.02.2011, Az.: 3 UF 201/10, Tz. 50 jew. zit. nach juris.

494 Sh. OLG München, Beschl. v. 03.09.2008, Az.: 16 WF 1252/08; OLG Koblenz, Beschl. v. 04.05.2010, Az.: 11 UF 149/10, FamRZ 2010, 1572; KG Berlin, Beschl. v. 05.07.2012, Az.: 16 UF 139/10 (aufgehoben): geringe Bindungstoleranz als „ausschlaggebender Nachteil".

verbleiben sollen",[495] wies es deren Antrag auf Übertragung des Aufenthaltsbestimmungsrecht für die gemeinsamen Kinder mit Verweis auf die mangelnde Bindungstoleranz zurück. In der Vergangenheit habe „es immer Schwierigkeiten beim Umgang des Vaters mit den Kindern [gegeben], die zeigten, dass die Mutter den Umgang nicht in erforderlicher Weise fördert und unterstützt".[496] Es bestünden große Bedenken, „dass ein regelmäßiger Umgang durch die Mutter nach einem Umzug [...] gesichert sei";[497] das Umgangsrecht des Vaters sei „aufgrund des bisherigen Verhaltens der Mutter bei einem Umzug als außerordentlich gefährdet anzusehen".[498] Ähnlich verhielt es sich in einer Entscheidung des *OLG Koblenz*. Auch hier wurde zunächst festgestellt, dass die auswanderungswillige Mutter Hauptbezugsperson für das Kind sei und es „außer Frage [steht], dass […] [das Kind] bei der Mutter verbleiben soll".[499] Die Alleinsorge wurde ihr dennoch nicht übertragen, da der Umzugsplan nicht „einer ernsthaften und wohlbegründeten Planung ihres künftigen Lebens entspringt", sie „vielmehr den Eindruck erweckt, dass vorrangiges Ziel einer Übersiedlung […] ist, den Umgang […] zu vereiteln".[500] Letztendlich war davon auszugehen, „dass ein regelmäßiger Umgang nach einem Umzug […] nicht gesichert ist".[501] Vielmehr sei „zu erwarten, dass es nach einem Umzug der Antragstellerin mit dem Kind […] zu keinem Umgang mehr kommen wird".[502] Die bereits in der Vergangenheit bestehenden Schwierigkeiten beim Umgang zeigten, dass die Antragstellerin den Umgang nicht in erforderlicher Weise fördert und unterstützt. Auch habe sie keine eindeutige Erklärung dahingehend abgegeben, dass sie den Umgang nach einem Umzug fördern und unterstützen wird.[503]

Scheint beim auswanderungswilligen Elternteil demgegenüber ausreichend Bindungstoleranz vorhanden, beschränkt sich das Gericht oftmals auf die Feststellung, dieser habe „glaubhaft versichert, dass der Antragsteller sein Kind […]

---

495 OLG München, Beschl. v. 03.09.2008, Az.: 16 WF 1252/08, Tz. 7 zit. nach juris.

496 Ebd., Tz. 9 zit. nach juris.

497 Ebd.

498 Ebd., Orientierungssatz zit. nach juris.

499 OLG Koblenz, Beschl. v. 04.05.2010, Az.: 11 UF 149/10, FamRZ 2010, 1572 Tz. 19 zit. nach juris.

500 Ebd., 1573 Tz. 28 zit. nach juris.

501 Ebd., Tz. 30 zit. nach juris.

502 Ebd.

503 OLG Koblenz, Beschl. v. 04.05.2010, Az.: 11 UF 149/10, FamRZ 2010, 1572, 1573 Tz. 31 zit. nach juris.

jederzeit besuchen könne“[504] oder „[e]ine mangelnde Bindungstoleranz […] nicht festgestellt werden“[505] könne. Konkrete Zusagen an den zurückbleibenden Elternteil sind insofern nicht erforderlich. Gestützt wird die Annahme ausreichender Bindungstoleranz z.B. auf die Ermöglichung des Umgangs in der Vergangenheit,[506] entsprechende Bekundungen[507] bzw. Vorschläge[508], die Art und Weise von Äußerungen über den anderen Elternteil,[509] aber auch die Tatsache, dass lediglich die für die Übersiedlung erforderliche Übertragung des Aufenthaltsbestimmungsrechts, nicht aber des alleinigen Sorgerechtes insgesamt beantragt wurde.[510]

Überprüft wird im Rahmen der Erziehungseignung zudem oftmals, ob geordnete bzw. kindgerechte Wohnverhältnisse bestehen.[511] Ob die Betreuung des Kindes sichergestellt ist (Kindergarten- bzw. Schulplatz, familiäre Betreuung, Erleichterung der Betreuung durch Möglichkeit zur Anstellung von

504 OLG Hamm, Beschl. v. 04.04.2011, Az.: II-8 UF 237/10, 8 UF 237/10, ZKJ 2011, 385, 388 Tz. 26 zit. nach juris. Sh. auch OLG Nürnberg, Beschl. v. 11.02.2000, Az.: 7 UF 4435/99, Tz. 83 zit. nach juris.

505 OLG Frankfurt, Beschl. v. 22.03.2001, Az.: 5 UF 206/00, Tz. 15 zit. nach juris (aufgehoben). Ähnl.: Beschl. v. 02.10.2008, Az.: 6 WF 138/08, Tz. 8 zit. nach juris (Umzug innerhalb Deutschlands).

506 KG Berlin, Beschl. v. 09.02.2011, Az.: 3 UF 201/10, Tz. 51; OLG Hamm, Beschl. v. 04.04.2011, Az.: II-8 UF 237/10, 8 UF 237/10, ZKJ 2011, 385, 388 Tz. 26; OLG Nürnberg, Beschl. v. 25.03.2009, Az.: 9 UF 1655/08, Tz. 31; OLG Karlsruhe, Beschl. v. 27.11.2008, Az.: 2 UF 88/08, FamRZ 2009, 435, 437 Tz. 50; OLG Frankfurt, Beschl. v. 02.10.2008, Az.: 6 WF 138/08, Tz. 9 (Umzug innerhalb Deutschlands); OLG Köln, Beschl. v. 18.01.2006, Az.: 4 UF 209/04, NJW-RR 2006, 1588, 1590 Tz. 9 jew. zit. nach juris.

507 OLG Nürnberg, Beschl. v. 11.02.2000, Az.: 7 UF 4435/99, Tz. 83; OLG München, Beschl. v. 09.04.2009, Az.: 2 UF 1818/08, FamRZ 2009, 1600, 1602 Tz. 21 (aufgehoben); OLG Frankfurt, Beschl. v. 02.10.2008, Az.: 6 WF 138/08, Tz. 9 (Umzug innerhalb Deutschlands) jew. zit. nach juris.

508 OLG Köln, Beschl. v. 11.01.2006, Az.: 4 UF 229/05, ZKJ 2007, 204, 205 Tz. 13; KG Berlin, Beschl. v. 05.07.2012, Az.: 16 UF 139/10 (aufgehoben) jew. zit. nach juris.

509 KG Berlin, Beschl. v. 09.02.2011, Az.: 3 UF 201/10, Tz. 50 zit. nach juris.

510 OLG Nürnberg, Beschl. v. 11.02.2000, Az.: 7 UF 4435/99, Tz. 84 zit. nach juris.

511 KG Berlin, Beschl. v. 09.02.2011, Az.: 3 UF 201/10, Tz. 46; OLG Hamm, Beschl. v. 04.04.2011, Az.: II-8 UF 237/10, 8 UF 237/10, ZKJ 2011, 385, 387 f. Tz. 26; OLG Frankfurt, Beschl. v. 22.03.2001, Az.: 5 UF 206/00, Tz. 11 (aufgehoben) jew. zit. nach juris; OLG Nürnberg, Beschl. v. 21.03.1988, Az.: 10 UF 3754/87.

Haushaltshilfen etc.), findet ebenso Berücksichtigung.[512] Dabei wird einer persönlichen Betreuung Vorrang vor einer Fremdbetreuung eingeräumt.[513] Ist hier wie da (teilweise) Fremdbetreuung geplant, findet es positive Würdigung, wenn diese nicht auf eine Vielzahl an Kindern ausgelegt, sondern speziell auf das Kind und seine Interessen bezogen ist.[514] Hinsichtlich des zurückbleibenden Elternteils wird überprüft, ob ein Wechsel des Kindes in seinen Haushalt überhaupt eine in Betracht zu ziehende Alternative darstellt.[515] Letzteres kann etwa verneint werden, wenn dieser Elternteil arbeitslos ist, Unterhalt nicht zahlt, keine kindgerechte Wohnung sowie keinerlei Fähigkeiten zur Haushaltsführung und Kinderbetreuung vorweisen kann.[516] Ein ungesicherter sozialer Status sowie das Fehlen hinreichender Bindungen in Deutschland stehen einem Wechsel ebenfalls entgegen.[517] Alternativlos ist der Verbleib des Kindes beim auswanderungswilligen Elternteil weiterhin in dem Fall, dass es dem zurückbleibenden Elternteil letztlich nur um die Aufrechterhaltung des Umgangsrechts geht, er aber die alleinige Verantwortung gar nicht übernehmen will.[518]

Gegenstand der Prüfung ist weiterhin, ob die wirtschaftliche Situation gesichert ist.[519] Eine vollständige Sicherstellung der wirtschaftlichen Versorgung,

---

512 OLG Köln, Beschl. v. 11.01.2006, Az.: 4 UF 229/05, ZKJ 2007, 204, 205 Tz. 11; OLG Karlsruhe, Beschl. v. 27.11.2008, Az.: 2 UF 88/08, FamRZ 2009, 435, 437 Tz. 49; OLG Hamm, Beschl. v. 04.04.2011, Az.: II-8 UF 237/10, 8 UF 237/10, ZKJ 2011, 385, 388 Tz. 26; Beschl. v. 02.09.1998, Az.: 6 UF 693/97, NJW-RR 1999, 372, 373 Tz. 31 f. jew. zit. nach juris.

513 OLG Nürnberg, Beschl. v. 21.03.1988, Az.: 10 UF 3754/87; OLG München, Beschl. v. 09.04.2009, Az.: 2 UF 1818/08, FamRZ 2009, 1600, 1602 Tz. 18 (aufgehoben); wohl auch OLG Frankfurt, Beschl. v. 22.03.2001, Az.: 5 UF 206/00, Tz. 11, 14 (aufgehoben) jew. zit. nach juris.

514 AG Wiesloch, Beschl. v. 30.04.2008, Az.: 1 F 13/08, wiedergegeben bei OLG Karlsruhe, Beschl. v. 27.11.2008, Az.: 2 UF 88/08, Tz. 13 zit. nach juris (Betreuung durch die Mutter des neuen Lebensgefährten statt Kindergartenunterbringung).

515 Sh. etwa OLG Köln, Beschl. v. 11.01.2006, Az.: 4 UF 229/05, ZKJ 2007, 204 Tz. 6 ff.; OLG Hamm, Beschl. v. 04.04.2011, Az.: II-8 UF 237/10, 8 UF 237/10, ZKJ 2011, 385, 387 Tz. 25 f. jew. zit. nach juris.

516 OLG Hamm, Beschl. v. 04.04.2011, Az.: II-8 UF 237/10, 8 UF 237/10, ZKJ 2011, 385, 387 Tz. 25 f. zit. nach juris.

517 OLG Köln, Beschl. v. 11.01.2006, Az.: 4 UF 229/05, ZKJ 2007, 204 f. Tz. 8 zit. nach juris.

518 OLG Köln, Beschl. v. 27.07.2010; Az.: 14 UF 80/10, II-14 UF 80/10, NJW-RR 2011, 149, 150 Tz. 15 zit. nach juris.

519 Zugunsten der Auswanderung: OLG München, Beschl. v. 09.05.2008, Az.: 12 UF 1854/07, NJW-RR 2009, 512, 513 Tz. 18; OLG Köln, Beschl. v. 11.01.2006,

d.h. eine völlige Risikofreiheit der Übersiedlung ist gleichwohl nicht erforderlich. Es genügt insofern, dass „die Chancen einer positiven Entwicklung […] durchaus gut stehen".[520] Unerheblich ist es, wenn die gute finanzielle Situation allein auf dem Wohlwollen dortiger Verwandter beruht.[521] Kann der auswandernde Elternteil im Ausland sein abgebrochenes Studium beenden, während er in Deutschland als ungelernte Kraft arbeiten müsste, wird dies berücksichtigt.[522]

## *4. Beziehung zum zurückbleibenden Elternteil*

Weiterhin überprüft wird, inwieweit die Auswanderung zu einer Beeinträchtigung der Beziehung zum zurückbleibenden Elternteil führt und wie sich dies auf das Wohl des Kindes auswirkt.[523]

Von Bedeutung sind dabei zunächst der bisherige Umfang und die bisherige Ausgestaltung des persönlichen Umgangs mit dem zurückbleibenden Elternteil sowie die jeweilige Qualität der Beziehung. So fällt die Beeinträchtigung des persönlichen Kontakts weniger stark ins Gewicht, wenn „die Beziehungen […] auch bereits in den letzten Jahren nicht auf ein dauerhaftes Zusammenwohnen, sondern auf Wochenendaufenthalte und gemeinsame Ferienreisen angelegt" waren.[524] Das *OLG Nürnberg* gibt zu bedenken, dass „die mit der Auswanderung […] verbundene Einschränkung der Möglichkeit eines persönlichen Umgangs deshalb weniger schwer wiegt, weil es auf Grund der insoweit ablehnenden Haltung [des Kindes] [...] in den letzten Jahren kaum zu Umgangskontakten zwischen Vater und Tochter gekommen ist und [diese] [...] auch aktuell Umgangskontakten in der bisher erfolgten Weise eher ablehnend

---

Az.: 4 UF 229/05, ZKJ 2007, 204, 205 Tz. 11; OLG Hamm, Beschl. v. 02.09.1998, Az.: 6 UF 693/97, NJW-RR 1999, 372, 373 Tz. 33; OLG Köln, Beschl. v. 27.07.2010; Az.: 14 UF 80/10, II-14 UF 80/10, NJW-RR 2011, 149, 150 Tz. 17 jew. zit. nach juris; OLG Nürnberg, Beschl. v. 21.03.1988, Az.: 10 UF 3754/87. Gegen die Auswanderung: OLG Koblenz, Beschl. v. 04.05.2010, Az.: 11 UF 149/10, FamRZ 2010, 1572, 1573 Tz. 36 f. zit. nach juris.

520 So für den Fall, dass eine konkrete Arbeitsstelle erst vor Ort gesucht werden sollte: OLG Nürnberg, Beschl. v. 11.02.2000, Az.: 7 UF 4435/99, FamRZ 2000, 1603, 1604 Tz. 72 zit. nach juris.

521 OLG München, Beschl. v. 09.05.2008, Az.: 12 UF 1854/07, NJW-RR 2009, 512, 513 Tz. 19 zit. nach juris.

522 Ebd., Tz. 18 zit. nach juris.

523 Sh. BGH, Beschl. v. 28.04.2010, Az.: XII ZB 81/09, BGHZ 185, 272, 279 = FamRZ 2010, 1060, 1063 Tz. 31.

524 KG Berlin, Beschl. v. 06.08.2009, Az.: 13 UF 106/08, FamRZ 2010, 135, 137, Tz. 43 zit. nach juris.

gegenübersteht".[525] Auch das *OLG Bremen* merkt insofern an: „[…] zumal die Kinder [...] zuletzt auch nur einen eingeschränkten [...] [bzw.] überhaupt keinen Kontakt zum Kindesvater hatten".[526] Ähnlich argumentiert das *OLG Köln* in dem Fall, dass der Kontakt zum Vater zur Zeit der Entscheidung nur sporadisch bestand, sich auf telefonische Kontakte beschränkte und überdies sogar eine gewisse ängstliche Haltung des Kindes gegenüber dem Vater festzustellen war: „[Es ist] zu berücksichtigen, dass das Vertrauensverhältnis zum Antragsteller derzeit aus den vorgenannten Gründen gestört ist und dass eine Annäherung zwischen Vater und Sohn erst wieder allmählich erfolgen muss".[527]

Eine Rolle kann weiterhin das Alter des betroffenen Kindes spielen. So weist das *KG Berlin* darauf hin, dass ein fast zehnjähriges Mädchen „bereits feste innere Arbeitsmodelle von Beziehungen und Bindungen zu ihren Bezugspersonen [hat], so dass bei ihr auch längere Zeitabschnitte von einigen Wochen zwischen den einzelnen Kontakten zur väterlichen Familie nicht mehr zu einer Beeinträchtigung von Beziehungen und Bindungen führen".[528]

Ermittelt wird desweiteren, in welchem Umfang der Kontakt über Fernkommunikationsmittel, gegenseitige Besuche und Ferienaufenthalte aufrechterhalten werden kann.[529] Angesprochen werden in diesem Zusammenhang mitunter die Entfernung zwischen den jeweiligen Wohnorten,[530] die Verkehrsverbindung,[531]

---

525 OLG Nürnberg, Beschl. v. 11.02.2000, Az.: 7 UF 4435/99, FamRZ 2000, 1603, 1604 Tz. 81 zit. nach juris.

526 OLG Bremen, Beschl. v. 25.11.2010, Az.: 4 UF 128/10, Streit 2010, 157, 158 Tz. 13 zit. nach juris.

527 OLG Köln, Beschl. v. 18.01.2006, Az.: 4 UF 209/04, NJW-RR 2006, 1588, 1590 Tz. 16 jew. zit. nach juris.

528 KG Berlin, Beschl. v. 06.08.2009, Az.: 13 UF 106/08, FamRZ 2010, 135, 137 Tz. 43 zit. nach juris.

529 OLG München, Beschl. v. 09.05.2008, Az.: 12 UF 1854/07, NJW-RR 2009, 512, 513 Tz. 21; OLG Stuttgart, Beschl. v. 08.07.2003, Az.: 16 UF 170/03, Tz. 2; OLG München, Beschl. v. 09.04.2009, Az.: 2 UF 1818/08, FamRZ 2009, 1600, 1602 Tz. 22 (aufgehoben); KG Berlin, Beschl. v. 06.08.2009, Az.: 13 UF 106/08, FamRZ 2010, 135, 137 Tz. 43, 51 jew. zit. nach juris; sh. auch OLG Köln, Beschl. v. 18.01.2006, Az.: 4 UF 209/04, NJW-RR 2006, 1588, 1589 Tz. 8 zit. nach juris.

530 OLG Hamm, Beschl. v. 04.04.2011, Az.: II-8 UF 237/10, 8 UF 237/10, ZKJ 2011, 385, 388 Tz. 28 zit. nach juris; KG Berlin, Beschl. v. 05.07.2012, Az.: 16 UF 139/10 (aufgehoben).

531 OLG Hamm, Beschl. v. 04.04.2011, Az.: II-8 UF 237/10, 8 UF 237/10, ZKJ 2011, 385, 388 Tz. 28 zit. nach juris. Sh. auch OLG München, Beschl. v. 10.04.2003, Az.: 26 UF 1607/02, 26 WF 1472/02, FamRZ 2003, 1493, 1494 (Umzug innerhalb Deutschlands).

aber auch die zur Verfügung stehenden finanziellen Mittel.[532] Erwähnung findet teils auch die berufliche Tätigkeit der Eltern. Das *OLG Frankfurt* argumentiert etwa, dass der zurückbleibende Kindesvater „gerade aufgrund seiner Berufstätigkeit [als Pilot] in der Lage [ist], den Kontakt zu den Kindern [...] aufrechtzuerhalten".[533] Umgekehrt spricht es womöglich mit „besonderem Gewicht" gegen die Kindesmitnahme, wenn sich bei einem Verbleib der Kinder beim Vater im Inland „ein regelmäßiger und fortdauernder Kontakt zwischen den Kindern und der Mutter besser organisieren lässt als umgekehrt [...], da sie [...] ihre Arbeitszeit frei einteilen kann und über wesentlich günstigere finanzielle Mittel verfügen wird".[534] Festzustellen ist allerdings, dass die genannten Aspekte eher selten Erwähnung finden. Werden sie angesprochen, finden tiefergehende Prüfungen regelmäßig nicht statt. Eine genaue Erhebung der tatsächlich vorhandenen und zur Aufrechterhaltung des Kontaktes zum zurückbleibenden Elternteil einsetzbaren finanziellen Mittel erfolgt nicht.[535] Insgesamt entsteht so der Eindruck, dass die genannten Aspekte im Rahmen der Abwägung zwar gelegentlich aufgeworfen werden, ihnen jedoch oftmals keine ausschlaggebende Bedeutung zukommt, m.a.W., die Entscheidung ebenso ausgefallen wäre, wäre die Entfernung größer, die Verkehrsverbindung schlechter oder finanzielle Mittel nicht in ausreichendem Maße vorhanden.

Vereinbarungen zur Aufrechterhaltung des Kontaktes sind keine Voraussetzung für die Zulässigkeit der Ausreise des Kindes. Konkrete Regelungen werden insofern nicht getroffen.[536] Oftmals zeigen sich auch hier nur recht knappe und oberflächliche Ausführungen. Das *OLG Stuttgart* etwa führt im Falle eines Umzugs nach Paris aus, dass „der erforderliche Kontakt mit dem Vater durch regelmäßige Telefonate und längere Ferienaufenthalte aufrechterhalten werden

---

532 KG Berlin, Beschl. v. 05.09.2008, Az.: 18 UF 83/08, ZKJ 2009, 211, 213 Tz. 24; Beschl. v. 09.02.2011, Az.: 3 UF 201/10, Tz. 49; Beschl. v. 05.07.2012, Az.: 16 UF 139/10 (aufgehoben); OLG München, Beschl. v. 09.04.2009, Az.: 2 UF 1818/08, FamRZ 2009, 1600, 1602 Tz. 22 (aufgehoben) jew. zit. nach juris.

533 OLG Frankfurt, Beschl. v. 22.03.2001, Az.: 5 UF 206/00, Tz. 15 zit. nach juris (aufgehoben).

534 KG Berlin, Beschl. v. 05.09.2008, Az.: 18 UF 83/08, ZKJ 2009, 211, 213 Tz. 24 zit. nach juris.

535 Sh. ebd. Eine Ausnahme bildet KG Berlin, Beschl. v. 05.07.2012, Az.: 16 UF 139/10 (aufgehoben), wo auf die zur Verfügung stehenden finanziellen Mittel detaillierter eingegangen wird.

536 Eine Ausnahme bildet insofern OLG Karlsruhe, Beschl. v. 27.11.2008, Az.: 2 UF 88/08, FamRZ 2009, 435, 437 Tz. 51 zit. nach juris, wo eine Umgangsregelung zugleich getroffen wurde.

[kann]“.[537] Das *OLG Zweibrücken* verweist lediglich darauf, dass sich „eine von der Antragstellerin glaubhaft in Aussicht gestellte großzügige Ferienregelung anbietet“.[538] Auch eindeutige Aussagen, wie sich die Beteiligten die Fortführung des Umgangs vorstellen, sowie konkrete Zusagen werden nicht abverlangt.[539] Zuweilen wird sich darauf verlassen, dass die auswanderungswillige Mutter „glaubhaft versichert hat, daß sie darauf dringen werde, daß es [...] zu einem [...] persönlichen Umgang des Kindes mit dem Vater [...] kommen werde“[540] oder sich mit dem Hinweis begnügt, „dass die der Antragstellerin [...] übertragene Verantwortung sie verpflichtet, alles in ihrer Macht stehende zu tun, um im Rahmen der sich der Auswanderung ergebenden Möglichkeiten Kontakte des Kindes mit dem Vater zu fördern“.[541] Mitunter beschränkt sich das Gericht auch auf die Feststellung, dass die bestehenden Besuchsprobleme dadurch zu lösen seien, „dass die Parteien sich auf ein Umgangsrecht des Vaters verständigen, das den besonderen Umständen der beiderseitigen Wohnortsferne angemessen Rechnung trägt“.[542] Dem zurückbleibenden Elternteil wird dabei nahegelegt, sich seinerseits um die Aufrechterhaltung zu bemühen und den Umgang trotz der nun größeren Entfernung wahrzunehmen. Das *OLG Karlsruhe* hält insofern fest, „dass es nun auch am Vater liegt, [...] [das Kind] über die vom Amtsgericht festgelegten Umgangstermine in Deutschland hinaus [...] zu besuchen“,[543] und auch

537 OLG Stuttgart, Beschl. v. 08.07.2003, Az.: 16 UF 170/03, Tz. 2 zit. nach juris. Ähnl.: OLG München, Beschl. v. 09.05.2008, Az.: 12 UF 1854/07, NJW-RR 2009, 512, 513 Tz. 21 zit. nach juris.

538 OLG Zweibrücken, Beschl. v. 13.07.2004, Az.: 5 UF 47/04; NJW-RR 2004, 1588, 1590 Tz. 33 zit. nach juris.

539 Anders aber KG Berlin, Beschl. v. 05.07.2012, Az.: 16 UF 139/10 (aufgehoben), wo gegen die Auswanderung des Kindesvaters gewertet wurde, dass dieser zwar erklärt habe, die Kindesmutter bei der Ausübung ihres Umgangsrechts organisatorisch und finanziell zu unterstützen, er konkrete Vorschläge hinsichtlich Art und Höhe einer solchen Unterstützung jedoch nicht unterbreitet hat.

540 OLG Nürnberg, Beschl. v. 11.02.2000, Az.: 7 UF 4435/99, Tz. 83 zit. nach juris. Ähnl.: OLG Köln, Beschl. v. 11.01.2006, Az.: 4 UF 229/05, ZKJ 2007, 204, 205 Tz. 13 ; OLG Frankfurt, Beschl. v. 02.10.2008, Az.: 6 WF 138/08, Tz. 9 (Umzug innerhalb Deutschlands); OLG Zweibrücken, Beschl. v. 13.07.2004, Az.: 5 UF 47/04, NJW-RR 2004, 1588, 1590 Tz. 33 jew. zit. nach juris.

541 OLG Köln, Beschl. v. 27.07.2010; Az.: 14 UF 80/10, II-14 UF 80/10, NJW-RR 2011, 149, 150 Tz. 19 zit. nach juris.

542 OLG Düsseldorf, Beschl. v. 05.08.2003, Az.: II-6 UF 57/03, Tz. 13 zit. nach juris (Umzug innerhalb Deutschlands).

543 OLG Karlsruhe, Beschl. v. 27.11.2008, Az.: 2 UF 88/08, FamRZ 2009, 435, 437 Tz. 50 zit. nach juris.

das *OLG München* führt aus: „Da der Antragsgegner davon ausgeht, dass er [...] in finanziell geordneten Verhältnissen leben wird, kann auch erwartet werden, dass der Antragsgegner künftig zusätzlichen Umgang mit seiner Tochter bei Besuchen in Mexiko pflegen wird".[544] Doch auch gegenüber dem auswandernden Elternteil werden Erwartungen formuliert, etwa dass er das Kind, wenn dieses aufgrund seines Alters noch nicht alleine im Flugzeug reisen darf, jedenfalls in dem Umfang zu Umgängen nach Deutschland begleitet, wie er derzeit zwischen den Wohnorten hin- und herpendelt.[545] Konkrete Verpflichtungen werden allerdings nicht auferlegt.

Insgesamt lassen die Entscheidungen erkennen, dass die Erschwerung des Umgangs mit dem zurückbleibenden Elternteil im Rahmen der Abwägung keine entscheidende Rolle spielt. Eine Begründung liefert insofern das *OLG Düsseldorf*, das zu bedenken gibt: „Bei einer Rückkehr der Kinder in den Haushalt des Vaters bestünde die beschriebene Umgangsproblematik [...] mit umgekehrten Vorzeichen sodann zwischen Mutter und Kindern".[546] Zwangsläufig gegen die Ausreise des Kindes spricht es noch nicht einmal, wenn schon zum Zeitpunkt der Entscheidung zweifelhaft ist, ob sich die Fortführung des Umgangs mit dem zurückbleibenden Elternteil überhaupt realisieren lässt. Das *OLG Köln* etwa übertrug die Alleinsorge auf die auswandernde Kindesmutter, obwohl das Umgangsrecht des Kindesvaters im „erheblichen Maße beeinträchtigt zu werden droht, weil [...] noch keine konkrete Lösung für die Fortsetzung des Umgangs von Vater und Tochter nach der Auswanderung gefunden werden konnte und insoweit derzeit lediglich der Appell an den guten Willen der Parteien bleibt".[547] Nach Auffassung des Gerichts musste gleichwohl insgesamt die „vorläufig nur vage Möglichkeit zur Aufrechterhaltung des Kontakts zum Vater, die angesichts des Alters des Kindes auch nur unbefriedigend mit Fernkommunikationsmitteln gewährleistet werden kann, in Kauf genommen werden, weil der alternativ drohende Beziehungsabbruch zur Mutter, die das Kind bisher vorwiegend betreut

544 OLG München, Beschl. v. 09.04.2009, Az.: 2 UF 1818/08, FamRZ 2009, 1600, 1602 Tz. 22 zit. nach juris (aufgehoben).

545 KG Berlin, Beschl. v. 06.08.2009, Az.: 13 UF 106/08, FamRZ 2010, 135, 137 Tz. 43 zit. nach juris.

546 OLG Düsseldorf, Beschl. v. 05.08.2003, Az.: II-6 UF 57/03, Tz. 12 zit. nach juris (Umzug innerhalb Deutschlands).

547 OLG Köln, Beschl. v. 27.07.2010; Az.: 14 UF 80/10, II-14 UF 80/10, NJW-RR 2011, 149, 150 Tz. 16 zit. nach juris.

hat, mit einer erheblich gravierenderen Beeinträchtigung des Kindeswohls verbunden wäre".[548]

## 5. *Kindeswille*

In die Entscheidung einbezogen wird auch der Wille des Kindes. Dieser kann mitunter „auch das entscheidende Kriterium für die Sorgerechtsentscheidung sein".[549] Teils findet sich die Formulierung, dass die Übertragung des Sorgerechts auf den auswanderungswilligen Elternteil dem Kindeswohl „schon deshalb am besten [entspricht], weil dadurch [...] der Kindeswille gebührende Beachtung findet".[550] Die Beachtung des kindlichen Willens entspricht zum einen dem verfassungsrechtlichen Gebot auf Selbstbestimmung eines Kindes, zum anderen kann er Ausdruck von Bindungen zu einem Elternteil sein, die es womöglich geboten erscheinen lassen, ihm nachzukommen.[551] Zu berücksichtigen ist der Kindeswille jedoch „nur insoweit [...], als er dem Kindeswohl entspricht".[552] Dem *OLG Köln* zufolge sind „[h]ierbei [...] der Wille des Kindes im Rahmen seines wohl verstandenen Interesses und die widerstreitenden Interessen der um eine Regelung nachsuchenden Elternteile gegeneinander abzuwägen. Es ist zu prüfen, ob die Einstellung des Kindes auf subjektiv beachtlichen oder verständlichen Beweggründen beruht".[553] Der Wille des Kindes ist deshalb dann

---

548 OLG Köln, Beschl. v. 27.07.2010; Az.: 14 UF 80/10, II-14 UF 80/10, NJW-RR 2011, 149, 150 Tz. 16 zit. nach juris.

549 KG Berlin, Beschl. v. 06.08.2009, Az.: 13 UF 106/08, FamRZ 2010, 135, 137 Tz. 47 zit. nach juris. Sh. auch OLG Köln, Beschl. v. 18.01.2006, Az.: 4 UF 209/04, NJW-RR 2006, 1588, 1590 Tz. 13 zit. nach juris.

550 OLG Köln, Beschl. v. 18.01.2006, Az.: 4 UF 209/04, NJW-RR 2006, 1588, 1590 Tz. 10; OLG Zweibrücken, Beschl. v. 13.07.2004, Az.: 5 UF 47/04, NJW-RR 2004, 1588, 1589 Tz. 30 jew. zit. nach juris.

551 KG Berlin, Beschl. v. 06.08.2009, Az.: 13 UF 106/08, FamRZ 2010, 135, 137 Tz. 45 f. zit. nach juris; BGH, Beschl. v. 28.04.2010, Az.: XII ZB 81/09, BGHZ 185, 272, 283 = FamRZ 2010, 1060, 1063 Tz. 31 jew. m.w.N.; OLG Brandenburg, Beschl. v. 06.02.2013, Az.: 9 UF 226/12, Tz. 32 zit. nach juris (Umzug innerhalb Deutschlands). Sh. auch OLG Zweibrücken, Beschl. v. 13.07.2004, Az.: 5 UF 47/04, NJW-RR 2004, 1588, 1589 Tz. 31 zit. nach juris.

552 BGH, Beschl. v. 28.04.2010, Az.: XII ZB 81/09, BGHZ 185, 272, 283 = FamRZ 2010, 1060, 1063 Tz. 31 m.w.N. Sh. auch KG Berlin, Beschl. v. 06.08.2009, Az.: 13 UF 106/08, FamRZ 2010, 135, 137 Tz. 45 m.w.N.; OLG Brandenburg, Beschl. v. 06.02.2013, Az.: 9 UF 226/12, Tz. 26 (Umzug innerhalb Deutschlands) jew. zit. nach juris.

553 OLG Köln, Beschl. v. 18.01.2006, Az.: 4 UF 209/04, NJW-RR 2006, 1588, 1590 Tz. 13 zit. nach juris.

ernst zu nehmen, wenn er „zielorientiert, intensiv, stabil und weitestgehend autonom“ ist.[554] Im konkreten Fall ergab sich dies daraus, dass das betroffene Kind diesen Willen nicht nur während des ganzen Verfahrens äußerte, sondern ihn darüber hinaus in nachvollziehbarer Weise begründen konnte.[555] Unbeachtlich ist die Willensäußerung demgegenüber, wenn sie „nicht eindeutig“, „von Unsicherheit [...] beeinflusst“ und im Hinblick auf die Konsequenzen „offensichtlich nicht durchdacht“ ist.[556] Unbeachtlich ist der Kindeswille zudem, wenn er auf massiver Beeinflussung durch einen der Elternteile beruht.[557] Die Berücksichtigung des Kindeswillens ist abhängig von Alter und Einsichtsfähigkeit des Kindes. So kommt ihm mit zunehmendem Alter bzw. zunehmender Einsichtsfähigkeit eine stärkere Bedeutung zu.[558] Die konkrete Handhabung ist hier nicht einheitlich. Das *OLG Köln* etwa entschied, dass im Falle eines neunjährigen Kindes „dem Kindeswillen schon erhebliches Gewicht zu[kommt]“,[559] während das *OLG Nürnberg* den Willen eines ca. zehn- bis elfjährigen Kindes unberücksichtigt ließ, da sich dieses „der Tragweite seiner Entscheidung aufgrund seines Alters nicht bewusst ist“.[560] Ebenso stützte sich das *OLG Zweibrücken* u.a. auch auf den Willen eines erst sechsjährigen Kindes,[561] während das *OLG Koblenz* die Auffassung vertrat, dass „[e]in 6 Jahre altes Kind [...] die Konsequenzen eines Wechsels seines Lebensmittelpunktes gar nicht im Einzelnen überblicken [...]

554 KG Berlin, Beschl. v. 06.08.2009, Az.: 13 UF 106/08, FamRZ 2010, 135, 137 Tz. 44 zit. nach juris.

555 Ebd.

556 OLG Nürnberg, Beschl. v. 25.03.2009, Az.: 9 UF 1655/08, Tz. 34 zit. nach juris.

557 BGH, Beschl. v. 28.04.2010, Az.: XII ZB 81/09, BGHZ 185, 272, 283 = FamRZ 2010, 1060, 1063 Tz. 31 m.w.N.; OLG Hamm, Beschl. v. 15.11.2010, Az.: 8 WF 240/10, Tz. 84; OLG Zweibrücken, Beschl. v. 13.07.2004, Az.: 5 UF 47/04, NJW-RR 2004, 1588, 1589 Tz. 31 jew. zit. nach juris. Sh. auch KG Berlin, Beschl. v. 06.08.2009, Az.: 13 UF 106/08, FamRZ 2010, 135, 137 Tz. 44; OLG Brandenburg, Beschl. v. 06.02.2013, Az.: 9 UF 226/12 Tz. 34 (Umzug innerhalb Deutschlands) jew. zit. nach juris.

558 KG Berlin, Beschl. v. 06.08.2009, Az.: 13 UF 106/08, FamRZ 2010, 135, 137 Tz. 45 m.w.N.; OLG Brandenburg, Beschl. v. 06.02.2013, Az.: 9 UF 226/12 Tz. 32 (Umzug innerhalb Deutschlands) jew. zit. nach juris.

559 OLG Köln, Beschl. v. 18.01.2006, Az.: 4 UF 209/04, NJW-RR 2006, 1588, 1590 Tz. 12 zit. nach juris.

560 OLG Nürnberg, Beschl. v. 25.03.2009, Az.: 9 UF 1655/08, Tz. 34 zit. nach juris.

561 OLG Zweibrücken, Beschl. v. 13.07.2004, Az.: 5 UF 47/04, NJW-RR 2004, 1588, 1589 Tz. 31 zit. nach juris.

kann [und] altersbedingt nicht absehen, welche tiefgreifenden Veränderungen mit einer Übersiedlung [...] verbunden sind".[562]

## IV. Zusammenfassung und Fazit

Die Entscheidung über die Übertragung bzw. Belassung der Alleinsorge bzw. des Aufenthaltsbestimmungsrechts basiert auf einer grundsätzlich ergebnisoffenen, nicht durch Vermutungen eingeengten Abwägung aller im Einzelfall betroffenen Kindeswohlbelange unter Berücksichtigung der durch Art. 6 Abs. 2 GG betroffenen Elternrechte. Diese neutrale Herangehensweise entspricht den dargelegten Forschungsergebnissen im Hinblick auf die Auswirkungen von *Relocation* sowie der innerhalb der psychologischen Literatur abgegebenen Empfehlung.[563] Die Auswanderung ist als freie, von Art. 2 Abs. 1 GG gedeckte Lebensentscheidung zu respektieren. Weder bedarf sie einer Rechtfertigung, noch kann sie untersagt werden. Im Rahmen der Abwägung ist daher allein zu fragen, ob es dem Kindeswohl eher entspricht, wenn das Kind mit dem betreuenden Elternteil auswandert oder es beim anderen Elternteil verbleibt. Die im Rahmen der Abwägung zu berücksichtigenden Kindeswohlbelange stehen in keiner Reihenfolge zueinander, sondern entfalten ihr jeweiliges Gewicht in Abhängigkeit von den Umständen des Einzelfalls. Auch dies entspricht dem derzeitigen Forschungsstand.[564]

Obgleich die Abwägung der Kindeswohlbelange nicht durch die Priorisierung einzelner Faktoren eingeengt ist, kommt dem Grundsatz der Betreuungs- und Bindungskontinuität tatsächlich ein herausragender Stellenwert zu. Hat der auswanderungswillige Elternteil das Kind bisher überwiegend betreut und/oder bestehen zu ihm die intensiveren persönlichen Bindungen, so ist – in Abwesenheit außergewöhnlicher Umstände – die Erlaubnis der Kindesmitnahme nahezu sicher. Die mit der Auswanderung verbundenen Veränderungen und Herausforderungen im Hinblick auf die kulturelle, soziale und schulische Integration werden dann oftmals sogar als positiv bewertet und (scheinbar) zugunsten der Auswanderung in die Abwägung eingestellt. Eine Übertragung der Alleinsorge bzw. des alleinigen Aufenthaltsbestimmungsrechts auf den zurückbleibenden Elternteil kommt letztlich nur in Betracht, wenn die persönliche Bindung zu diesem ebenfalls stark ist und der Fall darüber hinaus erhebliche Besonderheiten aufweist, die eine Ausreise des Kindes als kindeswohlgefährdend erscheinen

562 OLG Koblenz, Beschl. v. 04.05.2010, Az.: 11 UF 149/10, FamRZ 2010, 1572, 1574 Tz. 39 zit. nach juris.

563 Sh. dazu 1.Teil.B., C.II.3.

564 Sh. dazu 1.Teil.C.II.

lassen. Dies ist etwa der Fall, wenn die Förderungskompetenz bzw. Erziehungseignung des auswanderungswilligen Elternteils massiv in Zweifel zu ziehen ist oder auf Seiten des Kindes ausnahmsweise ein erhöhtes Bedürfnis nach Kontinuität der gesamten Lebensumstände besteht, sodass das grundsätzlich eher nachrangige Kriterium der Umgebungskontinuität an Bedeutung gewinnt. Besondere Relevanz erlangt in diesem Zusammenhang zudem die Bindungstoleranz des auswanderungswilligen Elternteils. Ist diese nach der Überzeugung des Gerichts nicht in ausreichendem Maße vorhanden, ist eine Übertragung der alleinigen Sorge bzw. des alleinigen Aufenthaltsbestimmungsrechts auf den zurückbleibenden Elternteil unter Durchbrechung des Grundsatzes der Betreuungs- und Bindungskontinuität wahrscheinlich. Besteht eine solche Gefahr der Umgangsvereitelung nicht, kommt der umzugsbedingten Erschwerung des Umgangs hingegen keine ausschlaggebende Bedeutung zu. Im Hinblick auf die Aufrechterhaltung des Kontakts zum zurückbleibenden Elternteil finden sich oftmals nur knappe Ausführungen sowie eher oberflächliche Überprüfungen. Konkrete Zusagen werden dem auswanderungswilligen Elternteil insofern nicht abverlangt, konkrete Regelungen zur Sicherstellung des Kontaktes nicht getroffen. Wenngleich also die innerhalb der psychologischen Literatur herausgearbeiteten Faktoren zur Bestimmung des Kindeswohls im Wesentlichen einbezogen werden, findet die Problematik der Aufrechterhaltung des Kontaktes zum zurückbleibenden Elternteil, die sich in den dargelegten soziojuristischen Studien deutlich offenbart, keine hinreichende Würdigung.[565]

Insgesamt ist somit festzuhalten, dass die deutschen Gerichte im Hinblick auf die Problematik der *Relocation* grundsätzlich zwar eine neutrale Haltung einnehmen, tatsächlich aber die Ausreise des Kindes mit dem betreuenden Elternteil unter Betonung des Grundsatzes der Betreuungs- und Bindungskontinuität regelmäßig unterstützen. Insofern kann die Handhabung in Deutschland durchaus als „pro-*Relocation*" bezeichnet werden. Zu sehen ist sie allerdings vor dem Hintergrund der hierzulande üblichen rechtstatsächlichen Ausgestaltung des Sorgerechts, bei der zwar in rechtlicher Hinsicht auch nach der Trennung gemeinsame Sorge besteht, die überwiegende Betreuung des Kindes jedoch durch nur einen Elternteil erfolgt, während zum anderen Elternteil lediglich Umgangskontakte bestehen (sog. Residenzmodell)[566]. Eine tatsächlich gemeinsam ausgeübte elterliche Sorge i.S.e. Wechselmodells, die sich in anderen Ländern

565 Sh. dazu unten 5.Teil.

566 *Sünderhauf*, FamRB 2013, 290, 291.

durchaus etabliert hat, bildet in Deutschland weiterhin die Ausnahme.[567] Unter den vorliegend ausgewerteten *Relocation*-Fällen findet sich dementsprechend nahezu keine Entscheidung, der (annähernd) gleiche Betreuungsanteile zu Grunde liegen.[568] Fast immer war der Lebensmittelpunkt des Kindes bereits vor der *Relocation*-Entscheidung dem Haushalt des auswanderungswilligen Elternteils zuzuordnen. Die andernorts mitunter relevante Frage, wie zu entscheiden ist, wenn beide Elternteile gleich oder jedenfalls ähnlich stark in die tatsächliche Betreuung des Kindes eingebunden sind, stellt sich daher hierzulande bislang praktisch nicht.

567 Sh. dazu unten 4.Teil.B.I.

568 Einzige Ausnahme bildet insofern KG Berlin, Beschl. v. 05.09.2008, Az.: 18 UF 83/08, ZKJ 2009, 211, wo sich die Eltern die Betreuung nach der Trennung hälftig teilten. Etwas anders gelagert war auch OLG Brandenburg, Beschl. v. 11.10.2012, Az.: 9 UF 91/11, hier verbrachte das Kind im Rahmen einer großzügigen Umgangsregelung jedenfalls zeitweise ein Drittel der Zeit beim Vater, der Lebensmittelpunkt konnte allerdings dennoch der bereits verzogenen Kindesmutter zugeordnet werden.

# 3. Teil: Die Rechtssituation in Australien

## A. Rechtspositionen der Beteiligten

Die in Bezug auf das Kind bestehenden Rechtspositionen der Eltern ergeben sich aus Part VII des *Family Law Act 1975* (FLA).

Unabhängig von ihrem Familienstand erlangen beide Elternteile mit der Geburt des Kindes die elterliche Verantwortung („parental responsibility"), sofern nicht durch gerichtliche Anordnung Gegenteiliges erlassen bzw. durch Elternvereinbarung festgelegt ist (s 61C(1) FLA). Umfasst sind hiervon „all the duties, powers, responsibilities and authority which, by law, parents have in relation to children" (s 61B FLA). Auch nach Trennung bzw. Scheidung bleibt die elterliche Verantwortung - vorbehaltlich anders lautender Anordnungen bzw. Elternvereinbarungen - erhalten (s 61C(2) und (3) FLA).

Die elterliche Verantwortung nach s 61C(1) FLA kann von beiden Elternteilen gemeinsam, aber auch unabhängig voneinander ausgeübt werden.[569] Wenngleich in wesentlichen Angelegenheiten eine Absprache erfolgen sollte, besteht eine gesetzliche Verpflichtung hierzu nicht.[570] Für das Treffen einseitiger Entscheidungen kann ein Elternteil daher zwar kritisiert werden, die Vorschriften des FLA werden hierdurch jedoch nicht verletzt.[571]

Teilen sich die Eltern die elterliche Verantwortung („shared parental responsibility") infolge gerichtlicher Anordnung („parenting order"),[572] sind sie in Bezug auf wesentliche und dauerhafte Angelegenheiten („major long-term issues") zu gegenseitiger Beratung und aufrichtigem Bemühen um eine gemeinsame Entscheidung verpflichtet (s 65DAC FLA). Die den persönlichen Kontakt zum anderen Elternteil wesentlich erschwerende Änderung des Wohnortes des Kindes ist eine wesentliche Angelegenheit i.d.S. (s 4 FLA). Kann zwischen den Eltern eine Einigung nicht erreicht werden, müssen sie um eine gerichtliche Klärung der Angelegenheit ersuchen.[573] Der umzugswillige Elternteil wird daher eine Änderung der bestehenden Anordnungen beantragen müssen (s 65C(a) FLA). Verbringt er das Kind hingegen ins Ausland, ohne zuvor die schriftliche

569 *Goode & Goode* [2006] FamCA 1346 [39].

570 *B v B: Family Law Reform Act 1995* [1997] FamCA 33 [9.29] f.

571 *Swart,* Issues under the Umbrella of Parental Responsibility, S. 4.

572 Sh. s 64B FLA zum möglichen Inhalt einer „parenting order".

573 *Pavli & Beffa* [2013] FamCA 144 [16].

Genehmigung des anderen Elternteils oder eine entsprechende gerichtliche Anordnung einzuholen, macht er sich strafbar (s 65Y FLA).[574]

## B. Die Lösung der *Relocation*-Problematik

Das auf *Relocation*-Fälle anzuwendende Recht ergibt sich aus Part VII des FLA sowie den auf dieser Grundlage ergangenen Entscheidungen des *High Court* und des *Full Court of the Family Court*. Wesentliche Änderungen des FLA durch den *Family Law Amendment (Shared Parental Responsibility) Act 2006*[575] haben zu einer stärkeren Betonung der gemeinsamen elterlichen Verantwortung sowie des Rechts des Kindes auf eine intensive Beziehung zu beiden Elternteilen geführt.[576] Die Änderung des Kindesaufenthalts durch den betreuenden Elternteil hat sich in der Folge erschwert.[577]

### I. Family Law Act 1975

Der FLA enthält keine speziellen Regelungen für die Lösung von *Relocation*-Fällen, vielmehr finden die für sorge- und umgangsrechtliche Streitigkeiten allgemeinen Vorschriften Anwendung.[578] Der Erlass bzw. die Änderung einer „parenting order" im Rahmen eines entsprechenden Verfahrens steht danach im Ermessen des Gerichtes (s 65D(1) und (2) FLA). Das Wohl des Kindes ist hierbei vorrangiger Gesichtspunkt („paramountcy principle"):

> ***S 60CA - Child's best interests paramount consideration in making a parenting order***
> *In deciding whether to make a particular parenting order in relation to a child, a court must regard the best interests of the child as the paramount consideration.*

> ***S 65AA - Child's best interests paramount consideration in making a parenting order***
> *Section 60CA provides that in deciding whether to make a particular parenting order in relation to a child, a court must regard the best interests of the child as the paramount consideration.*

---

574 Entsprechendes gilt, wenn ein Verfahren zum Erlass einer „parenting order" nur anhängig ist, s 65Z FLA.

575 In Kraft getreten am 1. Juli 2006.

576 *Parkinson*, 36 F. L. Rev. 145 (2008); *ders.*, 22 Austl. J. Fam. L. 35 f. (2008); *Easteal/Harkins*, 22 Austl. J. Fam. L. 259 (2008).

577 *Parkinson*, 22 Austl. J. Fam. L. 35 (2008); *Easteal/Harkins*, 22 Austl. J. Fam. L. 259 (2008).

578 *B and B: Family Law Reform Act 1995* [1997] FamCA 33 [9.61] (Nicholson CJ, Fogarty and Lindenmayer JJ); *A v A: Relocation Approach* [2000] FamCA 751 [56] (Nicholson CJ, Ellis and Coleman JJ).

Bei der Ermittlung des Kindeswohls sind verschiedene Vorschriften des FLA einzubeziehen.[579] Zu berücksichtigen ist zunächst eine nicht abschließende Auflistung an Faktoren, die seit Inkrafttreten des *Family Law Amendment (Shared Parental Responsibility) Act 2006* zwischen primären und zusätzlichen Gesichtspunkten unterscheidet.[580] Neben dem Schutz des Kindes vor Missbrauch, Vernachlässigung und häuslicher Gewalt sind die Vorteile, die dem Kind aus einer bedeutsamen Beziehung zu beiden Elternteilen erwachsen, ein bei der Bestimmung des Kindeswohls primär zu berücksichtigender Faktor. Daneben werden zahlreiche zusätzliche Gesichtspunkte aufgelistet:

> ***S 60CC - How a court determines what is in a child's best interests***
> *Determining child's best interests*
> *(1) [...] in determining what is in the child's best interests, the court must consider the matters set out in subsections (2) and (3).*
> *Primary considerations*
> *(2) The primary considerations are:*
> *(a) the benefit to the child of having a meaningful relationship with both of the child's parents; and*
> *(b) the need to protect the child from physical or psychological harm from being subjected to, or exposed to, abuse, neglect or family violence.*
> *[...]*
> *(2A) In applying the considerations set out in subsection (2), the court is to give greater weight to the consideration set out in paragraph (2)(b).*
> *Additional considerations*
> *(3) Additional considerations are:*
> *(a) any views expressed by the child and any factors (such as the child's maturity or level of understanding) that the court thinks are relevant to the weight it should give to the child's views;*
> *(b) the nature of the relationship of the child with:*
> *(i) each of the child's parents; and*
> *(ii) other persons (including any grandparent or other relative of the child);*
> *(c) the extent to which each of the child's parents has taken, or failed to take, the opportunity:*
> *(i) to participate in making decisions about major long-term issues in relation to the child; and*

579 Sh. *Parkinson*, 22 Austl. J. Fam. L. 35 (2008).

580 S 68F(2) FLA i.d.F. vor dem 1. Juli 2006 nahm eine solche Unterscheidung nicht vor. Sh. dazu Parliament of the Commonwealth of Australia, Senate, Family Law Amendment (Shared Parental Responsibility) Bill 2005, Revised Explanatory Memorandum, [49]: „The intention of separating these factors into two tiers is to elevate the importance of the primary factors".

*(ii) to spend time with the child; and*
*(iii) to communicate with the child;*

*(ca) the extent to which each of the child's parents has fulfilled, or failed to fulfil, the parent's obligations to maintain the child;*

*(d) the likely effect of any changes in the child's circumstances, including the likely effect on the child of any separation from:*
*(i) either of his or her parents; or*
*(ii) any other child, or other person (including any grandparent or other relative of the child), with whom he or she has been living;*

*(e) the practical difficulty and expense of a child spending time with and communicating with a parent and whether that difficulty or expense will substantially affect the child's right to maintain personal relations and direct contact with both parents on a regular basis;*

*(f) the capacity of:*
*(i) each of the child's parents; and*
*(ii) any other person (including any grandparent or other relative of the child); to provide for the needs of the child, including emotional and intellectual needs;*

*(g) the maturity, sex, lifestyle and background (including lifestyle, culture and traditions) of the child and of either of the child's parents, and any other characteristics of the child that the court thinks are relevant;*

*(h) if the child is an Aboriginal child or a Torres Strait Islander child:*
*(i) the child's right to enjoy his or her Aboriginal or Torres Strait Islander culture (including the right to enjoy that culture with other people who share that culture); and*
*(ii) the likely impact any proposed parenting order under this Part will have on that right;*

*(i) the attitude to the child, and to the responsibilities of parenthood, demonstrated by each of the child's parents;*

*(j) any family violence involving the child or a member of the child's family;*

*(k) if a family violence order applies, or has applied, to the child or a member of the child's family – any relevant inferences that can be drawn from the order, taking into account the following:*
*(i) the nature of the order;*
*(ii) the circumstances in which the order was made;*
*(iii) any evidence admitted in proceedings for the order;*
*(iv) any findings made by the court in, or in proceedings for, the order;*
*(v) any other relevant matter;*

*(l) whether it would be preferable to make the order that would be least likely to lead to the institution of further proceedings in relation to the child;*

*(m) any other fact or circumstance that the court thinks is relevant.*

*[…]*

Ausdruck findet das Recht des Kindes auf eine intensive Beziehung zu beiden Elternteilen auch in den Zielen und Prinzipien des Part VII des FLA, die bei der Bestimmung des Kindeswohls ebenfalls zu berücksichtigen sind:

***S 60B - Objects of Part and principles underlying it***

*(1) The objects of this Part are to ensure that the best interests of children are met by:*

*(a) ensuring that children have the benefit of both of their parents having a meaningful involvement in their lives, to the maximum extent consistent with the best interests of the child; […]*

*(2) The principles underlying these objects are that (except when it is or would be contrary to a child's best interests):*

*(a) children have the right to know and be cared for by both their parents, regardless of whether their parents are married, separated, have never married or have never lived together; and*

*(b) children have a right to spend time on a regular basis with, and communicate on a regular basis with, both their parents and other people significant to their care, welfare and development (such as grandparents and other relatives); and*

*(c) parents jointly share duties and responsibilities concerning the care, welfare and development of their children; […]*

Zu berücksichtigen ist weiterhin eine gesetzliche Vermutung, der zufolge eine gleichberechtigt gemeinsame Sorge dem Wohl des Kindes am besten entspricht. Lediglich im Falle von häuslicher Gewalt oder Missbrauch bzw. aus Gründen des Kindeswohls ist diese nicht anzuwenden bzw. widerlegbar:

***S 61DA - Presumption of equal shared parental responsibility when making parenting orders***

*(1) When making a parenting order in relation to a child, the court must apply a presumption that it is in the best interests of the child for the child's parents to have equal shared parental responsibility for the child.*

*[…]*

*(2) The presumption does not apply if there are reasonable grounds to believe that a parent of the child (or a person who lives with a parent of the child) has engaged in:*

*(a) abuse of the child or another child who, at the time, was a member of the parent's family (or that other person's family); or*

*(b) family violence.*

*[…]*

*(4) The presumption may be rebutted by evidence that satisfies the court that it would not be in the best interests of the child for the child's parents to have equal shared parental responsibility for the child.*

Ordnet das Gericht eine gleichberechtigt gemeinsame Sorge an, muss es unabhängig von den gestellten Anträgen vorrangig eine zeitlich gleich aufgeteilte Betreuung oder jedenfalls die Anordnung von „substantial and significant time" mit jedem Elternteil in Erwägung ziehen, sofern dies dem Wohl des Kindes am besten entspricht und vernünftigerweise durchführbar ist:

**S 65DAA** - ***Court to consider child spending equal time or substantial and significant time with each parent in certain circumstances***

*Equal time*

(1) *[...] if a parenting order provides (or is to provide) that a child's parents are to have equal shared parental responsibility for the child, the court must:*
- (a) *consider whether the child spending equal time with each of the parents would be in the best interests of the child; and*
- (b) *consider whether the child spending equal time with each of the parents is reasonably practicable; and*
- (c) *if it is, consider making an order to provide (or including a provision in the order) for the child to spend equal time with each of the parents.*

*[...]*

*Substantial and significant time*

(2) *[...] if:*
- (a) *a parenting order provides (or is to provide) that a child's parents are to have equal shared parental responsibility for the child; and*
- (b) *the court does not make an order (or include a provision in the order) for the child to spend equal time with each of the parents;*

*the court must:*
- (c) *consider whether the child spending substantial and significant time with each of the parents would be in the best interests of the child; and*
- (d) *consider whether the child spending substantial and significant time with each of the parents is reasonably practicable; and*
- (e) *if it is, consider making an order to provide (or including a provision in the order) for the child to spend substantial and significant time with each of the parents.*

*[...]*

(3) *For the purposes of subsection (2), a child will be taken to spend substantial and significant time with a parent only if:*
- (a) *the time the child spends with the parent includes both:*
  - (i) *days that fall on weekends and holidays; and*
  - (ii) *days that do not fall on weekends or holidays; and*
- (b) *the time the child spends with the parent allows the parent to be involved in:*
  - (i) *the child's daily routine; and*
  - (ii) *occasions and events that are of particular significance to the child; and*
- (c) *the time the child spends with the parent allows the child to be involved in occasions and events that are of special significance to the parent.*

(4) *Subsection (3) does not limit the other matters to which a court can have regard in determining whether the time a child spends with a parent would be substantial and significant.*

*Reasonable practicality*

*(5) In determining for the purposes of subsections (1) and (2) whether it is reasonably practicable for a child to spend equal time, or substantial and significant time, with each of the child's parents, the court must have regard to:*
  - *(a) how far apart the parents live from each other; and*
  - *(b) the parents' current and future capacity to implement an arrangement for the child spending equal time, or substantial and significant time, with each of the parents; and*
  - *(c) the parents' current and future capacity to communicate with each other and resolve difficulties that might arise in implementing an arrangement of that kind; and*
  - *(d) the impact that an arrangement of that kind would have on the child; and*
  - *(e) such other matters as the court considers relevant.*

## II. Fallrecht

Die Handhabung der *Relocation*-Problematik wurde stark durch die Rechtsprechung des australischen *High Court* sowie des *Full Court of the Family Court* beeinflusst. In bislang drei Fällen hat sich der *High Court* mit der Thematik befasst, lediglich eine Entscheidung ist jedoch nach Erlass des *Family Law Amendment (Shared Parental Responsibility) Act 2006* ergangen.[581]

Wesentliche Grundsätze in Bezug auf den Umgang mit *Relocation*-Fällen resultieren aus der ersten Entscheidung des *High Court* im Fall *AMS v AIF*[582] aus dem Jahr 1999, die durch den *Full Court of the Family Court* im Jahr 2000 im Fall *A v A: Relocation Approach*[583] näher konkretisiert wurden. Der umzugswillige Elternteil muss danach keine zwingenden Gründe („compelling reasons") für den Umzug darlegen.[584] In die Entscheidung einzubeziehen sind die Gründe für das Umzugsbegehren allerdings insoweit, wie sie sich auf die Interessen des Kindes auswirken.[585] Darüber hinaus trifft keine der Parteien eine Beweislast.[586] Weder

581 *AMS v AIF* [1999] HCA 26; (1999) 199 CLR 160; *U v U* [2002] HCA 36; (2002) 211 CLR 238; *MRR v GR* [2010] HCA 4; (2010) 263 ALR 368.

582 *AMS v AIF* [1999] HCA 26; (1999) 199 CLR 160.

583 *A v A: Relocation Approach* [2000] FamCA 751.

584 *AMS v AIF* [1999] HCA 26 [47]; (1999) 199 CLR 160, 179 (Gleeson CJ, McHugh and Gummow JJ); [1999] HCA 26 [191–192]; (1999) 199 CLR 160, 224 f. (Kirby J); *A v A: Relocation Approach* [2000] FamCA 751 [64], [108] (Nicholson CJ, Ellis and Coleman JJ).

585 *A v A: Relocation Approach* [2000] FamCA 751 [85] ff., [108] (Nicholson CJ, Ellis and Coleman JJ).

586 Ebd., [97] ff., [108] (Nicholson CJ, Ellis and Coleman JJ).

der auswanderungswillige noch der andere Elternteil muss daher nachweisen, dass der Umzug bzw. der Verbleib des Kindes am bisherigen Wohnort dessen Wohl am besten entspricht.[587] Zu treffen ist die Entscheidung vielmehr unter Berücksichtigung der gesamten kindeswohlrelevanten Sachlage,[588] ohne dass eine Vermutung für bzw. gegen die Auswanderung spräche.[589] Auch nach Inkrafttreten des *Family Law Amendment (Shared Parental Responsibility) Act 2006* hat sich hieran nichts geändert:

> *„The legislature has not explicitly prohibited the relocation of a child away from one parent. It has not introduced a specific presumption against it, nor an onus of proof on the moving party. Nor has it suggested that just because the relationship between a child and a parent will inevitably be affected by a move away, that in itself should preclude the court from permitting the relocation."*[590]

Das Wohl des Kindes ist vorrangiger, gleichwohl nicht alleiniger Gesichtspunkt der Entscheidung.[591] Beachtung können daher auch die berechtigten Interessen der Eltern finden – insbesondere das Recht auf Freizügigkeit, das allerdings nur bezogen auf die Bewegungsfreiheit innerhalb Australiens verfassungsrechtlich garantiert ist (s 92 der *Constitution*):

> *„[T]he applicable legislation is enacted, and the relevant discretions exercised, for a society which attaches high importance to freedom of movement and the right of adults to decide where they will live."*[592]

Verstanden wird die Berücksichtigungsfähigkeit weiterer Gesichtspunkte wohl mehrheitlich in einem strengen Sinne: Lediglich wenn sie mit den Interessen des Kindes übereinstimmen oder sich ihre Nichtbeachtung nachteilig auf diese auswirken würde, sind sie einzubeziehen.[593] Dies kann etwa der Fall sein, wenn die

---

587 *A v A: Relocation Approach* [2000] FamCA 751 [101], [108] (Nicholson CJ, Ellis and Coleman JJ).

588 Ebd.

589 *AMS v AIF* [1999] HCA 26 [146]; (1999) 199 CLR 160, 209 (Kirby J).

590 *M & S [2006]* FamCA 1408 [38] (Dessau J).

591 *AMS v AIF* [1999] HCA 26 [143], [193]; (1999) 199 CLR 160, 207, 225 (Kirby J); *A v A: Relocation Approach* [2000] FamCA 751 [108] (Nicholson CJ, Ellis and Coleman JJ).

592 *AMS v AIF* [1999] HCA 26 [144] f.; (1999) 199 CLR 160, 207 f. (Kirby J). Sh. auch *A v A: Relocation Approach* [2000] FamCA 751 [102], [108] (Nicholson CJ, Ellis and Coleman JJ).

593 Sh. *Chisholm*, 16 Austl. J. Fam. L. 87 (2002) zur Unterscheidung zwischen dem „strong view" und dem „weak view" des „paramountcy principle". Nicht ganz deutlich wird das zugrundegelegte Verständnis in den Fällen *AMS v AIF*, *A v A: Relocation Approach* sowie *U v U*, sh. *Chisholm*, a.a.O., sowie *Behrens*, 27 Melb. Univ. L. Rev.

Unzufriedenheit des betreuenden Elternteils über die Aufgabe des Umzugsplans negative Folgen auch für das Wohl des Kindes hätte.[594] Gegenüber dem Wohl des Kindes muss das Recht auf Freizügigkeit stets zurücktreten:

> *„[W]hatever weight should be accorded to a right of freedom of mobility of a parent, it must defer to the expressed paramount consideration, the welfare of the child if that were to be adversely affected by a movement of a parent. [...] The reality is that maternity and paternity always have an impact upon the wishes and mobility of parents: obligations both legal and moral, the latter sometimes lasting a lifetime, restrictive of personal choice and movement have been incurred."*[595]

> *„The ultimate issue is the best interests of the children and to the extent that the freedom of a parent to move impinges upon those interests then it must give way."*[596]

Im Rahmen seiner Entscheidungsfindung muss das Gericht die konkurrierenden Anträge ermitteln und hinsichtlich ihrer jeweiligen Vor- und Nachteile für das Kindeswohl bewerten.[597] Eine Bindung an die gestellten Anträge besteht jedoch nicht.[598] Nach der Rechtsprechung des *High Court* im Fall *U v U* steht es

---

572, 582 (2003). Sh. aber *Crowe/Toohey*, 33 Melb. Univ. L. Rev. 391 (2009) m.N. auch aus der Rspr. nach Inkrafttreten des *Family Law Amendment (Shared Parental Responsibility) Act 2006*.

594 *AMS v AIF* [1999] HCA 26 [145]; (1999) 199 CLR 160, 208 (Kirby J). Beachtung fand dieser Aspekt z.B. im Fall *Taylor & Barker* [2007] FamCA 1246 [46] f. (Bryant CJ and Finn J). Für weitere Nachweise sh. *Crowe/Toohey*, 33 Melb. Univ. L. Rev. 391, 400 (2009).

595 *U v U* [2002] HCA 36 [89], [92]; (2002) 211 CLR 238, 262 (Gummow and Callinan JJ).

596 *A v A: Relocation Approach* [2000] FamCA 751 [108] (Nicholson CJ, Ellis and Coleman JJ). Sh. auch *AMS v AIF* [1999] HCA 26 [144], [145]; (1999) 199 CLR 160, 207, 208 (Kirby J). A.A. *Morgan & Miles* [2007] FamCA 1230 [80] (Boland J): „[T]he child's best interests must be weighed and balanced with the "right" of the proposed relocating parent's freedom of movement".

597 *A v A: Relocation Approach* [2000] FamCA 751 [65], [108] (Nicholson CJ, Ellis and Coleman JJ).

598 *U v U* [2002] HCA 36 [80]; (2002) 211 CLR 238, 260 (Gummow and Callinan JJ). Die Einfügung von Division 12A FLA (Principles for conducting child-related proceedings) durch den *Family Law Amendment (Shared Parental Responsibility) Act 2006* mit dem Ziel, eine weniger kontradiktorische Verfahrensweise und aktivere Rolle der Justizbeamten in kindschaftsrechtlichen Verfahren zu fördern (sh. Parliament of the Commonwealth of Australia, Senate, Family Law Amendment (Shared Parental Responsibility) Bill 2005, Revised Explanatory Memorandum, [338]), hat diese Herangehensweise untermauert, sh. *Sampson & Hartnett (No. 10)* [2007] FamCA 1365 [52] (Bryant CJ and Warnick J). Die bei der Lösung sorgerechtlicher Streitigkeiten zwingend, d.h. unabhängig von den elterlichen Anträgen zu berücksichtigende

dem Gericht frei, eine eigene Lösung für den künftigen Aufenthalt und Umgang zu formulieren, um die Interessen des Kindes bestmöglich zu fördern:

> *„We do not doubt that the Family Court is obliged to give careful consideration to the proposed arrangements of the parties. […] But the Court is not, on any view, bound by the proposals of the parties. The Court has to look to the matters stated in s 68F and elsewhere in the Family Law Act in coming to a decision about the residence of a child, and the objective is always to achieve the child's best interests."*[599]

> *„[I]t would be quite wrong to treat the decision that is to be made as confined to a choice between whatever may be the particular "proposals" that the parents may make for the residence of, and contact with, the child. So to confine the inquiry would […] have required the Family Court to ignore admittedly relevant evidence that was led about what the mother would do if it were decided that the child should live in Australia […]. More fundamentally, it would confine the Court's inquiry to what the parents suggested would be in the best interests of the child, regardless of whether those suggestions were informed, even wholly dictated, by the selfish interests of one or other of the parents. To confine the inquiry in this way would, therefore, disobey the fundamental requirement of the Act that the Court regard the best interests of the child as paramount."*[600]

Sowohl der Verbleib des auswanderungswilligen Elternteils im Inland als auch der Umzug beider Elternteile kann dabei in Betracht gezogen werden:

> *„When one parent […] wishes a child who is, or is to be, resident with that parent to move to a place distant from the other parent, it should not be assumed that that other parent cannot, or should not, contemplate moving to be near the child. There may be […] compelling reason for that other parent […] not to move, but it would ordinarily be expected that these reasons would be explored in evidence and the validity of any assumption that the other parent will not move would be examined. Just as, in this case, the mother was asked what she would do, if she could not have the child reside with her in India, so too it might have been expected that the father would be asked what he would do, if the mother were to have the child reside with her in India. Such questions should not be treated as mere forensic tests of parental devotion, to which only one answer is seen as being satisfactory proof of being a loving parent. Rather, they are no more than a prelude to a deeper inquiry*

---

Hierarchie an „parenting arrangements" („equal time" vor „substantial and significant time", s 65DAA(1) und (2) FLA) kann ebenfalls als bestärkend angesehen werden, sh. *Sampson & Hartnett (No. 10)* [2007] FamCA 1365 [40] ff. (Bryant CJ and Warnick J) sowie *Young*, 23 C.F.L.Q. 203, 213 f. (2011).

599 *U v U* [2002] HCA 36 [80]; (2002) 211 CLR 238, 260 (Gummow and Callinan JJ). Die ehemals in s 68F FLA aufgelisteten kindeswohlrelevanten Faktoren befinden sich nunmehr in s 60CC FLA.

600 *U v U* [2002] HCA 36 [171]; (2002) 211 CLR 238, 284 f. (Hayne J).

*about where the best interests of the child may lie and what arrangements will best serve those interests.*"[601]

*„The right to know and be cared for by both parents and the right of contact on a regular basis with both parents are said to be principles underlying the objects of Pt VII of the Act (s 60B(2)(a) and (b)). If effect is to be given to those principles, it must not be assumed that one parent (the father) cannot move and that the mother must, in every case, subordinate her ambitions and wishes, not to the needs of the child, but to the wishes of the father to pursue his life in a place of his choosing. It is the interests of the child which are paramount, not the interests or needs of the parents, let alone the interests of one of them.*"[602]

Im konkreten Fall hatte die umzugswillige Kindesmutter lediglich auf Nachfrage im Kreuzverhör erklärt, im Falle der Erfolglosigkeit ihres Antrags auf den Umzug nach Indien zu verzichten und ihre bisherige Rolle als primär betreuender Elternteil in Australien beibehalten zu wollen. Diese dem Antrag des Vaters entsprechende Alternative wurde sodann Grundlage der seitens des Familiengerichts erlassenen Anordnungen. Zu Gunsten der Kindesmutter sprachen starke Argumente: Sie stammte wie auch der Kindesvater aus Indien, wo sie familiäre Unterstützung und weitaus bessere berufliche Perspektiven erwarten konnte, war seit der Geburt des Kindes primär betreuender Elternteil und hatte bereits in der Vergangenheit über einen Zeitraum von zwei Jahren mit dem Kind in Indien gelebt, während dem ein Umgang mit dem Vater reibungslos praktiziert wurde. Zudem gab es Vorfälle häuslicher Gewalt seitens des Kindesvaters. Dennoch blieben ihre gegen die Anordnungen gerichteten Beschwerden erfolglos.[603]

Ob die Umzugsmöglichkeit des zurückbleibenden Elternteils in derselben Regelmäßigkeit in Betracht gezogen wird wie der Verbleib des betreuenden Elternteils, ist wohl fraglich. Zwar wurde der Umzug der betreuenden Kindesmutter in einigen Fällen, in denen dem Kindesvater ein Umzug ebenfalls möglich war, genehmigt, unabhängig davon, ob sich dieser hierzu letztlich entschied,[604] eine ernsthafte Prüfung dieser Möglichkeit scheint jedoch nicht immer der Fall zu sein.[605]

601 *U v U* [2002] HCA 36 [175]; (2002) 211 CLR 238, 285 (Hayne J).

602 Ebd., [176]; 285 f. (Hayne J).

603 Sh. dazu *Behrens*, 27 Melb. Univ. L. Rev. 572 (2003).

604 Sh. z.B. *P & P* [2006] FMCAfam 518 sowie *T & O* [2006] FMCAfam 709.

605 Sh. *Young*, 23 C.F.L.Q. 203, 217 ff. (2011). Auch in der erstinstanzlichen Entscheidung des späteren *High Court*-Falles *MRR v GR* sei die Umzugsmöglichkeit des Kindesvaters nicht ernsthaft erwogen worden, obwohl der Antrag der Mutter diese Alternative umfasste, sh. ebd.

Nach verbreiteter Ansicht kann dem Elternteil nur die Mitnahme des Kindes, nicht aber der eigene Umzug untersagt werden.[606] Im Fall *Sampson & Hartnett (No. 10)*[607] setzte sich der *Full Court of the Family Court* jedoch mit der Frage auseinander, inwieweit auch einem Elternteil selbst ein Umzug bzw. die Unterlassung desselben direkt angeordnet werden kann.[608] Er kam zu dem Ergebnis, dass eine solche Anordnung bislang noch nicht ergangen sei,[609] die Befugnis hierzu jedoch insoweit bestünde, wie dies zum Schutze der Kindesinteressen erforderlich sei – wenngleich voraussichtlich selten ausgeübt.[610] Dabei nahm er zum einen Bezug auf die umfangreichen Befugnisse im Bereich kindschaftsrechtlicher Anordnungen,[611] zum anderen auf die gesetzgeberische Betonung der elterlichen Pflichten und Aufgaben durch den FLA:

> *„[T]he sections are replete with references to parental obligations and duties. The first object of s 60B is to ensure "...that children have the benefit of both of their parents having a meaningful involvement in their lives, to the maximum extent consistent with the best interests of the child...". These and other provisions support the notion that, the parties having surrendered the resolution of dispute about parental arrangements to the court, the court has the function of crafting orders that ensure the best parenting arrangement is put in place and that parents "fulfil their duties, and meet their responsibilities...". It is entirely consistent with that function that parenting orders, and orders that support those orders, such as injunctions, be directed to the parents and place obligations upon them."*[612]

Auch die künftige Bereitschaft zur Vollstreckung solcher Anordnungen ließ der *Full Court* erkennen:

> *„The prospect of ordering a parent to relocate and in effect "parent" in a situation not of that parent's choosing, legitimately gives rise to concerns, particularly in respect of enforcement. What if the parent, in response to such an order, simply hands the child to the other parent,*

606 Sh. *AMS v AIF* [1999] HCA 26 [34]; (1999) 199 CLR 160, 175 (Gleeson CJ, McHugh and Gummow JJ); [1999] HCA 26 [216]; (1999) 199 CLR 160, 231 (Kirby J); *Parkinson/Cashmore*, 53 Fam. Ct. Rev. 56, 58 (2015); *Parkinson*, 36 F. L. Rev. 145, 164 Fn. 100 (2008).

607 *Sampson & Hartnett (No. 10)* [2007] FamCA 1365.

608 Tatsächlich wurde die Frage durch die Beschwerde nicht aufgeworfen, vielmehr nutzte der *Full Court* die Gelegenheit, seiner diesbezüglichen Ansicht Ausdruck zu verleihen. Dieser Aspekt der Entscheidung ist daher nicht Teil der ratio decidendi. Sh. dazu *Chisholm*, 22 Austl. J. Fam. L. 154, 156 (2008).

609 *Sampson & Hartnett (No. 10)* [2007] FamCA 1365 [33] (Bryant CJ and Warnick J).

610 Ebd., [58] (Bryant CJ and Warnick J). Als Rechtsgrundlage qualifizierte der *Full Court* s 114(3) FLA.

611 Ebd., [43] ff. (Bryant CJ and Warnick J).

612 Ebd., [45] f. (Bryant CJ and Warnick J).

*perhaps in circumstances such as in the instant case, where for whatever reason, there is not a wellestablished relationship between the child and the other parent? Will the primary parent be punished? The fact that such vexing questions arise does not mean that the power does not exist and may be rightly exercised at times. [...] [E]nforcement may be appropriate if a primary parent ordered to relocate, simply did not do so.*"[613]

Im konkreten Fall wurde der bereits verzogenen Kindesmutter die Rückkehr an den ursprünglichen Wohnort zwar nicht direkt, jedoch indirekt durch den Erlass eines „parenting arrangements" aufgetragen, dessen praktische Durchführung nur bei ihrer Rückkehr möglich war. Der zwingende Charakter der Anordnung – die Kindesmutter hatte anders als im Fall *U v U* an ihrem Umzug festgehalten, der Vater ihre Rückkehr auch gar nicht zu erreichen versucht –[614] war sowohl hinsichtlich ihrer Rückkehr als auch hinsichtlich der einstweiligen Beibehaltung ihrer bisherigen Rolle als betreuender Elternteil intendiert.[615] Dass die hiergegen gerichtete Beschwerde der Kindesmutter letztlich Erfolg hatte, war keine Frage der Befugnis, sondern ihrer konkreten Ausübung: Da die Anordnungen „am extremen Ende des Ermessensspektrums" gewesen seien, hätten sie einer besonders gründlichen Untersuchung und soliden Beweisgrundlage bedurft. Dieses Erfordernis sei nicht erfüllt worden.[616] Eine Stellungnahme des *High Court* zur Zulässigkeit zwingender Anordnungen steht bislang noch aus.[617]

Seit Inkrafttreten des *Family Law Amendment (Shared Parental Responsibility) Act 2006* erfolgt die Lösung der *Relocation*-Problematik in einem anderen

613 *Sampson & Hartnett (No. 10)* [2007] FamCA 1365 [59] (Bryant CJ and Warnick J). Da sich die Vollstreckung von Anordnungen gegen Eltern, die ihrer Erziehungsaufgabe nicht nachkommen, tatsächlich schwierig gestaltet, werden die praktischen Auswirkungen dieser Ankündigung gering sein, sh. *Young*, 23 C.F.L.Q. 203, 215 f. (2011).

614 Sh. *Sampson & Hartnett (No. 10)* [2007] FamCA 1365 [4], [16] (Bryant CJ and Warnick J). Im Fall *U v U* hatte der Kindesvater für den Fall, dass die Entscheidung über den Aufenthalt des Kindes zugunsten der auswanderungswilligen Kindesmutter ausginge, deren Verbleib in Australien begehrt, die Mutter zudem im Kreuzverhör erklärt, erforderlichenfalls auf den Umzug zu verzichten, sh. *U v U* [2002] HCA 36 [31]; (2002) 211 CLR 238, 247 (Gaudron J).

615 *Sampson & Hartnett (No. 10)* [2007] FamCA 1365 [15] (Bryant CJ and Warnick J). Sh. auch *Chisholm*, 22 Austl. J. Fam. L. 154, 155 (2008) sowie *Young*, 23 C.F.L.Q. 203, 215 (2011).

616 Sh. *Sampson & Hartnett (No. 10)* [2007] FamCA 1365 [71] ff. (Bryant CJ and Warnick J).

617 *Young*, 23 C.F.L.Q. 203, 217 (2011).

Kontext.[618] Da über die genaue Interpretation und Anwendung der neuen Regelungen allerdings keine Einigkeit besteht und klare Vorgaben seitens des *High Court* und des *Full Court of the Family Court* bislang ausstehen, haben sich innerhalb der Rechtsprechung teils erhebliche Unterschiede entwickelt.[619] Keine einheitliche Linie zeigt sich so etwa in Bezug auf die Abwägung der primären und sekundären Kindeswohlfaktoren (s 60CC(1), (2) und (3) FLA), das der Freizügigkeit des betreuenden Elternteils beizumessende Gewicht oder die Interpretation der Begriffe „meaningful relationship" (s 60CC(2)(a) FLA) und „substantial and significant time" (s 65DAA(2)(c)).[620] Trotz der fehlenden Einheitlichkeit ist insgesamt jedoch spürbar, dass dem verstärkten gesetzlichen Fokus auf der intensiven Einbindung beider Elternteile in das Leben des Kindes nunmehr stärker Rechnung getragen wird und sich die dauerhafte Mitnahme des Kindes ins Ausland durch den betreuenden Elternteil nach Inkrafttreten der Reformen schwieriger gestaltet als zuvor – insbesondere in jenen Fällen, in denen eine enge Beziehung zu beiden Elternteilen besteht und nicht häusliche Gewalt oder Missbrauch dagegen sprechen.[621] Wenngleich einige gerichtliche Entscheidungen in Residenzmodell-Fällen scheinbar eine Vermutung zugunsten des Umzugs mit dem betreuenden Elternteil erkennen lassen,[622] wurde bislang in der Mehrheit der Fälle, in denen sich der nicht betreuende Elternteil aktiv einbrachte und eine

---

618 Sh. *M & S [2006]* FamCA 1408 [28] (Dessau J); *Bryans & Franks-Bryans* [2007] FamCA 377 [70] (Strickland J). Sh. auch *Parkinson,* 36 F. L. Rev. 145, 146 (2008); *Easteal/Harkins,* 22 Austl. J. Fam. L. 259, 265 (2008).

619 *Parkinson,* 36 F. L. Rev. 145, 146, 147 f. (2008).

620 Sh. dazu ausf. *Parkinson,* 36 F. L. Rev. 145, 148 ff. (2008); *ders.,* 22 Austl. J. Fam. L. 35, 42 f. (2008); *Easteal/Harkins,* 22 Austl. J. Fam. L. 259, 266 ff. (2008) jew. m.N. aus der Rspr.

621 Sh. dazu ausf. die Untersuchungen von *Easteal/Harkins,* 22 Austl. J. Fam. L. 259 (2008) sowie *Parkinson,* 22 Austl. J. Fam. L. 35 (2008).

622 Sh. z.B. *Taylor & Barker* [2007] FamCA 1246; *Shelton & Bloomfield* [2007] FamCA 311 (jew. Umzug innerhalb Australiens); *M & S* [2006] FamCA 1408. Ausf. dazu *Parkinson,* 36 F. L. Rev. 145, 154 ff. (2008) m.w.N. aus der Rspr. *Parkinson* zufolge sehen die entsprechenden Richter in dem primär zu berücksichtigenden Gesichtspunkt „meaningful relationship with both parents" tendenziell eine sehr niedrige Hürde. Sh. z.B. *Godfrey & Sanders* [2007] FamCA 102 [33], [36] (Kay J): „[T]he legislation requires that there be a primary consideration given to the benefit of the child of having a meaningful relationship with both of the child's parents but it does not purport to prescribe how that meaningful relationship is best promoted in the circumstances of any one case. [...] Even if the move results in a diminution of quality of the relationship, what the legislation aspires to promote is a meaningful relationship, not an optimal relationship."

enge Beziehung zum Kind unterhielt, der Antrag des betreuenden Elternteils auf Genehmigung des Umzugs zurückgewiesen, wenn hierdurch das Verhältnis von nicht betreuendem Elternteil und Kind beeinträchtigt worden wäre.[623]

Beispielhaft ist insofern der Fall *Kenneth & Kenneth*[624]. Dieser betraf ein knapp dreijähriges Kind, dessen Mutter die Rückkehr in ihre südamerikanische Heimat beabsichtigte. Seit der Geburt des Kindes war die Mutter der primär betreuende Elternteil. Zum Kindesvater, der das Kind über drei Nächte innerhalb von zwei Wochen betreute, bestand gleichwohl eine enge Beziehung. Ein Umzug des Kindes hätte zur Folge gehabt, dass persönlicher Kontakt zwischen Kind und Vater nur über einen Zeitraum von insgesamt vier bis sechs Wochen jährlich realisierbar gewesen wäre. Der entscheidende Richter erachtete dies als ungenügende Kompensation für den Verlust des bislang engen und regelmäßigen persönlichen Kontaktes und zeigte sich angesichts nur begrenzter finanzieller Mittel der Beteiligten zudem besorgt über die anfallenden Kosten sowie die für das Kind entstehenden Reisestrapazen. Obwohl die künftige Wohnsituation der Kindesmutter unsicher war, sie in ihrer Heimat weitaus größere Einkünfte hätte erzielen und familiäre Unterstützung hätte erhalten können, kam er daher zu dem Ergebnis, dass ein Umzug dem Wohl des Kindes nicht am besten entspräche:

> *„A revisitation of the factors identified by me as being relevant pursuant to Section 60B and Section 60CC dictates that I cannot grant the wife's application to relocate to South America with the child. Effectively none of the relevant objects and principles enumerated in s 60B could be met in the event of a relocation.*
>
> *Permitting relocation would not:*
>
> - *ensure that the child will have the benefit of a meaningful relationship with both of his parents and for both of them to have a meaningful involvement in his life (Section 60B(1)(a))*
> - *ensure that both parents are able to fulfil their duties and meet their responsibilities concerning the child's care, welfare and development (Section 60B(1)(d))*

---

623 *Parkinson*, 22 Austl. J. Fam. L. 35, 39, 43 (2008). Insgesamt wird zwar immer noch die Mehrzahl aller *Relocation*-Anträge genehmigt – von den publizierten Entscheidungen im Zeitraum zwischen Juli 2006 und April 2008 in 53% aller Fälle –, jedoch können bloße Zahlen hier irreführend sein. So bestanden in zahlreichen dieser positiv beschiedenen Fällen erhebliche Bedenken im Hinblick auf die Erziehungsfähigkeit eines Elternteils oder Gewalt, Missbrauch sowie elterliches Desinteresse, sh. *Parkinson*, 22 Austl. J. Fam. L. 35, 37 (2008); *Parkinson/Cashmore/Single*, 44 Fam. L.Q. 1, 7 (2010).

624 *Kenneth & Kenneth* [2007] FamCA 535.

- *afford to the child the right to know and be cared for by both of his parents (Section 60B(2)(a))*
- *recognise the child's right to spend time on a regular basis with, and communicate on a regular basis with, both of his parents and other people significant to his care, welfare and development (such as grandparents and other relatives) (Section 60B(2)(b))*
- *enable the husband to jointly share duties and responsibilities concerning the child's care, welfare and development (Section 60B(2)(c))*
- *enable the husband to participate in any meaningful way about the child's future parenting (Section 60B(2)(d))*
- *enable the child to enjoy his Irish culture (Section 60B(2)(e))*
- *enable the child to benefit from having a meaningful relationship with both of his parents (Section 60CC(1)(a)).*"[625]

Der zuständige Richter wies den Antrag der Kindesmutter auf Genehmigung des Umzugs folglich zurück und erließ Anordnungen, denen zufolge das Kind bei geteilter elterlicher Sorge weiterhin mit der Mutter in Australien leben und regelmäßigen Umgang mit dem Vater pflegen sollte.

Ein weiteres Beispiel bildet der Fall *PBC & LMC*[626]. Dieser betraf zwei schulpflichtige Kinder, die fünf von vierzehn Nächten sowie die Hälfte der Schulferien beim Vater verbrachten und im Übrigen bei ihrer primär betreuenden Mutter lebten. Diese beabsichtigte einen Umzug von Sydney nach Brisbane. Sie erklärte, in Sydney einsam und unglücklich zu sein und den Kindern in Brisbane bessere Lebensumstände bieten zu können. Weder der Umzug des Kindesvaters nach Brisbane noch der dauerhafte Verbleib der Kinder bei diesem in Sydney stellte für die Parteien eine in Betracht kommende Alternative dar, sodass über den Verbleib der Kinder im Haushalt der Mutter – entweder in Sydney oder in Brisbane – Einigkeit bestand. Die zuständige Richterin maß der kindeswohlfördernden Wirkung einer intensiven Beziehung zu beiden Elternteilen als primär zu berücksichtigendem Gesichtspunkt letztlich entscheidende Bedeutung bei und kam zu dem Ergebnis, dass keine der zusätzlichen Gesichtspunkte diesen überwog:

„*The law provides that the benefit to the children of having a meaningful relationship with both parents is a primary consideration. In the event the children lived in Brisbane, they would not see their father on weekdays and only twice during school terms for short weekends. Even though the father may travel to Brisbane on business occasionally and he and Ms Smith may visit Brisbane in the future, I find there would be long periods when the children would not see their father. I find in these circumstances, there is a likelihood*

625 *Kenneth & Kenneth* [2007] FamCA 535 [89] (Burr J).
626 *PBC & LMC* [2006] FMCAfam 469.

*the children's relationships with the father will become less meaningful. [...] As a primary consideration I give this factor significant weight.*"[627]

„*The legislation makes clear that the children must be the focus of the inquiry. It is a primary consideration that both parents remain significantly and meaningfully involved in the children's lives. The parents in this case have had that involvement. [...] I must ascertain the children's best interests with reference to the objects of the Act. Those objects include children having the benefit of both their parents having a meaningful involvement in their lives to the maximum extent consistent with their best interests. In relation to the additional matters I have considered under s.60CC I find none of them outweigh the primary consideration that children benefit from having a meaningful relationship with both parents. [...] I am not satisfied any benefits the children might enjoy as a result of the mother's view she will be happier outweigh the likely detriment to the children of missing out on the presence of their father in their routine lives. I have concluded that if the children stay in Sydney, the children will benefit from a meaningful relationship with both parents. I have concluded the children need their parents in the same city and they need their parents to re-establish a supportive cooperative relationship.*"[628]

Diese und weitere Fälle veranschaulichen die wohl überwiegende gerichtliche Praxis, der Aufrechterhaltung einer intensiven Beziehung zu beiden Elternteilen eine herausragende Bedeutung beizumessen und den Umzug von Kind (und betreuendem Elternteil) unter Hintanstellung der Freizügigkeit des betreuenden Elternteils zu unterbinden, wenn dies eine Beeinträchtigung der Beziehung zum zurückbleibenden, umgangsberechtigten Elternteil bewirken würde.[629]

---

627 *PBC & LMC* [2006] FMCAfam 469 [23] f. (Sexton FM).

628 Ebd., [81] ff. (Sexton FM).

629 Sh. weiterhin z.B. *MAS & SLC* [2007] FMCAfam 28; *M & K* [2007] FMCAfam 26; *Bryans & Franks-Bryans* [2007] FamCA 377; *Glover & Taylor* [2007] FMCAfam 926; *Ryan & Ryan* [2008] FMCAfam 92; *White & White* [2008] FMCAfam 62; *Corrochio & Corrochio* [2008] FamCA 220 (jew. Umzug innerhalb Australiens).

# 4. Teil: Bewertung der Rechtsprechungspraxis in Deutschland

## A. Die Frage nach den in Betracht zu ziehenden Alternativen – Auswanderung als Faktum?

### I. Die Herangehensweisen in Deutschland und Australien im Vergleich

Sowohl in Deutschland als auch Australien erfolgt die *Relocation*-Entscheidung auf einer grundsätzlich neutralen Ausgangslage: Weder spricht eine gesetzliche Vermutung für bzw. gegen die Auswanderung, noch trifft eine der Parteien die Beweislast, die Kindeswohldienlichkeit des jeweiligen Antrags darlegen zu müssen. Auch das Wohl des Kindes ist hier wie dort oberster Maßstab der Entscheidung. Bei der konkreten Ausfüllung des Kindeswohl-Begriffs werden jedoch unterschiedliche Schwerpunkte gesetzt. Während in Deutschland die Kontinuität der Bindung zum Betreuungselternteil besondere Bedeutung erlangt, wird in Australien ein stärkerer Fokus auf die Beibehaltung einer intensiven Beziehung zu beiden Elternteilen gelegt. Anders als in Deutschland ergibt sich die Präferierung dieses Kindeswohlaspekts hier schon aus den zugrunde liegenden gesetzlichen Bestimmungen.

In engem Zusammenhang mit der Ausbildung der divergierenden Schwerpunkte steht die jeweilige Auffassung über das Gewicht von Autonomie und Freizügigkeit des auswanderungswilligen Elternteils sowie damit verbunden die dem Gericht im Rahmen der *Relocation*-Entscheidung zur Verfügung stehenden Befugnisse. Die zur Wahl stehenden Alternativen hinsichtlich der künftigen Betreuung des Kindes werden anders gebildet. In Deutschland wird die tatsächliche Umsetzung der Auswanderung mit Verweis auf die Freizügigkeit des umzugswilligen Elternteils nicht infrage gestellt, sodass die Abwägung der Kindeswohlaspekte auf Basis der allein in Betracht zu ziehenden Alternativen „Auswanderung mit dem einen Elternteil“ oder „Verbleib beim anderen Elternteil“ erfolgt. Da bei beiden Alternativen der Verlust eines Elternteils droht, ein Verbleib des Kindes im Inland jedoch den Verlust seiner primären Bezugsperson bedeuten würde – zu bedenken ist die hierzulande übliche rechtstatsächliche Ausgestaltung des Sorgerechts, bei der die überwiegende Betreuung nur ein Elternteil übernimmt –, ist die stärkere Gewichtung der Beziehung zum Betreuungselternteil logische Konsequenz hieraus. Die Beibehaltung einer intensiven Beziehung zu beiden Elternteilen, wie sie in der Rechtsprechung der australischen Gerichte betont wird, ist unter Zugrundelegung der Rechtsprechung des *BGH* als Ausgangspunkt von vornherein nicht möglich. Vor diesem Hintergrund erklären sich auch die oftmals knappen Ausführungen und oberflächlichen Überprüfungen hinsichtlich der Aufrechterhaltung des Kontaktes – etwa in Bezug auf die Verkehrsverbindungen zwischen den Wohnorten, die zur Verfügung stehenden finanziellen Mittel sowie den Wert von Fernkommunikationsmitteln –, die den Eindruck entstehen lassen, die Entscheidung wäre ohnehin zugunsten des Umzugs mit dem betreuenden Elternteil ausgefallen.[630] Wenn der dauerhafte Verbleib des Kindes beim zurückbleibenden Elternteil keine ernsthaft in Erwägung zu ziehende Alternative darstellt, der Verbleib des auswanderungswilligen Elternteils jedoch nicht in Betracht gezogen werden darf, kann der Erschwerung der Umgangskontakte eine ausschlaggebende Bedeutung letztlich nicht zukommen.

In Australien wird der Freizügigkeit des auswanderungswilligen Elternteils regelmäßig eine geringere Bedeutung beigemessen. Die aus der Elternschaft resultierenden Pflichten und Verantwortungen finden stärkere Betonung. Dementsprechend ist weder die Auswanderung des betreuenden Elternteils noch der Verbleib des Kontaktelternteils am ursprünglichen Wohnort als ein der Abwägung vorangestelltes Faktum zu nehmen. Das Entscheidungsspektrum der Familiengerichte umfasst vielmehr unabhängig von den elterlichen Anträgen grundsätzlich sämtliche vorstellbare Alternativen. Nach der Rechtsprechung des *Full Court of the Family Court* kann dabei nicht nur indirekter Zwang ausgeübt werden – so wenn der auswanderungswillige Elternteil an der Auswanderung festhält, eine der tatsächlichen Umsetzung jedoch entgegenstehende Regelung erlassen wird –, sondern ein Umzug bzw. die Unterlassung desselben direkt angeordnet werden. Insgesamt übernehmen die australischen Gerichte bei der Regelung des Sorge- und Umgangsrechts in der *Relocation*-Situation somit eine gestaltendere Rolle und greifen in die persönliche Lebensgestaltung auch der Eltern stärker ein, um die für das Wohl des Kindes optimalste Lösung zu formulieren.

Beide Herangehensweisen offerieren letztlich eine jeweils andere Lösung der in *Relocation*-Fällen zu Tage tretenden Spannung zwischen dem Recht des auswanderungswilligen Elternteils auf Freizügigkeit und autonome Lebensgestaltung und dem Recht des Kindes auf eine intensive Beziehung zu beiden Elternteilen. Ansatzpunkte für Kritik bieten sich hier wie da. Die Entscheidungsgrundsätze des *BGH* werfen im Hinblick auf die sozialwissenschaftlichen bzw. psychologischen Erkenntnisse über die kindeswohlfördernde Wirkung einer

630 Sh. dazu 2.Teil.C.III.4.

intensiven und durch alltäglichen Kontakt geprägten Beziehung zu beiden Elternteilen Bedenken auf. Da hiernach letztlich einer der Eltern-Kind-Beziehungen der Vorzug zu geben ist, ist dieser dem Wohl des Kindes oftmals am besten entsprechendste Zustand von vornherein nicht zu erreichen, sofern nicht der betreuende Elternteil freiwillig auf den Umzug verzichtet. Besonders problematisch erscheint das „Opfern" der weniger engen Beziehung in Fällen des auch hierzulande im Vormarsch befindlichen Wechselmodells, bei dem die Eltern-Kind-Beziehungen zwar nicht zwangsläufig gleich intensiv ausgeprägt sind, wohl aber eine quantitativ und qualitativ hochwertige Beziehung zu beiden Elternteilen besteht. Dies gilt jedenfalls solange, wie sich die elterlichen Betreuungsanteile nicht derart angenähert haben, dass mit einer Versagung der Kindesmitnahme zu rechnen ist. Es stellt sich die Frage, ob die „Ausblendung" der dem Kindeswohl regelmäßig am besten entsprechendsten Alternative – nämlich der Verbleib aller Beteiligten am ursprünglichen Wohnort oder jedenfalls der Umzug aller Beteiligten –, d.h. die Konzentrierung von vornherein auf die für das Wohl des Kindes oftmals nur zweitbeste Lösung, angemessen ist. Dass der gegenteilige Weg jedenfalls grundsätzlich gangbar ist, zeigt die Rechtsprechung der australischen Gerichte. Problematisch erscheint hier wiederum die mitunter starke Einschränkung der Freizügigkeit und Autonomie des auswanderungswilligen Elternteils, in der sich darüber hinaus die nicht zu unterschätzende Geschlechterdimension der Problematik offenbart: Da es sich bei den betreuenden Elternteilen in aller Regel um die Kindesmütter handelt, unterliegt deren Freizügigkeit insgesamt einer weitaus stärkeren Einschränkung als die der Kindesväter. Unter umgekehrten Vorzeichen zeigt sich diese Problematik allerdings auch bei der deutschen Handhabung – ist es hier doch nahezu immer die Beziehung zum umgangsberechtigten Kindesvater, die durch die Auswanderung des Kindes mit der primär betreuenden Kindesmutter in Mitleidenschaft gezogen wird.

Gegenstand der hier interessierenden Frage sind demnach die im Rahmen der gerichtlichen Entscheidungsfindung in Betracht zu ziehenden Alternativen. Sollte der *BGH* den Verbleib des auswanderungswilligen Elternteils – und gegebenenfalls auch die Umzugsmöglichkeit des anderen Elternteils – als Alternative in Betracht ziehen? Im Kern handelt es sich dabei um die Frage nach der vorzugswürdigeren Abwägung der gegenläufigen Interessen. Zu unterscheiden ist bei ihrer Beantwortung zwischen Fallgestaltungen, in denen die Betreuung des Kindes im Rahmen des hierzulande üblichen Residenzmodells erfolgt, und solchen, denen eine Betreuung im Wechselmodell zugrunde liegt. Die Anwendung der Entscheidungsgrundsätze des *BGH* wirkt sich hier jeweils unterschiedlich aus. Dabei ist zunächst auch die Frage zu klären, inwieweit nicht nur ein freiwilliger

Verbleib bzw. Umzug in die Entscheidung einzubeziehen wäre, sondern ob auch gegen den Willen des jeweiligen Elternteils ergehende Anordnungen zulässig wären.

## II. Zur Zulässigkeit zwingender Anordnungen

Verzichtet der auswanderungswillige Elternteil auch in Anbetracht einer Versagung der Kindesmitnahme nicht freiwillig auf den Umzug bzw. lehnt der zurückbleibende Elternteil einen Mit-Umzug ab, stellt sich die Frage nach der Zulässigkeit zwingender Anordnungen, wie sie vom *Full Court of the Family Court* im Fall *Sampson & Hartnett (No. 10)* grundsätzlich bejaht wurde.[631]

Aus deutscher Sicht kann dem Elternteil selbst die Auswanderung in keinem Fall untersagt werden.[632] Dies gilt selbst dann, wenn das Kindeswohl durch die alleinige Auswanderung dieses Elternteils sogar gefährdet wäre.[633] Für ein an den Elternteil selbst gerichtetes Auswanderungsverbot fehlt es hierzulande an einer Rechtsgrundlage.[634] Mit § 1666 BGB steht dem FamG zwar eine Möglichkeit zur Verfügung, im Falle einer Kindeswohlgefährdung abwendend einzugreifen, ein an den betreuenden Elternteil gerichtetes Umzugsverbot aber wäre mit dessen Freizügigkeitsrecht nicht zu vereinbaren und müsste daher stets am Gebot der Verhältnismäßigkeit scheitern.[635] Das Recht auf freie Ausreise als eines der „unverletzlichen und unveräußerlichen Menschenrechte“[636] ist in seinem Wert nicht zu unterschätzen – ist es doch Voraussetzung für die Ausübung anderer Freiheitsrechte und für die menschliche Selbstverwirklichung somit von grundlegender Bedeutung.[637] Wenngleich es gesetzlichen Einschränkungen unterliegen kann, darf es im Kern nicht angetastet werden.[638] Auch vor dem Hintergrund der Elternschaft und der damit einhergehenden Verantwortung ist ein erzwungener Verbleib daher nicht zu rechtfertigen. Denn auch wenn Eltern mit der

---

631 Sh. 3.Teil.B.II.

632 *Coester-Waltjen*, iFamZ 2012, 311, 313; *dies.*, ZKJ 2013, 4; *Völker*, FamRZ 2010, 1065, 1066; Staud/*Rauscher*, § 1684 Rz. 68a f.

633 *Völker*, FamRZ 2010, 1065, 1066.

634 Ebd.

635 *Coester-Waltjen*, iFamZ 2012, 311, 313 Fn. 18; *Gernhuber/Coester-Waltjen*, FamR § 57 IX Rz. 118.

636 *Hartmann*, Freie Ausreise, S. 98.

637 *Pieroth*, JuS 1985, 81. Zum hohen Wert der Ausreisefreiheit sh. auch *Hartmann*, Freie Ausreise, S. 91 ff.

638 BGH, Urt. v. 06.10.1994, Az.: 4 StR 23/94, BGHSt 40, 272, 278 = NJW 1995, 64, 65 Tz. 22 zit. nach juris.

Entscheidung für Kinder Verpflichtungen eingehen und persönliche Einschränkungen in Kauf nehmen, geben sie „mit der Geburt eines Kindes nicht völlig ihr Recht auf freie Lebensgestaltung an dem Klinikeingang ab."[639]

Unabhängig davon drängt sich schon die Frage auf, ob ein erzwungener Verbleib des Elternteils dem Wohl des Kindes überhaupt dienlich wäre.[640] Die Bestimmung des Kindeswohls kann nie isoliert erfolgen, vielmehr bedarf es einer Gesamtbetrachtung der verschiedenen innerfamiliären Beziehungen.[641] So sind die Individualinteressen der Familienmitglieder weitgehend miteinander verknüpft und stehen in einer gemeinschaftsspezifischen Abhängigkeit.[642] Ebenso wie dem Kind das Glück der Eltern zugutekommt, wird es von ihrem Unglück beeinflusst.[643] Haben Eltern das Gefühl, ihre eigenen Interessen dem Kind überproportional stark unterordnen zu müssen, kann das Eltern-Kind-Verhältnis hiervon nicht unbeschadet bleiben.[644] Zwar ist die auf diesem Gedanken basierende These „A happy mother makes a happy child" in ihrer Pauschalität sicherlich abzulehnen, weil kindliche und elterliche Interessen trotz allem nicht deckungsgleich sind und eine Beeinflussung gleichsam auch in umgekehrter Richtung erfolgt.[645] Dass die bei *Freeman* wiedergegebene Äußerung „It is a happy child that makes a happy mother"[646] jedoch zutreffender ist, kann ebenso wenig angenommen werden.[647] Zu Recht weist *Coester-Waltjen* außerdem darauf hin, dass die Lösung familiärer Probleme nicht durch „eine Versteinerung der rechtlichen Verhältnisse" möglich ist.[648] Ebenso wie die Möglichkeit einer Scheidung heute nicht mehr angezweifelt wird, weil man Eltern nicht zum vermeintlichen Wohl des Kindes in einer gescheiterten Ehe festhalten kann, kann man ihnen auch nicht den zwangsweisen Verbleib am ursprünglich gemeinsamen Wohnort verordnen.[649]

---

639 *Coester-Waltjen*, iFamZ 2012, 311, 313.

640 *Coester-Waltjen*, ZKJ 2013, 4.

641 Ebd.

642 *Coester*, Kindeswohl, S. 210 f.; Staud/*Coester*, § 1671 Rz. 158.

643 *Coester*, Kindeswohl, S. 210 f.

644 Ebd. Krit. *Waldron*, 19 J. Am. Acad. Matrim. Law. 337, 364 (2005).

645 Insb. die von *Parkinson/Cashmore* durchgeführte Befragung von Müttern, die ihre Umzugspläne letztlich aufgegeben hatten, hiermit aber gut zurechtkamen, weil sie die damit verbundenen Vorteile für das Kind erkannten, verdeutlicht dies, sh. oben unter 1.Teil.B.II.2.

646 Sh. oben unter 1.Teil.B.II.2.

647 *Coester-Waltjen*, ZKJ 2013, 4.

648 Ebd.

649 Ebd.

Abzulehnen sind daher auch Versuche, ein „Auswanderungsverbot" durch die Verhängung von Umzugsbeschränkungen zu schaffen. So etwa, wenn der auswanderungswilligen Kindesmutter zwar die begehrte Alleinsorge übertragen wird, jedoch unter Beschränkung ihres Aufenthaltsbestimmungsrechts dergestalt, dass eine Verlegung des gewöhnlichen Aufenthalts ins Ausland vom Einverständnis des zurückbleibenden Kindesvaters abhängt, um einerseits den Verbleib des Kindes im Haushalt der Mutter, gleichzeitig aber auch den Kontakt zum Vater sicherzustellen.[650]

## B. Die Einbeziehung bzw. Nichteinbeziehung der Verbleibens-Alternative beim Wechselmodell

### I. Die Verbreitung des Wechselmodells in Deutschland

Die Rechtsprechungspraxis der deutschen Gerichte zur *Relocation*-Problematik ist vor dem Hintergrund der hierzulande üblichen rechtstatsächlichen Ausgestaltung des Sorgerechts zu sehen, bei der die überwiegende Betreuung des Kindes nach der Trennung durch nur einen Elternteil erfolgt, während zum anderen Elternteil lediglich Umgangskontakte bestehen (sog. Residenzmodell).[651] Eine tatsächlich gemeinsam ausgeübte elterliche Sorge, bei der das Kind in regelmäßigen Abständen zwischen den elterlichen Haushalten pendelt und somit möglichst gleich viel Zeit bei jedem Elternteil verbringt (sog. Wechsel- oder Doppelresidenzmodell),[652] bildet in Deutschland weiterhin die Ausnahme.[653]

---

650 So aber OLG Frankfurt, Beschl. v. 16.09.2002, Az.: 3 UF 205/01, FamRZ 2003, 1491 (gem. § 1666 BGB). Dagegen Staud/*Coester*, § 1666 Rz. 149; § 1671 Rz. 211. Anders zu bewerten sind hingegen Beschränkungen zur Sicherung des status quo, um bei Bestehen eines konkreten Auswanderungsverdachtes die Schaffung vollendeter Tatsachen zu verhindern, sh. OLG Hamm, Beschl. v. 30.11.1998, Az.: 2 UF 86/98, FamRZ 1999, 394; einschränkend Staud/*Coester*, § 1696 Rz. 92.

651 Sh. bereits oben 2.Teil.C.IV. Zum Residenzmodell *Sünderhauf*, FamRB 2013, 290, 291.

652 Staud/*Coester*, § 1671 Rz. 145; *Jokisch*, FuR 2013, 679. Dem BGH zufolge kann bei etwa hälftiger Aufteilung der Versorgungs- und Erziehungsaufgaben von einem Wechselmodell gesprochen werden, nicht aber bei Betreuungsanteilen von 1/3 zu 2/3, sh. BGH, Urt. v. 21.12.2005, Az.: XII ZR 126/03, NJW 2006, 2258, 2259 Tz. 16, 18; Urt. v. 28.02.2007, Az.: XII ZR 161/04, NJW 2007, 1882, 1883 Tz. 17. Nach abweichender Ansicht des Arbeitskreises Nr. 7 des 20. Deutschen Familiengerichtstags kann ein Wechselmodell mit asymmetrischer Zeitverteilung bereits bei einer Aufteilung von 30% zu 70% vorliegen, sh. Deutscher Familiengerichtstag e.V., Brühler Schriften zum Familienrecht, S. 124, 125.

653 *Bergmann*, ZKJ 2013, 489.

Wenngleich statistische Erhebungen über die praktizierten Betreuungsformen und somit verlässliche Zahlen zur Verbreitung des Wechselmodells in Deutschland nicht existieren,[654] ist von einer vergleichsweise geringen Anzahl im Wechselmodell betreuter Kinder auszugehen.[655] In anderen Rechtsordnungen liegt der Anteil teils deutlich höher und bildet in gewissen Altersgruppen sogar die am häufigsten ausgeübte Betreuungsform und somit den Normalfall.[656] Auch in Australien bewirkten im Zeitraum zwischen 2003 und 2008 durchgeführte Reformen erhebliche Änderungen zugunsten des Wechselmodells und folglich dessen Verbreitung.[657] Einer Untersuchung von *Kaspiew et al.* zufolge lebten im Jahr 2008 insgesamt ca. 16% aller Kinder, deren Eltern sich nach 2006 getrennt hatten, im Wechselmodell mit Betreuungsanteilen von mindestens 35% zu 65%. Knapp die Hälfte davon (7%) wurde im paritätischen Wechselmodell betreut.[658] In der Altersgruppe der Fünf- bis Elfjährigen lag der Anteil gar bei 25,7% (11,8% mit jeweils hälftiger Betreuung).[659] Auch wenn derartige Länderzahlen nur unter Vorbehalt miteinander verglichen werden können, da ihnen teils unterschiedliche Definitionen des Wechselmodells zugrunde liegen, nicht immer dieselben Personengruppen erfasst werden (geschiedene und/oder bloß getrennte Elternpaare) und ihre Erhebung mitunter auch zu verschiedenen Zeitpunkten des Trennungsprozesses erfolgt,[660] zeigt sich, dass das Wechselmodell in anderen Ländern tendenziell weiter verbreitet ist als in Deutschland.

Grund dafür ist auch die bislang eher kritische Haltung der deutschen Gerichte in Bezug auf das Wechselmodell.[661] Insbesondere dessen Anordnung gegen den

654 *Sünderhauf*, Wechselmodell, S. 197 f.; *Frigger*, Das Wechselmodell im Familienrecht, S. 9.

655 Diesbzgl. Schätzungen gehen auseinander. In der allgemeinen Presse wird der Anteil oftmals mit ca. 5% beziffert, sh. *Sachse*, Focus Magazin, 17.10.2005; *Peters*, Die Welt, 02.02.2015. *Rakete-Dombek* geht demgegenüber von max. 11–16% aus (allerdings ohne Angabe von Quellen), sh. *Rakete-Dombek*, FF 2002, 16, 17. Sh. auch *Sünderhauf*, Wechselmodell, S. 198.

656 *Sünderhauf*, Wechselmodell, S. 197. Am weitesten verbreitet ist das Wechselmodell wohl in den skandinavischen Ländern. Etwa ein Drittel bis die Hälfte aller Kinder getrennt lebender Eltern im Kindergarten- und Grundschulalter werden hier im Wechselmodell betreut, sh. ebd., S. 198.

657 *Sünderhauf*, Wechselmodell, S. 873 f.

658 *Kaspiew et al.*, Evaluation of the 2006 Family Law Reforms, S. 119 f.

659 Ebd.

660 *Sünderhauf*, Wechselmodell, S. 197.

661 Sh. z.B. OLG Stuttgart, Beschl. v. 14.03.2007, Az.: 16 UF 13/07, FamRZ 2007, 1266 f. Tz. 27; OLG Brandenburg, Beschl. v. 11.04.2002, Az.: 10 UF 13/02, Tz. 14; OLG

Willen eines Elternteils wurde bisher nahezu einhellig abgelehnt.[662] Im Unterschied zu vielen ausländischen Rechtsordnungen, in denen das Wechselmodell mittlerweile gesetzlich vorgesehen ist,[663] mitunter – etwa in Australien – sogar als primär vorzuziehende Betreuungsform,[664] liegt der Regelung des Sorge- und Umgangsrechts zudem das Leitbild des Residenzmodells zugrunde.[665] Nicht nur

---

München, Beschl. v. 01.10.2001, Az.: 16 UF 1095/01, Tz. 14; sh. auch OLG Hamm, Beschl. v. 16.02.1012, Az.: II-2 UF 211/11, 2 UF 211/11, FamRZ 2012, 1883, 1884 f. Tz. 23 f. jew. zit. nach juris. Sh. auch *Kaiser*, FPR 2008, 143, 147 m.w.N.

662 Sh. z.B. KG Berlin, Beschl. v. 14.03.2013, Az.: 13 UF 234/12, ZKJ 2013, 362, 364 Tz. 26, 28; OLG Hamm, Beschl. v. 25.07.2011; Az.: 8 UF 190/10, II-8 UF 190/10, NJW 2012, 398 Tz. 4; OLG Düsseldorf, Beschl. v. 14.03.2011, Az.: II-8 UF 189/10, 8 UF 189/10, ZKJ 2011, 256, 257 Tz. 18; OLG Stuttgart, Beschl. v. 14.03.2007, Az.: 16 UF 13/07, FamRZ 2007, 1266, 1267 Tz. 28 jew. zit. nach juris. A.A. z.B. KG Berlin, Beschl. v. 28.02.2012, Az.: 18 UF 184/09, ZKJ 2012, 267, 268 Tz. 11; OLG Jena, Beschl. v. 22.08.2011, Az.: 2 UF 295/11; OLG Brandenburg, Beschl. v. 02.06.2008, Az.: 15 UF 95/07, FamRZ 2009, 709, 710 Tz. 9 jew. zit. nach juris. Sh. auch die abweichende Ansicht des Arbeitskreises Nr. 7 des 20. Deutschen Familiengerichtstags, Deutscher Familiengerichtstag e.V., Brühler Schriften zum Familienrecht, S. 124, 125. Sh. dazu auch *Sünderhauf*, Wechselmodell, S. 435 ff. Entscheidungen, die sich bisher über die fehlende Zustimmung beider Eltern hinwegsetzten, sind eher solche, in denen es nicht um die erstmalige Begründung eines Wechselmodells ging, sondern um die Fortführung eines bereits praktizierten, sh. ebd., S. 443. Im Ausland ist die Anordnung eines Wechselmodells gegen den Willen eines Elternteils teilweise schon länger möglich, so z.B. in Australien, Schweden, Frankreich oder Norwegen, sh. *Jokisch*, FuR 2013, 679 sowie *Sünderhauf*, Wechselmodell, S. 882, 883, 887; *dies.*, FamRB 2013, 290, 293.

663 So z.B. in Frankreich, Italien, Norwegen, Schweden, Dänemark, Tschechien, China, Kanada sowie wohl allen Staaten der USA, sh. *Jokisch*, FuR 2013, 679 sowie *Sünderhauf*, Wechselmodell, S. 869, 881, 883.

664 Sh. dazu oben 3.Teil.B.I. Ebenso z.B. in Belgien und einigen Bundesstaaten der USA, sh. *Sünderhauf*, Wechselmodell, S. 869, 873 f., 879.

665 Vgl. §§ 1671, 1687, 1684 BGB sowie BT-Drucks. 13/4899, S. 58, 107, 154. Sh. auch Staud/*Coester*, § 1671 Rz. 23; *Jokisch*, FuR 2013, 679; *Sünderhauf*, Wechselmodell, S. 371 sowie die Stellungnahme der Kinderrechtekommission des Deutschen Familiengerichtstags e.V. zum Wechselmodell im deutschen Familienrecht, FamRZ 2014, 1157, 1164.

die gesetzliche Grundlage für die Anordnung eines Wechselmodells war daher stets fraglich,[666] auch auf rechtliche Folgeprobleme wurde verwiesen.[667]

Die Entwicklung ist allerdings auch hierzulande im Umbruch. In seiner jüngst veröffentlichten Entscheidung hat der *BGH* nunmehr klargestellt, dass die Anordnung eines paritätischen Wechselmodells im Wege einer Umgangsregelung und grundsätzlich auch ohne die Zustimmung beider Elternteile möglich ist.[668] Zum Regelfall wird die konsensunabhängige Anordnung des Wechselmodells allerdings auch hiernach nicht werden, weil das Wechselmodell in der Praxis eben doch höhere Anforderungen an Eltern wie Kind stellt (erhöhter Abstimmungs- und Kooperationsbedarf der Eltern, geeignete äußere Rahmenbedingungen bezogen auf Wohnort- und Schulnähe),[669] auf deren Erfüllung im Rahmen der erforderlichen kindeswohlorientierten Einzelfallbetrachtung streng zu achten ist.[670] Gleichwohl werden sich die Gerichte dem Wechselmodell nunmehr stärker öffnen müssen. Zudem entscheiden sich Eltern immer häufiger auch freiwillig für eine Betreuung im Wechselmodell und stellen entsprechende Anträge bei den Familiengerichten.[671] Künftig werden daher verstärkt auch solche Fälle zu entscheiden sein, in denen sich die Eltern im Vorfeld der *Relocation*-Situation die Betreuung (hälftig) geteilt haben. Auch im Hinblick auf diese Fallgestaltungen wird sich daher die Frage stellen, ob die vom *BGH* entwickelten Entscheidungsgrundsätze zu sachgerechten Ergebnissen führen.

## II. Anwendung der Rechtsprechungspraxis auf Wechselmodell-Fälle

Wendet man die Entscheidungsgrundsätze des *BGH* auf Fälle an, in denen die Betreuung des Kindes im Rahmen eines Wechselmodells erfolgt, und überträgt man das oben dargelegte Abwägungsverhalten der deutschen Oberlandesgerichte hierauf, ist fraglich, ob sich die bislang zu beobachtende pro-*Relocation*-Haltung auch in diesen Fallgestaltungen zeigen wird. In den bislang entschiedenen Residenzmodell-Fällen fiel die Entscheidung regelmäßig zugunsten des auswanderungswilligen Elternteils, d.h. i.S.e. Genehmigung der Kindesmitnahme

---

666 Sh. dazu Kinderrechtekommission des Deutschen Familiengerichtstags e.V., FamRZ 2014, 1157, 1160 ff. sowie *Jokisch*, FuR 2013, 679 jew. m.w.N.

667 Sh. dazu Kinderrechtekommission des Deutschen Familiengerichtstags e.V., FamRZ 2014, 1157, 1164 f.

668 BGH, Beschl. v. 01.02.2017, Az.: XII ZB 601/15, NJW 2017, 1815.

669 Sh. ebd., 1818 Tz. 28, 30 f.

670 Vgl. *Gottschalk/Heilmann*, ZKJ 2017, 181, 183.

671 *Sünderhauf* spricht insofern von einem „Wechselmodell-Boom“, sh. *Sünderhauf*, Wechselmodell, S. 27; *dies.*, FamRB 2013, 290.

aus.[672] Grund hierfür ist die herausragende Bedeutung, die der Grundsatz der Betreuungs- und Bindungskontinuität bei der Bestimmung des Kindeswohls einnimmt.[673] Wenngleich jedenfalls ein paritätisches Wechselmodell selten sein wird und mit zwei identisch ausprägten Eltern-Kind-Beziehungen ohnehin nicht zwangsläufig zu rechnen ist, wird sich mit zunehmend gleichmäßig aufgeteilter Betreuung eine eindeutige Präferenz zugunsten eines Elternteils unter diesem Gesichtspunkt nicht ergeben. In Fallgestaltungen dieser Art wird daher – unter Verstärkung durch die ansonsten eher nachrangige Umgebungskontinuität – mit zunehmender Einbindung auch des anderen Elternteils und sofern außergewöhnliche Umstände nicht vorliegen mit einer Tendenz zur Versagung der Kindesmitnahme zu rechnen sein. Dass im Falle zweier gut ausgebildeter Eltern-Kind-Beziehungen hingegen allein auf die Bindungskontinuität abgestellt und der (nur geringfügig) „besseren" Beziehung der Vorzug gegeben wird, ist – sofern nicht wie im Falle älterer Kinder der Kindeswille stärker herangezogen werden kann – unwahrscheinlich, da sich eine qualitative Bewertung von Eltern-Kind-Beziehungen in Abwesenheit eindeutiger Unterschiede für das Gericht schwierig gestaltet. Bei welcher prozentualen Aufteilung der Betreuungsanteile dies der Fall sein wird, lässt sich schwerlich vorhersagen und wird auch durch die Umstände des Einzelfalls bedingt sein (müssen).

Auf den ersten Blick erscheint die Konsequenz hieraus sogar problematischer als in den bislang entschiedenen Residenzmodell-Fällen – ist es hier doch nicht die quantitativ und qualitativ eher untergeordnete Beziehung zum zurückbleibenden Umgangselternteil, die in Mitleidenschaft gezogen wird, sondern die (ungefähr) gleich bedeutsame Beziehung zum auswandernden Elternteil. Tatsächlich aber werden sich diese Fälle oftmals dadurch lösen, dass der auswanderungswillige Elternteil, dem die Mitnahme des Kindes untersagt wird, freiwillig auf den Umzug verzichtet. Dass sich dieser im Hinblick auf die Umsetzung seines Umzugswunsches auch angesichts eines dadurch bedingten Verlustes des Kindes hartnäckig zeigt, wird vielmehr die Ausnahme sein. Der Blick auf Australien zeigt jedenfalls: Der vor die Wahl gestellte umzugswillige Elternteil entscheidet sich selten für den Umzug und gegen das Kind.[674] In Wechselmodell-Fällen wird daher in einer Vielzahl der Fälle auch unter Zugrundelegung der Entscheidungsgrundsätze des *BGH* ein Verbleib

---

672 Sh. oben 2.Teil.C.III.1., C.IV.

673 Ebd.

674 *Young* verweist bezugnehmend auf *Parkinson* auf lediglich drei Fälle seit Inkrafttreten des *Family Law Amendment (Shared Parental Responsibility) Act 2006*, sh. *Young*, 23 C.F.L.Q. 203, 215 f. Fn. 82 (2011).

aller Beteiligten am ursprünglichen Wohnort – somit die für das Kindeswohl regelmäßig beste Lösung –[675] erreicht werden, ohne dass die Gerichte diese Alternative in ihre Entscheidungsfindung mit einbeziehen müssten und folglich ohne dass der auswanderungswillige Elternteil im Rahmen der Abwägung von vornherein benachteiligt würde.[676]

Die bislang zutage tretende Gender-Problematik[677] dürfte in Fällen, denen das Wechselmodell zugrunde liegt, entschärft sein. Da beide Elternteile gleichermaßen eingeschränkt sind – keinem von beiden wird eine übermäßige Wahrscheinlichkeit zur Genehmigung der Kindesmitnahme zuteil –, ist eine geschlechterspezifische Benachteiligung des einen oder anderen Elternteils ausgeschlossen.

## III. Zusammenfassung und Fazit

Wenngleich das Wechselmodell in Deutschland bislang weniger verbreitet ist als im Ausland, ist die Entwicklung auch hierzulande im Umbruch. Wendet man die Entscheidungsgrundsätze des *BGH* und das dargelegte Abwägungsverhalten der Oberlandesgerichte auf Wechselmodell-Fälle an, ist anders als in den bislang entschiedenen Residenzmodell-Fällen mit einer restriktiveren Handhabung zu rechnen. Da der auswanderungswillige Elternteil dann aber oftmals freiwillig auf den Umzug verzichten wird, kann die regelmäßig kindeswohldienlichste Alternative – und somit ein mit der australischen Handhabung übereinstimmendes Ergebnis – gleichwohl erreicht werden. Die für die Einbeziehung der Verbleibens-Alternative sprechenden Bedenken im Hinblick auf die kindeswohlfördernde Wirkung einer intensiven und durch alltäglichen Kontakt geprägten Beziehung zu beiden Elternteilen bestehen dann nicht. Gleichzeitig wird die aus der Einbeziehung der Verbleibens-Alternative resultierende Benachteiligung des auswanderungswilligen Elternteils vermieden. Für Fälle, in denen die Betreuung des Kindes im Rahmen eines Wechselmodells erfolgt, ist die Nichteinbeziehung der Verbleibens-Alternative daher vorzugswürdig.

---

675 Etwas anderes gilt freilich, wenn sich der Verzicht des Elternteils auf den Umzug derart negativ auf sein Wohlergehen auswirkt, dass auch das Wohl des Kindes darunter leidet, sh. dazu bereits oben 4.Teil.A.II.

676 Sh. dazu sogleich unter 4.Teil.C.I.1.

677 Sh. dazu sogleich unter 4.Teil.C.II.2.

# C. Die Einbeziehung bzw. Nichteinbeziehung der Verbleibens-Alternative beim Residenzmodell

Erfolgt die Betreuung des Kindes im Rahmen eines Residenzmodells, führt die Einbeziehung bzw. Nichteinbeziehung der Verbleibens-Alternative oftmals zu unterschiedlichen Ergebnissen. Konkret geht es dabei um solche Fallgestaltungen, in denen das Kind von einem Elternteil primär betreut wird, es zum anderen Elternteil jedoch regelmäßige Umgangskontakte und eine enge Beziehung unterhält. Während in Australien oftmals der Verbleib aller Beteiligten am Ende der Entscheidung steht,[678] wird in Deutschland die gemeinsame Ausreise von betreuendem Elternteil und Kind regelmäßig genehmigt.[679]

## I. Die Konsequenzen aus der Einbeziehung bzw. Nichteinbeziehung der Verbleibens-Alternative für die Rechte beider Elternteile

### *1. Einbeziehung der Verbleibens-Alternative*

Durch die Einbeziehung der Verbleibens-Alternative werden die Freiheitsrechte des auswanderungswilligen Elternteils erheblich eingeschränkt. Muss er dazu Stellung nehmen, ob er notfalls auch ohne Kind auswandern würde, versetzt ihn dies in eine „unentrinnbare Zwangslage".[680] Verneint er die Frage, erscheint sein Auswanderungswunsch hierdurch weniger dringlich.[681] Für das Gericht bestünde der Anreiz, die Auswanderung zu Lasten seiner Freizügigkeit und Lebensgestaltungsfreiheit zu verhindern, indem es eine Änderung der Sorgerechtsentscheidung bzw. im Falle gemeinsamer Sorge deren Beibehaltung anmahnt.[682] Wird die Frage bejaht, so ist dieser Umstand nicht nur geeignet, das Verhältnis des Elternteils zum Kind erheblich zu belasten, er läuft zudem Gefahr, sich dem Vorwurf „mangelnder Kindesorientiertheit"[683] auszusetzen und seine Chancen im Änderungsverfahren zu schmälern.[684] Vom *OLG Oldenburg* wurde so etwa die Ansicht vertreten, dass „ein Elternteil, der ohne triftige Gründe notfalls ohne seine Kinder auszuwandern gedenkt, sich nachdrücklich nach seiner

678 Sh. oben 3.Teil.B.II.
679 Sh. oben 2.Teil.C.III.; C.IV.
680 *Coester*, Kindeswohl, S. 343 Fn. 880; sh. auch Staud/*Coester*, § 1696 Rz. 90.
681 *Young*, 23 C.F.L.Q. 203, 210 (2011); *Payne v Payne* [2001] EWCA Civ 166 [42].
682 Staud/*Coester*, § 1696 Rz. 90; *Atkinson*, 28 Behav. Sci. Law 563, 573 (2010).
683 Staud/*Coester*, § 1696 Rz. 90.
684 Ebd.; *Young*, 23 C.F.L.Q. 203, 210 (2011); *Payne v Payne* [2001] EWCA Civ 166 [42].

Eignung befragen lassen“ müsse.[685] Die Aussicht eines so begründeten Prozessverlustes dürfte viele Eltern von der – möglicherweise auch nur strategischen – Einnahme einer derartigen Position abhalten.[686]

Erkannt wurde dieses Dilemma auch in der australischen Rechtsprechung:

> *„A mother who opts for relocation in preference to maintaining a close bond with her child runs the risk that she will be seen as selfishly preferring her own interests to those of her child; a mother who opts to stay with her child runs the risk of not having her reasons for relocating treated with the seriousness they deserve. It must be acknowledged that it is likely that, in very many relocation cases, a mother will concede that, if she has to choose between relocation and having her child live with her, she will choose to have her child live with her. That being so, she runs the risk that her interests will not be properly taken into account. To avoid that possibility, it is essential that, in relocation cases, each competing proposal be separately evaluated.“*[687]

Dass es zur Vermeidung einer Geringschätzung der mütterlichen Interessen allerdings genügt, die zur Auswahl stehenden Alternativen streng zu trennen und separat zu bewerten, kann unter Geltung des Kindeswohlprinzips, das die Berücksichtigung kindesfremder Interessen grundsätzlich ausschließt,[688] bezweifelt werden. Denn wenn der Verbleib des betreuenden Elternteils als Entscheidungsalternative zur Wahl steht, wird sich eben jener auch bei getrennter Begutachtung der Alternativen regelmäßig als die für das Kindeswohl beste Lösung herausstellen:

> *„By treating the maintenance of the status quo as a third alternative "proposal", advanced by the wife when it was not, […] [t]he wife never really has her application, as made, determined on its merits. How could it be if she was "proposing" an alternative, which maintained the advantage of bi-weekly face to face contact between the child and the husband?“*[689]

Ob die Berücksichtigung der Verbleibens-Alternative in Deutschland zu einer ebenso restriktiven Handhabung der *Relocation*-Problematik führen würde wie in Australien, ließe sich auf den ersten Blick durchaus in Frage stellen. Zu berücksichtigen sind insofern die rechtlichen Rahmenbedingungen auf australischer Seite, die einen weitaus stärkeren Fokus auf die tatsächliche gemeinsame Sorge sowie das Recht des Kindes auf eine intensive Beziehung zu beiden

685 OLG Oldenburg, Beschl. v. 16.11.1979, Az.: 5 UF 80/79, FamRZ 1980, 78, 79. Abl. *Coester*, Kindeswohl, S. 343 Fn. 880.

686 *Young*, 23 C.F.L.Q. 203, 210 (2011).

687 *U v U* [2002] HCA 36 [36] f. (Gaudron J).

688 Das australische „paramountcy principle" wird überwiegend streng interpretiert, sh. dazu bereits 3.Teil.B.II.

689 *U v U* [2002] HCA 36 [145] (Kirby J).

Elternteilen legen,[690] aber auch das offenbar unterschiedliche Verständnis von Elternschaft und den daraus resultierenden Pflichten und Verantwortungen.[691] Dass der durch die Nichteinbeziehung der Verbleibens-Alternative bislang vermiedene bzw. vorweg entschiedene Konflikt zwischen dem Interesse des auswanderungswilligen Elternteils an einer örtlich freizügigen Lebensgestaltung und dem Interesse des Kindes an der Beibehaltung des status quo hierzulande möglicherweise anders entschieden würde, erscheint vor diesem Hintergrund nicht ausgeschlossen. Bei konsequenter Anwendung des Kindeswohlprinzips, nach dem „die Interessen der Eltern da zurückstehen müssen, wo sie mit dem Interesse des Kindes in Widerspruch treten",[692] ist jedoch etwas anderes als eine eher restriktive Handhabung der *Relocation*-Problematik nicht denkbar. Steht der Verbleib aller Beteiligten am ursprünglichen Wohnort zur Wahl und stellt dies die kindeswohldienlichste Lösung dar, wäre eine auf die Freizügigkeit und Autonomie des Betreuungselternteils gestützte Entscheidung hiergegen eine Entscheidung entgegen dem gesetzlichen Primat des Kindeswohls.[693] Es würde nicht die von § 1671 Abs. 1 S. 1, 2 Nr. 2 BGB geforderte „dem Wohl des Kindes am besten" entsprechendste Entscheidung getroffen. Erforderlich wäre dann eine Stellungnahme, inwieweit andere Interessen als die des Kindes im Rahmen der Sorgerechtsentscheidung möglicherweise doch Berücksichtigung finden können. Die Einbeziehung der Verbleibens-Alternative würde daher auch in Deutschland zu einer eher restriktiven Handhabung der *Relocation*-Problematik und somit einer stärkeren Einschränkung der Freiheitsrechte des Betreuungselternteils führen (müssen). Inwieweit dem allerdings durch eine verdeckte

690 Sh. 3.Teil.B.I.

691 Sh. 3.Teil.B.II.; 4.Teil.A.I.

692 BGH, Beschl. v. 28.05.1976, Az.: IV ZB 56/75, BGHZ 66, 334, 338 Tz. 10 zit. nach juris.

693 Sh. Staud/*Coester*, § 1671 Rz. 157 ff. zum Verhältnis von Kindesinteressen und Drittinteressen. Etwas anderes gilt, wenn der Verbleib von umzugwilligem Elternteil und Kind schon nicht die kindeswohldienlichste Alternative darstellt, etwa weil die Vorteile des Umzugs die dadurch bedingten Nachteile insgesamt überwiegen oder der Umzug eine Beeinträchtigung der Beziehung zum Umgangselternteil aufgrund der konkreten Umstände gar nicht bewirkt. Eine andere Frage ist außerdem, inwieweit die Interessen des Betreuungselternteils schon bei der Bestimmung der Kindesinteressen eine Rolle spielen, etwa wenn sich das vom Betreuungselternteil empfundene Unglück angesichts der Aufgabe seines Auswanderungswunsches negativ auf das Kindeswohl auswirkt, sh. dazu bereits oben 4.Teil.A.II.

Einbringung des elterlichen Interesses an Freizügigkeit „entgegnet" würde, sei dahingestellt.[694]

Die Freiheitsrechte des Umgangselternteils sind demgegenüber nicht in gleichem Maße eingeschränkt. Da es für einen Umzug weder des Einverständnisses des anderen Elternteils noch einer gerichtlichen Genehmigung bedarf, steht es dem Umgangselternteil jederzeit frei, seinen Wohnort zu wechseln, unabhängig davon, wie sich dies auf das Wohl des Kindes auswirkt.[695] Auf diese Weise kann er eine mit dem Umzug von betreuendem Elternteil und Kind vergleichbare Situation herbeiführen, ohne dass dies einer gerichtlichen Überprüfung unterläge.[696] Richtig ist zwar, dass formal auch dem betreuenden Elternteil eine Ausreise ohne das Kind freisteht,[697] ebenso wie dem Umgangselternteil das Verlassen des Wohnortes von Betreuungselternteil und Kind nicht ohne weiteres möglich ist,[698] will er eine enge Beziehung zu letzterem aufrechterhalten.[699] Hieraus aber zu schlussfolgern, die Freiheit beider Elternteile sei gleichermaßen eingeschränkt,[700] überzeugt nicht. Eine solche Sichtweise ließe außer Acht, dass das Zurücklassen des Kindes für den betreuenden Elternteil aufgrund der von ihm übernommenen Verantwortung und seiner stärkeren emotionalen Verbundenheit faktisch weitaus weniger – wenn überhaupt – in Betracht kommt.[701]

Ein adäquater Ausgleich für die Freiheitsbeschränkung des betreuenden Elternteils kann auch nicht durch die gleichzeitige Berücksichtigung der

694 Die verdeckte Einbringung elterlicher Interessen ist wohl kaum lösbar, sh. *Coester*, Kindeswohl, S. 206.

695 *Cochrane*, 5 A.S.L.R. 53, 58 Fn. 30 (2014); *Weiner*, 40 U.C. Davis L. Rev. 1747, 1798 (2007); *Glennon*, 41 Fam. L.Q. 105, 107, 141 (2007); *Boyd*, 23 C.F.L.Q. 155, 156 (2011); *Behrens*, 27 Melb. Univ. L. Rev. 572, 585 (2003); *Bruch*, 40 Fam. L.Q. 281, 283 (2006); *Parkinson*, 36 F. L. Rev. 145, 164 (2008); *D'Onofrio v D'Onofrio*, 144 N.J. Super. 200, 207 (Ch. Div. 1976): „[A] noncustodial parent is perfectly free to remove himself from this jurisdiction despite the continued residency here of his children in order to seek opportunities for a better or different life style for himself. And if he does choose to do so, the custodial parent could hardly hope to restrain him from leaving this State on the ground that his removal will either deprive the children of the paternal relationship or depreciate its quality."

696 *Parkinson*, Family Law and the Indissolubility of Parenthood, S. 163 f.; *Herring/Taylor*, 18 C.F.L.Q. 517, 524 (2006).

697 Zur Zulässigkeit zwingender Anordnungen sh. oben 4.Teil.A.II.

698 *Parkinson*, Family Law and the Indissolubility of Parenthood, S. 164.

699 Ebd.

700 So *Parkinson*, ebd.

701 *Young*, 23 C.F.L.Q. 203, 221 f. (2011); sh. auch *George*, Relocation Disputes, S. 8.

Umzugsmöglichkeit des Kontaktelternteils geschaffen werden. Formal betrachtet sind die Freiheitsrechte beider Elternteile hierdurch zwar gleichermaßen eingeschränkt – ebenso wie der betreuende Elternteil mit einem Verbleib rechnen muss, muss der Umgangselternteil gegebenenfalls einen Umzug in Kauf nehmen –, tatsächlich aber wird der Mit-Umzug des Kontaktelternteils seltener in Betracht kommen als der Verbleib des umzugswilligen Elternteils.[702] Das Verlassen des gefestigten Lebensumfeldes ist dem Umgangselternteil oftmals nicht ohne weiteres möglich. Eine neue partnerschaftliche Beziehung ebenso wie die Verantwortung gegenüber pflegebedürftigen Eltern können Gründe hierfür sein,[703] insbesondere aber auch das Auffinden einer vergleichbaren beruflichen Tätigkeit am neuen Wohnort dürfte sich regelmäßig schwierig gestalten.[704] In Fällen internationaler *Relocation* können sich zudem aufenthaltsrechtliche Hürden ergeben.[705] Wenngleich der betreuende Elternteil mitunter dieselben Gründe für die Notwendigkeit seines Umzugs vorbringen kann, besteht ein wesentlicher Unterschied dennoch darin, dass er mit dem derzeitigen Wohnort immerhin vertraut ist, während der Kontaktelternteil regelmäßig keinerlei Verbindung zum potenziellen neuen Wohnort aufweist. Aus Sicht des entscheidenden Gerichts ist insofern zu bedenken: Während die Betreuung des Kindes am bisherigen Wohnort eine regelmäßig schon länger praktizierte und gefestigte Realität ist, sie somit eine bewährte und greifbarere Alternative darstellt, ist die durch einen Umzug aller Beteiligten entstehende Situation an einem neuen Wohnort in ihrer konkreten Ausgestaltung meist ungewiss. Die vergleichsweise stärkere Freiheitsbeschränkung des Betreuungselternteils kann durch die Einbeziehung der Umzugsmöglichkeit des Kontaktelternteils somit allenfalls reduziert werden.[706] Dass die Einbeziehung der Umzugsmöglichkeit des Kontaktelternteils gleichwohl geboten ist, will man eine wenigstens formale Gleichbehandlung beider Elternteile erreichen, steht jedoch außer Frage.

---

702 Vgl. *Rampolla v Rampolla*, 269 N.J. Super. 300, 308 (App. Div. 1993): „Realistically, in most cases, both parties will not have equal ability to relocate."

703 *Parkinson*, 40 Fam. L.Q. 237, 263 (2006); *ders.*, Family Law and the Indissolubility of Parenthood, S. 169 f.

704 Ebd.

705 *Parkinson*, 40 Fam. L.Q. 237, 263 (2006); *ders.*, Family Law and the Indissolubility of Parenthood, S. 170.

706 *Weiner*, 40 U.C. Davis L. Rev. 1747, 1799 (2007); sh. auch *Parkinson/Cashmore/Single*, 44 Fam. L.Q. 1, 6 (2010).

### 2. *Nichteinbeziehung der Verbleibens-Alternative*

Behandelt man die Umsetzung des Auswanderungswunsches als Faktum, kann dies in Residenzmodell-Fällen – sofern man nicht die schwerlich vertretbare Trennung des Kindes von seiner Hauptbezugsperson in Kauf nimmt – nur zu einer genehmigungsfreundlichen Handhabung führen.[707] Zwar besteht auch in diesem Fall eine formal stärkere Freiheitsbeschränkung des Betreuungselternteils insofern, als dass der Wohnortwechsel mit dem Kind – es gilt auch hier: der Umzug ohne Kind steht ihm ebenso wie dem Kontaktelternteil frei, wird aber realistischerweise keine Option sein – einer gerichtlichen Überprüfung unterliegt. Faktisch kommt diese jedoch aufgrund der regelmäßigen Genehmigung der Kindesmitnahme unter Betonung der Betreuungs- und Bindungskontinuität nicht zum Tragen.

Es ist das Recht des Umgangselternteils auf möglichst freien Umgang mit dem Kind, das durch eine „pro-*Relocation*"-Handhabung unmittelbar betroffen ist. So ist die Aufrechterhaltung der Beziehung zum Kind nach dessen Wegzug regelmäßig nicht mehr in gleichem Maße möglich.[708] Eine andere Sichtweise ergibt sich, wenn man bedenkt, dass die Beeinträchtigung des Elternrechts des Umgangselternteils Folge dessen persönlicher Entscheidung ist, am ursprünglichen Wohnort zu verbleiben. Will er das Kind jedoch dauerhaft in seiner Nähe wissen, um sein andernfalls betroffenes Recht auf möglichst freien Umgang mit dem Kind im bisherigen Ausmaß wahrnehmen zu können, bleibt ihm regelmäßig nichts anderes übrig, als ebenfalls an den neuen Wohnort von Betreuungselternteil und Kind zu verziehen.[709] So gewendet sind es auch hier Freizügigkeit und Autonomie des Kontaktelternteils, die durch eine genehmigungsfreundliche Handhabung der *Relocation*-Problematik beeinträchtigt werden.[710] Denn die Freiheit, den Wohnort zu wechseln, und die Freiheit, selbigen beizubehalten, sind zwei Seiten ein und derselben Freizügigkeit, die beiden Elternteilen gleichermaßen zusteht.[711]

---

707 Sh. bereits oben 4.Teil.A.I.

708 Sh. die Schilderungen betroffener Väter im Rahmen der unter 1.Teil.B.II. dargelegten soziojuristischen Studien.

709 Sh. *Parkinson*, 36 F. L. Rev. 145, 165 (2008). Sh. auch *Taylor/Freeman*, IFL 184, 188 f. (2012); *Lamont*, 34 J. Soc. Wel. & Fam. L. 231, 240 (2012).

710 Sh. ebd.

711 *Parkinson*, Freedom of Movement in an Era of Shared Parenting, S. 22; *ders.*, 36 F. L. Rev. 145, 165 f. (2008); *G and A* [2007] FCWA 11 [92] (Thackray J).

### *3. Zusammenfassung*

Während die Einbeziehung der Verbleibens-Alternative zu einer restriktiven Handhabung der *Relocation*-Problematik und damit zu einer faktisch stärkeren Einschränkung der Freiheitsrechte des Betreuungselternteils führt, ist ihre Nichteinbeziehung mit einer genehmigungsfreundlichen Handhabung der *Relocation*-Problematik verbunden, in deren Folge das Elternrecht des Kontaktelternteils bzw. sein Recht auf örtlich freizügige Lebensgestaltung Beschränkungen unterliegt.

## II. Die Lösung der widerstreitenden Interessen

### *1. Elternautonomie versus Kindeswohl*

Die Frage nach der Einbeziehung der Verbleibens-Alternative betrifft im Kern die Frage nach der korrekten Gewichtung der kollidierenden Interessen.

Die Interessen des Kindes sind ambivalent. Während es einerseits ein Interesse an der Kontinuität der bisherigen Betreuungsverhältnisse, d.h. an einem Verbleib im Haushalt seiner bisherigen Hauptbetreuungs- und -bezugsperson hat, ist es andererseits ebenso an der Aufrechterhaltung eines quantitativ wie qualitativ gleichwertigen Kontaktes zum Umgangselternteil interessiert. Hinzu kommt das Interesse an der Beibehaltung seines sonstigen Umfeldes sowie der hier bestehenden Bindungen (Schule, Freizeitgestaltung, Freunde, weitere Verwandschaft etc.). Dem Interesse des Kindes wird die Beibehaltung des status quo – jedenfalls aber der Umzug aller Beteiligten – daher oftmals am besten entsprechen.

Zur Beschreibung der elterlichen Interessen werden gängigerweise das Recht des Betreuungselternteils auf autonome und örtlich freizügige Lebensgestaltung sowie das Recht des Umgangselternteils auf möglichst freien Umgang mit dem Kind gegenübergestellt. Dass dies eine lediglich verkürzte Darstellung der betroffenen Interessen ist, wird deutlich, wenn man bedenkt, dass der Kontaktelternteil sein Elternrecht auch am potenziellen neuen Wohnort verwirklichen könnte bzw. der Betreuungselternteil sein Recht auf Freizügigkeit ebenso, indem er ohne das Kind auswandert.[712] Die präzise bestimmten Interessen sind daher vielmehr das Recht des Kontaktelternteils auf Verwirklichung seines Umgangsrechts *am ursprünglichen Wohnort* und das Recht des Betreuungselternteils auf Ausübung seines Freizügigkeitsrechts *mit dem Kind*.[713] So gewendet zeigt sich,

712 *Weiner*, 40 U.C. Davis L. Rev. 1747, 1803 (2007).
713 Ebd.

dass das von beiden Elternteilen gleichermaßen geltend gemachte Interesse letztlich in der Vermeidung persönlicher Opfer zur Beibehaltung eines unveränderten Verhältnisses zum Kind besteht.[714] Deutlich wird damit die eigentlich im Kern der *Relocation*-Problematik liegende Frage: Wie viel Selbstaufopferung kann geschiedenen Eltern im Namen des Kindeswohls abverlangt werden?[715]

Mit unvergleichlicher Deutlichkeit zeigt sich in der *Relocation*-Problematik die Spannung zwischen dem Recht geschiedener bzw. getrennter Paare, ihr Leben nach der Trennung selbstbestimmt und unabhängig vom ehemaligen Partner zu gestalten, und der zugleich unauflösbaren Verbundenheit, die aus der gemeinsamen Elternschaft und der damit einhergehenden Verantwortung erwächst.[716] Denn während die Scheidung bzw. Trennung zwar zu einer Beendigung der ehelichen bzw. partnerschaftlichen Beziehung führt, bleibt die Elternschaft hiervon unberührt.[717] Gerade vor dem Hintergrund der heute vorherrschenden Vorstellung von einer gemeinschaftlichen und auf Kooperation fußenden Erziehung des Kindes auch nach der Scheidung bleiben die ehemaligen Partner daher untrennbar miteinander verbunden.[718] Der hierdurch entstehende Konflikt zwischen der grundsätzlich wiedererlangten individuellen Autonomie und den gleichwohl fortbestehenden familiären Beziehungen zeigt sich nirgends deutlicher als in der *Relocation*-Situation.[719] Diese wirft die Frage auf, welches Gewicht dem Wohl des Kindes innerhalb der Scheidungsfamilie zukommen kann bzw. muss und in welchem Verhältnis die Freiheit der Eltern dazu steht – m.a.W., wo die Balance zu finden ist zwischen Freiheit und Verantwortung.[720] Wurde in diesem Zusammenhang zu früheren Zeiten diskutiert, ob letztere die Aufrechterhaltung einer auch unglücklichen Ehe bzw. Beziehung zum Wohle des Kindes erfordert, gilt es

---

714 *Weiner*, 40 U.C. Davis L. Rev. 1747, 1803 (2007).

715 Vgl. *In re Marriage of Ciesluk*, 113 P.3d 135, 149 (Colo. 2005), die Schlussfolgerung des *Trial Court* wiedergebend: „[p]arenthood results in some sacrifice and it is better off for parents to remain in close proximity"; vgl. auch *Taylor/Freeman*, IFL 184, 187 (2012); *Glennon*, 41 Fam. L.Q. 105, 137 (2007).

716 *Parkinson/Cashmore/Single*, 44 Fam. L.Q. 1 f. (2010); *Parkinson*, 40 Fam. L.Q. 237, 239 (2006); *Glennon*, 41 Fam. L.Q. 105 f. (2007).

717 *Parkinson*, 40 Fam. L.Q. 237, 238, 239 (2006); *Parkinson/Cashmore/Single*, 44 Fam. L.Q. 1 (2010).

718 *Parkinson*, 40 Fam. L.Q. 237, 244 ff. (2006); *Glennon*, 41 Fam. L.Q. 105 f. (2007).

719 *Parkinson*, Family Law and the Indissolubility of Parenthood, S. 157; *ders.*, 40 Fam. L.Q. 237, 239 (2006); *Glennon*, 41 Fam. L.Q. 105 (2007).

720 *Parkinson*, Family Law and the Indissolubility of Parenthood, S. 162, 179; *ders.*, 40 Fam. L.Q. 237, 264 (2006).

nun zu beantworten, ob sie zumindest einen Verbleib der ehemaligen Partner in unmittelbarer Nähe zueinander verlangt.[721]

## *2. Relocation-Problematik als Gender-Problematik*

Trotz allen Wandels in den Geschlechterverständnissen und der zunehmenden Einbindung auch der Kindesväter in die Kindererziehung sind es insgesamt immer noch die Kindesmütter, die nach einer Scheidung bzw. Trennung den Großteil der Betreuung übernehmen.[722] Da es sich bei den auswanderungswilligen Elternteilen folglich fast immer um Kindesmütter handelt bzw. fast immer Kindesväter diejenigen sind, die einem entsprechenden Antrag widersprechen,[723] weist die *Relocation*-Problematik eine erhebliche Gender-Dimension auf.[724] Während von einer restriktiven Handhabung wie der australischen Frauen effektiv weitaus stärker betroffen sind als Männer,[725] sind es umgekehrt diese, die von einer „pro-*Relocation*"-Handhabung wie der in Deutschland benachteiligt werden. Die Frage nach der korrekten Handhabung der *Relocation*-Problematik ist daher Teil des „gender war" im weiteren Sinne geworden, in dem sich Vertreter beider Interessengruppen gegenüberstehen.[726]

Zwangsläufig drängt sich die Frage auf, inwieweit die geschlechtsspezifischen Auswirkungen der jeweiligen *Relocation*-Handhabung Berücksichtigung finden

721 *Parkinson*, Family Law and the Indissolubility of Parenthood, S. 179; *ders.*, 40 Fam. L.Q. 237, 264 f. (2006).

722 Im Jahr 2014 war in Deutschland in 90% der Fälle der alleinerziehende Elternteil die Mutter, sh. Statistisches Bundesamt, Datenreport 2016, S. 47.

723 In fast allen hier untersuchten Entscheidungen war der auswanderungswillige Elternteil die Kindesmutter; in lediglich einem Fall war sie nicht der überwiegend betreuende Elternteil, sh. 2.Teil.C.I. Im Ausland stellt sich die Situation nicht anders dar, sh. z.B. *Glennon*, 41 Fam. L.Q. 105, 125 (2007) für die USA sowie *Easteal/Harkins*, 22 Austl. J. Fam. L. 259, 263 Fn. 32 (2008) für Australien.

724 Sh. z.B. *Parkinson/Cashmore/Single*, 44 Fam. L.Q. 1, 2 (2010); *Glennon*, 41 Fam. L.Q. 105, 138 (2007); *Cochrane*, 5 A.S.L.R. 53, 58, 83 (2014); *Boyd*, 23 C.F.L.Q. 155, 156 (2011); *Taylor/Freeman*, IFL 184, 186 (2012).

725 Sh. ebd.

726 *Elrod*, 44 Fam. L.Q. 341, 343 (2010); *dies.*, 1 J. Fam. L. & Prac. 51, 52 (2010). Sh. einerseits die feministischen Ansätze in Australien bei z.B. *Behrens*, 27 Melb. Univ. L. Rev. 572 (2003), andererseits etwa die Kampagne der Organisation *The Custody Minefield*, die sich (erfolgreich) gegen die auf der Entscheidung *Payne v Payne* basierende „pro-*Relocation*"-Handhabung in England richtete: *Robinson*, Family Law: Relocation. The Case for Reform. A Report by The Custody Minefield in Co-operation with the Charity Families Need Fathers.

können bzw. müssen. Festzustellen ist zunächst, dass im Rahmen der konkreten *Relocation*-Entscheidung eine Lösung der Gender-Problematik nicht möglich ist. Solange sich die zwar im Wandel begriffene, aber immer noch eher tradierte Rollenverteilung in Bezug auf die Kinderbetreuung nicht ändert, wird die *Relocation*-Problematik eine Gender-Dimension aufweisen. Ansatzpunkte für deren Lösung können und müssen daher im Vorfeld der *Relocation*-Situation liegen. Erforderlich ist insofern die Etablierung einer tatsächlich gleichberechtigten Rolle beider Elternteile in Bezug auf die Betreuung und Erziehung von Kindern. Für die Frage nach der korrekten Handhabung der *Relocation*-Problematik kann die darglegte Gender-Dimension daher auch nicht bedeutsam sein. Die Tatsache, dass sich geschlechtsspezifische Ungleichbehandlungen auch in anderen Bereichen des Familienrechts finden, ist in diesem Zusammenhang hingegen irrelevant. Soweit *Parkinson* argumentiert, familienrechtliche Entscheidungen wirkten sich oftmals geschlechtsspezifisch aus – auch Entscheidungen zum Sorgerecht generell sowie zur Unterhaltspflicht könnten so als diskriminierend angesehen werden, da sie regelmäßig zulasten der Kindesväter ergingen –,[727] kann dies als Begründung nicht überzeugen. Eine nachweislich vorhandene Problematik verliert an Relevanz nicht dadurch, dass man auf die Existenz ähnlich gelagerter Probleme verweist. Entscheidend ist vielmehr, dass Ziel jeder *Relocation*-Entscheidung eine dem Wohl des konkret betroffenen Kindes entsprechende Lösung sein muss, die zugleich den berechtigten Interessen beider Elternteile hinreichend Rechnung trägt. Auf Gender-Aspekte kann es hinsichtlich des letzteren jedoch nicht ankommen.[728] Erforderlich ist es dann aber auch, dass im Rahmen des gerichtlichen Ermessensspielraums beide Elternteile eine tatsächliche Gleichbehandlung erfahren. Hieran fehlt es, wenn sich immer noch überkommene Geschlechterstereotypisierungen Bahn brechen – etwa die mütterliche Sorge und Opferbereitschaft für das Kind als selbstverständlich, die väterliche hingegen als eher optional und lobenswert verstanden wird.[729]

---

727 *Parkinson*, Family Law and the Indissolubility of Parenthood, S. 162 f.

728 Ebd.; *Cochrane*, 5 A.S.L.R. 53, 58 (2014); *Gindes*, 15 J. Am. Acad. Matrim. Law. 119, 147 (1998); sh. auch Permanent Bureau of the Hague Conference on Private International Law, Preliminary Note on International Family Relocation, Prel. Doc. No. 11, S. 12 unter 30.

729 So z.B. wenn der Kindesvater für seine Entscheidung, keinesfalls mit umzuziehen, mehr Verständnis erfährt – gar gelobt wird, durch die Beibehaltung seines Anstellungsverhältnisses die Versorgung seines Kindes sicherstellen zu wollen und sich bestmöglich in das Leben des Kindes zu integrieren – als die „egozentrische“ Kindesmutter, die am derzeitigen Wohnort unter schwierigen wirtschaftlichen

### 3. *Die Bedeutung der kollidierenden Verfassungs- und Menschenrechte*

Betrachtet man die *Relocation*-Problematik aus einer verfassungs- und menschenrechtlichen Perspektive heraus, so wird deutlich, dass die jeweiligen Interessen an verschiedenen Stellen rechtliche Verankerung erfahren haben.[730]

Auf internationaler bzw. europarechtlicher Ebene lässt sich zunächst vor allem das Übereinkommen über die Rechte des Kindes (UN-KRK) heranziehen. Nicht nur wird hier für alle ein Kind betreffenden Maßnahmen das Kindeswohl zum vorrangig zu berücksichtigenden Entscheidungsgesichtspunkt erhoben (Art. 3 Abs. 1 UN-KRK),[731] auch das Recht des von einem Elternteil getrennt lebenden Kindes auf regelmäßige persönliche Beziehungen und unmittelbare Kontakte zu beiden Elternteilen findet Ausdruck (Artt. 9 Abs. 3, 10 Abs. 2 UN-KRK). Darüber hinaus trifft die Vertragsstaaten hiernach die Pflicht sicherzustellen, dass ein Kind nicht gegen den Willen seiner Eltern von diesen getrennt wird (Art. 9 Abs. 1 S. 1 UN-KRK). Ähnliche Bestimmungen enthält die Charta der Grundrechte der Europäischen Union (GRCh), die das Wohl des Kindes ebenfalls zur vorrangigen Erwägung erklärt (Art. 24 Abs. 2 GRCh) und einen Anspruch auf regelmäßige persönliche Beziehungen und direkte Kontakte zu beiden Elternteilen begründet (Art. 24 Abs. 3 GRCh).[732] Das Interesse des Kindes an der Kontinuität der bisherigen Betreuungsverhältnisse einerseits und sein Interesse an der

---

Verhältnissen und von Sozialleistungen abhängig in einem Trailerpark wohnt, während ihr am potenziellen neuen Wohnort eine Vollzeitanstellung zur Verfügung steht, sh. die ursprüngliche Bewertung der Anträge im Fall *MMR v GR*: *Rosa & Rosa* [2008] FMCAfam 427 [68], [71], [90] (Coker FM), sh. dazu auch *Young*, 23 C.F.L.Q. 203, 217 f. (2011). Sh. außerdem z.B. *Behrens*, 27 Melb. Univ. L. Rev. 572 (2003); *LaFrance*, 34 U. Louisville J. Fam. L. 1, 13 f., 124 (1995–1996); *Glennon*, 41 Fam. L.Q. 105, 138 (2007).

730 Sh. dazu *Lamont*, 34 J. Soc. Wel. & Fam. L. 231 (2012); *Herring/Taylor*, 18 C.F.L.Q. 517, 530 (2006). Es handelt sich im Folgenden um keine abschließende Darstellung aller einschlägigen Vertragswerke und Regelungen.

731 Speziell für Kinder mit Behinderungen findet sich der Kindeswohlvorrang auch in Art. 7 Abs. 2 der UN-Behindertenrechtskonvention (UN-BRK).

732 Zwar binden die Grundrechte der Charta die Mitgliedstaaten gem. Art. 51 Abs. 1 S. 1 GRCh nur bei der Durchführung des Unionsrechts, für das Handeln der Mitgliedstaaten können sie jedoch auch außerhalb dieses Bereichs rechtlich bedeutsam sein. So legt Art. 1 Abs. 2 GG zum einen nahe, die Grundrechte der GRCh auch bei der Auslegung der Grundrechte des GG zu berücksichtigen, zum anderen orientiert sich auch der EGMR bei der Auslegung der EMRK an der GRCh, sh. *Jarass*, GRCh, Art. 51 Rz. 30 m.w.N.

Aufrechterhaltung eines auch qualitativ gleichwertigen Kontaktes zum anderen Elternteil andererseits lässt sich daneben auf Art. 8 Abs. 1 EMRK stützen.[733]

Auf Art. 8 Abs. 1 EMRK, der neben dem Recht auf Zusammenleben mit dem Kind bzw. persönliche Kontakte zum Kind auch ein Recht auf Autonomie und Selbstbestimmung begründet (Achtung des „Privatlebens“),[734] können sich ebenso die Kindeseltern berufen. Daneben ist Art. 7 GRCh einschlägig.[735] Freizügigkeit im Hoheitsgebiet der Mitgliedstaaten wird durch die Unionsbürgerschaft nach Artt. 20 Abs. 2 S. 2 lit. a, 21 Abs. 1 AEUV wie auch Art. 45 Abs. 1 GRCh garantiert.[736] In Art. 2 Abs. 2 des Protokolls Nr. 4 zur EMRK (4. ZP EMRK), Art. 13 Abs. 2 der (nicht rechtsverbindlichen) Allgemeinen Erklärung der Menschenrechte (AEMR) sowie Art. 12 Abs. 2 des Internationalen Paktes über bürgerliche und politische Rechte (UN-Zivilpakt) ist darüber hinaus die Ausreisefreiheit verbürgt. Hat der beabsichtigte Umzug berufliche Gründe, kann die Arbeitnehmerfreizügigkeit nach Art. 45 Abs. 1, 3 lit. b AEUV bzw. Art. 15 Abs. 1, 2 GRCh betroffen sein,[737] ebenso wie Art. 6 Abs. 1 des Internationalen Paktes über wirtschaftliche, soziale und kulturelle Rechte (UN-Sozialpakt). Bezieht man weiterhin die Gender-Dimension der *Relocation*-Problematik mit ein, lassen sich etwa das Grundrecht der Gleichbehandlung aus Art. 23 GRCh, jeweils Art. 3 des UN-Zivil- bzw. Sozialpaktes sowie die Diskriminierungsverbote aus Art. 14 EMRK und Art. 2 Abs. 1 AEMR heranziehen. Artt. 11 Abs. 1 lit. c, 15

733 Art. 8 EMRK schützt unter dem Begriff des „Familienlebens“ die Beziehungen zwischen Elternteilen und ihren Kindern und begründet ein Recht auf Zusammenleben oder persönlichen Kontakt, auch wenn die Beziehung der Eltern beendet ist, sh. z.B. EGMR, Urt. v. 11.07.2000, Beschwerde Nr. 29192/95, *Ciliz/Niederlande*, NVwZ 2001, 547; Urt. v. 26.05.1994, Beschwerde Nr. 16/1993/411/490, *Keegan/Irland*, NJW 1995 2153; Meyer-Ladewig/Nettesheim/v. Raumer/*Meyer-Ladewig/Nettesheim*, EMRK, Art. 8 Rz. 67. Sh. auch *Herring/Taylor*, 18 C.F.L.Q. 517, 530 (2006). Auch Art. 7 GRCh schützt das „Familienleben“, hinsichtlich des Kindes ist der Anwendungsbereich von Art. 24 Abs. 3 GRCh jedoch vorrangig, sh. *Jarass*, GRCh, Art. 24 Rz. 8.

734 EGMR, Urt. v. 29.04.2002, Beschwerde Nr. 2346/02, *Pretty/Vereinigtes Königreich*, NJW 2002, 2851; sh. auch Meyer-Ladewig/Nettesheim/v. Raumer/*Meyer-Ladewig/Nettesheim*, EMRK, Art. 8 Rz. 7 sowie *Herring/Taylor*, 18 C.F.L.Q. 517, 524 (2006).

735 Art. 7 GRCh gibt die Vorschrift des Art. 8 EMRK wieder. Die darin garantierten Rechte haben gem. Art. 52 Abs. 3 S. 1 GRCh die gleiche Bedeutung und Tragweite wie bei Art. 8 EMRK. Sh. auch Charta-Erläuterungen, ABl. EU 2007 C 303/20.

736 Sh. dazu *Lamont*, 34 J. Soc. Wel. & Fam. L. 231 (2012).

737 Zum Verhältnis von Art. 45 AEUV und Art. 15 Abs. 2 GRCh sh. *Jarass*, GRCh, Art. 15 Rz. 19 f. Zum Verhältnis von Art. 15 Abs. 1 und Abs. 2 GRCh sh. *Jarass*, GRCh, Art. 15 Rz. 20a m.w.N.

Abs. 4 des Übereinkommens zur Beseitigung jeder Form von Diskriminierung der Frau (UN-Frauenrechtskonvention) sind ebenfalls einschlägig.

Der Blick auf die international und europarechtlich abgesicherten Rechte verdeutlicht die der *Relocation*-Problematik zugrunde liegende komplizierte Interessenlage. Hilfe in Bezug auf ihre korrekte Handhabung bietet er indessen wenig.[738] Wenngleich zwar die grundsätzlich anzustellenden Erwägungen hierdurch ersichtlich werden, sind konkrete Anhaltspunkte für die angemessene Gewichtung der Interessen nicht zu finden. Absoluter Vorrang kommt so etwa keinem der Interessen zu. Weder Art. 3 Abs. 1 UN-KRK noch Art. 24 Abs. 2 GRCh erklärt das Kindeswohl zum *alleinigen* Entscheidungsgesichtspunkt.[739] Zu beachten ist in diesem Zusammenhang etwa auch Art. 3 Abs. 2 UN-KRK, demzufolge die Vertragsstaaten sich verpflichten, dem Kind *unter Berücksichtigung der Rechte und Pflichten seiner Eltern* den Schutz und die Fürsorge zu gewährleisten, die zu seinem Wohlergehen notwendig sind.[740] Daneben sind die o.g. Rechte nicht schrankenlos gewährleistet. Art. 9 Abs. 1 S. 1, 2 UN-KRK weist darauf hin, dass eine Trennung des Kindes von seinen Eltern zum Wohle des Kindes notwendig sein kann, so etwa wenn bei getrennt lebenden Eltern eine Entscheidung über den Aufenthaltsort des Kindes zu treffen ist. Auch das Recht des von einem Elternteil getrennt lebenden Kindes auf regelmäßige persönliche Beziehungen und direkte Kontakte zu beiden Elternteilen ist aus Gründen des Kindeswohls beschränkbar (Art. 9 Abs. 3 UN-KRK; Artt. 52 Abs. 1, 24 Abs. 3 GRCh). Eingriffe in die Freizügigkeit und Ausreisefreiheit, ebenso wie die aus Art. 8 Abs. 1 EMRK resultierenden Rechte sind ebenfalls, insbesondere zum Schutze der Rechte und Freiheiten anderer, möglich (Art. 52 Abs. 2 GRCh i.V.m. Art. 21 Abs. 1 AEUV; Art. 2 Abs. 3 4. ZP EMRK; Art. 12 Abs. 3 UN-Zivilpakt; Art. 8 Abs. 2 EMRK). Nichts anderes gilt für die die Arbeitnehmerfreizügigkeit bzw. Berufsfreiheit betreffenden Regelungen (Artt. 52 Abs. 1 GRCh; 52 Abs. 2 GRCh i.V.m. Art. 45 Abs. 3 AEUV; 4 UN-Sozialpakt). Wie nun aber die Gewichtung der Interessen konkret in der *Relocation*-Situation zu erfolgen hat, geht aus den internationalen und europarechtlichen Vorschriften nicht hervor. Letztlich wird man daher sagen müssen, dass sie die Problematik der *Relocation* vielmehr widerspiegeln, als dass sie zu ihrer Lösung beitragen.[741]

---

738 *AMS v AIF* [1999] HCA 26 [168] f.; (1999) 199 CLR 160, 218 (Kirby J).

739 Sh. nur *Wapler*, Kinderrechte und Kindeswohl, S. 244 ff. m.w.N. *Schmahl*, UN-KRK, Art. 3 Rz. 7; *Jarass*, GRCh, Art. 24 Rz. 16 jew. m.w.N.

740 Sh. *Young*, 23 C.F.L.Q. 203, 208 (2011).

741 *AMS v AIF* [1999] HCA 26 [168] f.; (1999) 199 CLR 160, 218 (Kirby J).

Auf nationaler Ebene sind das Recht auf autonome und örtlich freizügige Lebensgestaltung aus Art. 2 Abs. 1 GG sowie das durch Art. 6 Abs. 1, 2 GG geschützte Interesse von Eltern und Kind auf Kontakt zueinander betroffen.[742] Sind die Umzugsgründe beruflicher Natur, kann daneben Art. 12 Abs. 1 GG berührt sein. Hinsichtlich der Gender-Dimension der Problematik ist Art. 3 Abs. 2, 3 GG einschlägig.

Eine abschließende Antwort auf die Frage nach der korrekten Gewichtung der Interessen enthält das Grundgesetz indessen nicht. Die vom *BGH* vorgenommene Interessengewichtung, nämlich die Schlussfolgerung, Art. 2 Abs. 1 GG schließe es aus, den Verbleib des Betreuungselternteils in Betracht zu ziehen,[743] ist jedenfalls keineswegs zwingend.[744] Unmittelbar aus der Verfassung folgt die Priorität von Autonomie und Freizügigkeit nicht.[745] So ist dem Grundgesetz weder ein abstrakter Vorrang des Art. 2 Abs. 1 GG zu entnehmen,[746] noch sind die daraus resultierenden Rechte schrankenlos gewährleistet. Sie finden ihre Grenze vielmehr dort, wo die Rechte anderer verletzt werden.[747] Die aus Artt. 2 Abs. 1; 6 Abs. 1, 2 GG abgeleiteten Rechte von Kind und Umgangselternteil könnten zu einer Beschränkung von Autonomie und Freizügigkeit des Betreuungselternteils daher durchaus herangezogen werden.[748] *Rieck* führt insofern an, dass wenn schon die Meinung vertreten werde, die Freizügigkeit des Kindes sei durch das Elternrecht nach Art. 6 Abs. 2 GG und durch den Zwang zum Zusammenleben mit den Erziehungsberechtigten nach Art. 6 Abs. 3 GG beschränkt, könne dies ebenso im Rahmen der Ausübung des Elternrechts nach Art. 6 Abs. 2 GG für den Elternteil gelten.[749] Hierbei stützt er sich auf § 235 StGB, aus dem sich die Beschränkung der Freizügigkeit durch das Elternrecht des anderen Elternteils ergebe.[750] Dass Art. 6 Abs. 1, 2 GG Vorrang vor Art. 2 Abs. 1 GG genießt, kann

742 Nach ständiger Rspr. des *BVerfG* wird die Ausreisefreiheit nicht von Art. 11 GG geschützt, sh. nur BVerfG, Urt. v. 16.01.1957, Az.: 1 BvR 253/56, BVerfGE 6, 32, 34 ff.

743 Sh. oben unter 2.Teil.C.II.

744 Sh. *Rieck*, ZKJ 2009, 165, 166, der die Frage aufwirft, ob die Fokussierung allein auf die Freizügigkeit der Kindesmutter den Ansprüchen genügen könne, die an eine umfassende Abwägung der Interessen zu stellen sei, und zu dem Ergebnis kommt, dass eine Priorität angenommen werde, die nicht besteht.

745 Ebd.

746 Zur Frage nach einer Rangordnung der Grundrechte sh. *Rusteberg*, Der grundrechtliche Gewährleistungsgehalt, S. 52 f. Sh. auch *Rieck*, ZKJ 2009, 165.

747 Zur sog. „Schrankentrias“ sh. Maunz/Dürig/*Di Fabio*, GG, Art. 2 Rz. 37 ff.

748 Sh. *Rieck*, ZKJ 2009, 165, 166.

749 Ebd.

750 Ebd. Fn. 18.

dabei allerdings ebenso wenig angenommen werden, sind die sich hieraus ergebenden Rechte doch ihrerseits durch das staatliche Wächteramt nach Art. 6 Abs. 2 S. 2 GG beschränkt.[751] Im Hinblick auf die hier interessierende Frage nach der Einbeziehung der Verbleibens-Alternative ist demnach festzuhalten, dass weder ihre Einbeziehung noch ihre Nichteinbeziehung von Verfassungs wegen geboten ist.

### 4. *Interessenabwägung im Verhältnis Betreuungselternteil – Umgangselternteil*

Im Verhältnis der Elternteile untereinander spricht gegen die Einbeziehung der Verbleibens-Alternative im Wesentlichen die dadurch bedingte Freiheitsbeschränkung des Betreuungselternteils.[752] Zwar geht auch die Nichteinbeziehung der Verbleibens-Alternative mit einer Beschränkung der Rechte des Umgangselternteils einher,[753] hieraus aber zu schlussfolgern, dass keiner der beiden Ansätze dem jeweils anderen vorzuziehen wäre, weil sie beide gleichermaßen einschränkend wirken, wäre indessen nicht richtig. Im Verhältnis der Elternteile untereinander ist vielmehr die Nichteinbeziehung der Verbleibens-Alternative als vorzugswürdiger anzusehen. Zwei Überlegungen sind insofern maßgeblich.

#### *a) Unterschiede in der Eingriffsintensität*

Geht man nicht von der gängigen Gegenüberstellung „Freizügigkeit des Betreuungselternteils“ und „Elternrecht des Umgangselternteils“ aus, sondern wie dargelegt von dem bei beiden Elternteilen betroffenen Recht auf autonome und örtlich freizügige Lebensgestaltung,[754] kann sich zwar jeder Elternteil auf dasselbe zur Selbstbestimmung verliehene Recht berufen, die aus der restriktiven Handhabung hervorgehende Freiheitsbeschränkung des Betreuungselternteils muss gleichwohl als vergleichsweise intensiver angesehen werden. Grund dafür ist das unterschiedliche Ausmaß an Veränderung im Hinblick auf die Beziehung zum Kind, das bei Wahrnehmung der Freiheitsrechte droht. Während der Betreuungselternteil, dem die Mitnahme des Kindes versagt wird, bei Umsetzung des Auswanderungswunsches seine Rolle als primär betreuender Elternteil aufgeben müsste, er folglich zu einem bloßen Umgangselternteil würde, sind die dem Kontaktelternteil drohenden Veränderungen nicht von grundlegender Art.

751 Vgl. *Rieck*, ZKJ 2009, 165, 166.
752 Sh. 4.Teil.C.I.1.
753 Sh. 4.Teil.C.I.2.
754 Sh. oben 4.Teil.C.II.1.

Der Umgangselternteil, der sich trotz Wegzugs des Kindes für einen Verbleib am ursprünglichen Wohnort entscheidet, muss zwar regelmäßig Veränderungen im Hinblick auf Quantität und Qualität seiner Beziehung zum Kind hinnehmen, das Verhältnis ändert sich jedoch nicht seiner Natur nach. Die sich dem Betreuungselternteil bei restriktiver Handhabung stellende Hürde in Bezug auf die Wahrnehmung seines Rechtes auf Autonomie und Freizügigkeit ist daher weitaus höher anzusiedeln als jene, auf die der Umgangselternteil bei einer „pro-*Relocation*"-Handhabung stößt.[755]

Argumentieren ließe sich zwar umgekehrt, dass die den Umgangselternteil treffende Beschränkung deshalb eine intensivere Freiheitsbeschränkung darstellt, weil dieser zum potenziellen neuen Wohnort oftmals keinerlei Verbindung aufweist, während der Betreuungselternteil den derzeitigen Wohnort wenigstens einmal autonom gewählt hat,[756] im Ergebnis überzeugt dies jedoch nicht. Infragestellen ließe sich so zum einen schon, inwieweit die ursprüngliche Wahl des Wohnortes tatsächlich autonom erfolgte und nicht vielmehr das Ergebnis eines Zugeständnisses im Interesse des anderen Elternteils oder jedenfalls der Familiengemeinschaft war.[757] Zum anderen ändert die mitunter mangelnde Verbundenheit zum potenziellen neuen Wohnort nichts daran, dass der gegenüber dem Umgangselternteil bestehende Zwang, diesen Wohnortwechsel überhaupt zu vollziehen, aufgrund der eben nicht grundlegenden Veränderungen auch im Falle seines Verbleibs am ursprünglichen Wohnort vergleichsweise weniger intensiv ist.

### *b) Bürden der Kinderbetreuung*

Zu berücksichtigen ist weiterhin, dass bei Einbeziehung der Verbleibens-Alternative und der damit einhergehenden restriktiven Handhabung der *Relocation*-Problematik derjenige Elternteil benachteiligt wird, der die Bürden der

---

755 Nicht ganz zutreffend ist die Argumentation von *Weiner*, die Konsequenzen für den Betreuungselternteil seien deshalb nicht mit jenen für den Umgangselternteil vergleichbar, weil letztere auf der eigenen Entscheidung des Umgangselternteils beruhten, nicht mit dem Kind mit umzuziehen, während erstere auf der ablehnenden Entscheidung des Gerichts beruhten, sh. *Weiner*, 40 U.C. Davis L. Rev. 1747, 1760 (2007). Tatsächlich beruhen beide auf der jeweils eigenen Entscheidung des Elternteils, die Entscheidung des Betreuungselternteils zum Verbleib am ursprünglichen Wohnort kann aufgrund der dargelegten intensiveren Zwangswirkung nur als „weniger autonom" angesehen werden.

756 *Sampson & Hartnett (No. 10)* [2007] FamCA 1365 [57] (Bryant CJ and Warnick J).

757 Vgl. *Young*, 23 C.F.L.Q. 203, 219 (2011).

Kinderbetreuung übernommen und damit zahlreiche persönliche wie auch finanzielle Entbehrungen in Kauf genommen hat.[758] Bei einer genehmigungsfreundlicheren Herangehensweise infolge Nichteinbeziehung der Verbleibens-Alternative ist demgegenüber derjenige Elternteil betroffen, der ein „Weniger“ an Verantwortung und folglich ein „Weniger“ an persönlichen wie finanziellen Einschränkungen trägt. Die diesen Elternteil treffende Benachteiligung kann daher als „weniger ungerecht“ empfunden werden.[759]

Problematisch an dieser Argumentation war bislang, dass dem Kontaktelternteil die Übernahme einer verantwortungsvolleren Rolle in Bezug auf die Betreuung und Erziehung des Kindes in Deutschland nicht immer gänzlich offenstand, schied die Anordnung eines Wechselmodells gegen den Willen eines Elternteils nach bisher überwiegender Rechtsprechung doch aus.[760] Besonders problematisch erschien dies in Fällen, in denen die Betreuung des Kindes im Vorfeld der Trennung von beiden Elternteilen gleichermaßen wahrgenommen wurde, nach der Trennung jedoch ein Elternteil trotz seiner Bereitschaft zur Verantwortung in die Rolle des Umgangselternteils gedrängt wurde, die ihm in der *Relocation*-Situation sodann zum Nachteil gereichte. Mit der jüngst veröffentlichten Entscheidung des *BGH*, der die gerichtliche Anordnung eines Wechselmodells auch ohne entsprechenden Konsens für grundsätzlich zulässig erklärte,[761] sind derartige Bedenken nunmehr unbegründet. Zwar muss auch hiernach die Anordnung eines Wechselmodells ausscheiden, wenn dies dem Wohl des Kindes – etwa aufgrund hohen elterlichen Konfliktniveaus – im konkreten Fall widersprechen würde.[762] Dass ein Elternteil daher entgegen seiner Verantwortungsbereitschaft von der alltäglichen Sorge ausgeschlossen wird, ist somit weiterhin möglich, dann jedoch allein aufgrund der insofern maßgeblichen Kindesinteressen und nicht aufgrund mitunter willkürlichen Vetos des anderen Elternteils.

---

758 *Behrens*, 27 Melb. Univ. L. Rev. 572 (2003); *Weiner*, 40 U.C. Davis L. Rev. 1747, 1804 f. (2007).

759 Sh. *Weiner*, 40 U.C. Davis L. Rev. 1747, 1804 f. (2007); *Jones v Jones* 885 P.2d 563, 570 (Nev. 1994): „If either is to sacrifice in this respect, there is indeed less reason to demand the sacrifice to be made by the custodial parent since it is she in the end who must arrange her life in a manner consistent with the day-to-day burdens of simultaneously raising a child and pursuing a career."

760 Sh. 4.Teil.B.I.

761 BGH, Beschl. v. 01.02.2017, Az.: XII ZB 601/15, NJW 2017, 1815, 1817 Tz. 26 zit. nach juris.

762 Ebd., 1817 f. Tz. 24 f., 27 ff.

### 5. *Interessenabwägung im Verhältnis Betreuungselternteil – Kind*

Wenngleich im Verhältnis der Elternteile untereinander die Nichteinbeziehung der Verbleibens-Alternative als vorzugswürdiger anzusehen ist, kann es für die Frage nach der korrekten Handhabung der *Relocation*-Problematik allein hierauf nicht ankommen. Keineswegs beantwortet ist damit nämlich die bereits angeklungene Frage, inwieweit möglicherweise das Wohl des Kindes die Einbeziehung der Verbleibens-Alternative fordert.

Für die Einbeziehung der Verbleibens-Alternative spricht im Wesentlichen das Kindeswohl. Vor dem Hintergrund zahlreicher Studien, die die kindeswohlfördernde Wirkung einer intensiven und vor allem durch alltäglichen Kontakt geprägten Beziehung zu beiden Elternteilen darlegen,[763] erscheint die Außerachtlassung der Möglichkeit, dass beide Elternteile auch künftig in unmittelbarer Nähe zueinander wohnen, problematisch. Wenngleich der Verbleib des Betreuungselternteils bzw. der gleichzeitige Umzug des Umgangselternteils nicht stets dem Kindeswohl am besten entsprechen mag – von wesentlichem Einfluss sind hier weitere Faktoren wie das elterliche Konfliktniveau sowie die Qualität der Beziehung zum Umgangselternteil,[764] aber auch die Frage, inwieweit sich die Aufgabe des Umzugs auf Verfassung und Erziehungsfähigkeit des Betreuungselternteils und sodann mittelbar auf das Kindeswohl auswirken würde –[765], kann die ausnahmslose Ausblendung dieser Alternative durchaus kritisch gesehen werden.

Das gesetzliche Kindeswohlprinzip enthält als wesentliche Aussage, dass das Kindesinteresse bei der Sorgerechtsentscheidung anderen Interessen gegenüber Vorrang hat.[766] Rechtfertigung findet dieser Vorrang in der unmittelbaren Betroffenheit des Kindes von der Sorgerechtsregelung und seiner „Individualität als Grundrechtsträger".[767] So ist die Entscheidung über den künftigen Lebensmittelpunkt des Kindes und diejenige Person, die seine weitere Entwicklung im Wesentlichen beeinflussen wird, für die Zukunft des Kindes wegweisend.[768] § 1671 Abs. 1 S. 2 Nr. 2 BGB fordert dementsprechend diejenige Entscheidung,

763 Sh. 1.Teil.C.I.

764 Sh. 1.Teil.C.I.; C.II.

765 Sh. 4.Teil.A.II.

766 Staud/*Coester*, § 1671 Rz. 157.

767 BVerfG, Beschl. v. 05.11.1980, 1 BvR 349/80, NJW 1981, 217, 218; Staud/*Coester*, § 1671 Rz. 157. Sh. auch *Wapler*, Kinderrechte und Kindeswohl, S. 250 f.

768 *Coester*, Kindeswohl, S. 214 f. Sh. auch *Wapler*, Kinderrechte und Kindeswohl, S. 250 f.

die „dem Wohl des Kindes am besten entspricht", d.h. die unter den zur Auswahl stehenden Alternativen bestmögliche Lösung.[769] Indem der *BGH* die Möglichkeit eines Verbleibs des betreuenden Elternteils ausblendet, schließt er die für das Wohl des Kindes oftmals beste Alternative von vornherein aus. Den Konflikt zwischen dem Interesse des Kindes an der Beibehaltung des status quo und dem Interesse des Betreuungselternteils an autonomer und örtlich freizügiger Lebensgestaltung löst er damit vorab zugunsten des letzteren, ehe er auf einer zweiten Stufe die Kindeswohlabwägung vornimmt.

Dem ist zuzustimmen. Würde die Verbleibens-Alternative in die Entscheidungsfindung einbezogen, bliebe dem Gericht angesichts des eindeutigen Wortlauts von § 1671 Abs. 1 S. 2 Nr. 2 BGB regelmäßig keine andere Möglichkeit, als sich für die Beibehaltung des status quo als die dem Kindeswohl am besten entsprechendste Alternative zu entscheiden.[770] Problematisch hieran wäre, dass es sich bei der in der *Relocation*-Situation zu treffenden Entscheidung nicht um eine „gewöhnliche" Sorgerechtsentscheidung handelt, bei der auf Seiten der Elternteile vor allem das aus Art. 6 Abs. 2 S. 1 GG resultierende Elternrecht zu berücksichtigen und die Ansteuerung der Optimallösung bezogen auf das Kindeswohl daher gerechtfertigt ist.[771] Zieht man den Verbleib des Betreuungselternteils als Entscheidungsalternative in Betracht, stellt die Sorgerechtsentscheidung zugleich eine Entscheidung über wesentliche Aspekte der persönlichen Lebensgestaltung des Betreuungselternteils dar – nämlich die Frage, wo dieser seinen künftigen Lebensmittelpunkt haben wird und ob er seine privaten und/oder beruflichen Pläne wird verwirklichen können.[772] Die Sorgerechtsentscheidung in der *Relocation*-Situation betrifft den Betreuungselternteil daher ebenso zentral wie das Kind, sodass die hinter § 1671 Abs. 1 S. 2 Nr. 2 BGB stehende Erwägung – letztlich die primäre Betroffenheit des Kindes – nicht zutrifft. In dieser Situation alleine nach den Interessen des Kindes zu entscheiden, wäre nicht gerechtfertigt.[773]

Im Rahmen der allgemeinen elterlichen Sorge kann ein regelhafter Vorrang der Kindesinteressen nicht angenommen werden. Unstreitig ist zwar, dass Eltern im Innenverhältnis zu ihren Kindern durch Art. 6 Abs. 2 S. 1 GG auf

769 Staud/*Coester*, § 1671 Rz. 155; *Wapler*, Kinderrechte und Kindeswohl, S. 279.

770 Sh. bereits oben 4.Teil.C.I.1.

771 Sh. *Glennon*, 4 Utrecht L. Rev. 55 (2008).

772 Sh. ebd. Zur grundlegenden Bedeutung der Ausreisefreiehit für die menschliche Selbstverwirklichung sh. bereits oben 4.Teil.A.II.

773 Sh. auch 4.Teil.A.II.

das Wohl ihrer Kinder verpflichtet sind;[774] dass bei einer Interessenkollision zwischen Eltern und Kindern die Belange der Eltern jedoch stets zurücktreten müssten, kann nicht angenommen werden.[775] Gem. Art. 6 Abs. 2 S. 1 GG genießen Eltern die grundsätzliche Freiheit, die Erziehung ihrer Kinder in eigener Verantwortung und ohne staatliche Einmischung zu gestalten.[776] Wollte man ihre Interessen den Kindesbelangen stets unterordnen – m.a.W.: wollte man das Elternrecht als rein „fremdnützig" verstehen –, würde der abwehrrechtliche Gehalt dieses Grundrechts weitgehend unterlaufen.[777] Entscheidungen in Ausübung des Sorgerechts betreffen zudem vielfach nicht allein das Kind, sondern zugleich die weiteren Familienmitglieder.[778] Jede innerhalb der Familiengemeinschaft zu treffende Entscheidung aber allein dem Maßstab des Kindeswohls zu unterwerfen, unabhängig davon, inwieweit auch die übrigen Familienmitglieder hiervon berührt sind, erscheint nicht sachgerecht und widerspräche dem allgemeinen Rechtsempfinden.[779] Doch auch dem Kindeswohl selbst dürfte die regelhafte Zurückstellung der elterlichen Interessen zuwiderlaufen.[780] Wenn es erklärtes Ziel des Elternrechts ist, „dass ein Kind sich durch Erziehung zu einer eigenverantwortlichen und *gemeinschaftsfähigen* Persönlichkeit entwickeln

---

774 BVerfG, Urt. v. 01.04.2008, Az.: 1 BvR 1620/04, BVerfGE 121, 69, 92 = NJW 2008, 1287, 1288 Tz. 70; Beschl. v. 30.06.2009, Az.: 1 BvR 1868/08, Tz. 12; *Wapler*, Kinderrechte und Kindeswohl, S. 114; v. Münch/Kunig/*Coester-Waltjen*, GG, Art. 6 Rz. 78; Staud/*Peschel-Gutzeit*, § 1626 Rz. 8.

775 In diese Richtung zwar BVerfG, Urt. v. 03.11.1982, Az.: 1 BvL 25/80, 1 BvL 38/80, 1 BvL 40/80, 1 BvL 12/81, BVerfGE 61, 358, 378 = NJW 1983, 101, 102 Tz. 63; Beschl. v. 18.06.1986, Az.: 1 BvR 857/85, BVerfGE 72, 122, 137 = NJW 1986, 3129, 3130 Tz. 51 jew. zit. nach juris. Insgesamt legen die Entscheidungen des BVerfG jedoch nahe, dass es den Vorrang des Kindeswohls nicht auf das Innenverhältnis von Eltern und Kind bezieht, sh. *Wapler*, Kinderrechte und Kindeswohl, S. 117 f.

776 BVerfG, Beschl. v. 17.02.1982, Az.: 1 BvR 188/80, BVerfGE 60, 79, 88 = NJW 1982, 1379 Tz. 34; Beschl. v. 29.07.1968, Az.: 1 BvL 20/63, 31/66, BVerfGE 24, 119, 143 = NJW 1968, 2233, 2235 Tz. 57 jew. zit. nach juris; *Wapler*, Kinderrechte und Kindeswohl, S. 111 f.; Staud/*Peschel-Gutzeit*, § 1626 Rz. 8; Maunz/Dürig/*Badura*, GG, Art. 6 Rz. 107.

777 *Wapler*, Kinderrechte und Kindeswohl, S. 118; v. Münch/Kunig/*Coester-Waltjen*, GG, Art. 6 Rz. 81. Gegen eine reine „Fremdnützigkeit" des Elternrechts z.B. auch v. Mangoldt/Klein/Starck/*Robbers*, GG, Art. 6 Rz. 188 f.; *Gernhuber/Coester-Waltjen*, FamR § 57 IV Rz. 27.

778 *Coester*, Kindeswohl, S. 211 f.

779 Ebd., S. 212. m.w.N.

780 Ebd., S. 213.

kann",[781] entspricht eine Erziehung, die das Kind vor jeglichem Kompromiss und Zugeständnis bewahrt, den wohlverstandenen Interessen des Kindes nicht – erfordert doch das Leben innerhalb einer sozialen Gemeinschaft gerade die Fähigkeit hierzu.[782] Dass dem Kind als Mitglied der Familiengemeinschaft mitunter auch Opfer abverlangt werden können, hat auch im einfachen Recht Niederschlag gefunden (§§ 1618a, 1619, 1649 Abs. 2 BGB).[783] Im Rahmen des ihnen zuerkannten Freiheitsraums können Eltern daher auch eigene, den Kindesbelangen womöglich widersprechende Interessen verfolgen.[784] Eine Grenze ist erst da erreicht, wo eine Gefährdung des Kindeswohls das Einschreiten des Staates kraft seines Wächteramtes erfordert.[785]

Außer Frage steht, dass die Integration der verschiedenen Interessen, wie sie von den Eltern innerhalb der intakten Familiengemeinschaft vorgenommen wird, für die gerichtliche Sorgerechtsentscheidung nicht gelten kann.[786] Wird der Staat im Rahmen seines Wächteramtes gem. Art. 6 Abs. 2 S. 2 GG tätig,[787] ist das

781 BVerfG, Beschl. v. 27.06.2008, Az.: 1 BvR 311/08, FamRZ 2008, 1737, 1738 Tz. 32 zit. nach juris [Hervorhebung durch Verf.]. Sh. auch BVerfG, Beschl. v. 29.07.1968, Az.: 1 BvL 20/63, 31/66, BVerfGE 24, 119, 144 = NJW 1968, 2233, 2235 Tz. 58 zit. nach juris: „Die Anerkennung der Elternverantwortung und der damit verbundenen Rechte findet daher ihre Rechtfertigung darin, daß das Kind des Schutzes und der Hilfe bedarf, um sich zu einer eigenverantwortlichen Persönlichkeit *innerhalb der sozialen Gemeinschaft* zu entwickeln, wie sie dem Menschenbilde des Grundgesetzes entspricht" [Hervorhebung durch Verf.]. Sh. weiterhin Staud/*Coester*, § 1666 Rz. 71, *Gernhuber/Coester-Waltjen*, FamR § 57 IV Rz. 29; *Coester*, Kindeswohl, S. 191 f. m.w.N.

782 *Coester*, Kindeswohl, S. 213 m.w.N. Sh. auch v. Münch/Kunig/*Coester-Waltjen*, GG, Art. 6 Rz. 81.

783 *Gernhuber/Coester-Waltjen*, FamR § 57 IV Rz. 27.

784 *Wapler*, Kinderrechte und Kindeswohl, S. 119 f.; *Coester*, Kindeswohl, S. 213; *Gernhuber/Coester-Waltjen*, FamR § 57 IV Rz. 27; v. Münch/Kunig/*Coester-Waltjen*, GG, Art. 6 Rz. 81.

785 v. Münch/Kunig/*Coester-Waltjen*, GG, Art. 6 Rz. 81.

786 Sh. *Coester*, Kindeswohl, S. 214.

787 Zur Frage nach der Grundlage der staatlichen Regelungskompetenz über das Sorgerecht sh. *Wapler*, Kinderrechte und Kindeswohl, S. 150 ff. Das *BVerfG* zieht zur Rechtfertigung sorgerechtlicher Entscheidungen das staatliche Wächteramt heran, allerdings verknüpft mit der Aufgabe des Staates, die Rechtsordnung und den Rechtsfrieden zu wahren, sh. BVerfG, Beschl. v. 15.06.1971, Az.: 1 BvR 192/70, BVerfGE 31, 194, 205 Tz. 33 zit. nach juris.

Kindeswohl als dessen Schutzgut bestimmender Maßstab für seine Ausübung.[788] Die Verpflichtung auf das Wohl des Kindes entbindet den Staat gleichwohl nicht davon, auch die Interessen aller weiteren Personen, die von der Entscheidung betroffenen sind, angemessen zu berücksichtigen. Verfassungsrechtlich kann statt eines absoluten Vorrangs der kindlichen Interessen daher lediglich eine „Abwägungs- und Berücksichtigungspflicht“ bestehen.[789]

Für die Frage nach der konkreten Gewichtung der Interessen kann das oben Dargelegte daher nicht bedeutungslos sein – wird hieran doch deutlich, dass das Kind im Interesse der Familiengemeinschaft mitunter auch zurückstehen muss. Wenngleich die Familiengemeinschaft in der *Relocation*-Situation zerbrochen ist, besteht die Pflicht zur gegenseitigen Rücksichtnahme fort. Gerade gegenüber den Interessen desjenigen Elternteils, der die tägliche Betreuung übernimmt – mit dem das Kind im Rahmen des Residenzmodells also jene Gemeinschaft bildet, die an die Stelle der bisherigen Familiengemeinschaft getreten ist – muss eine sorgsame Austarierung der Interessen erfolgen. Es wäre ein fatales Zeichen, würde die Entscheidung für Kinder zugleich die Aufgabe eigenständigen Lebens bedeuten. Nicht nur die Geburtenrate dürfte hierunter langfristig leiden, auch dem konkreten Kind wäre nicht damit gedient, wenn seine Eltern die elterliche Verantwortung in letzter Konsequenz nur geradezu bereitwillig abgäben.[790]

Dass umgekehrt eine uneingeschränkte Wahrnehmung der Lebensgestaltungsfreiheit nach der Geburt eines Kindes nicht mehr möglich ist und die persönlichen Interessen der Eltern vielfach hinter die Bedürfnisse des Kindes zurücktreten müssen, leuchtet ein. Unweigerlich stellt sich in diesem Zusammenhang die Frage nach den der Auswanderung zugrunde liegenden Motiven als mögliches Abwägungskriterium. Mag es auf den ersten Blick überzeugend erscheinen, das Interesse des Kindes an der Beibehaltung des status quo dem Interesse des Betreuungselternteils an autonomer und örtlich freizügiger Lebensgestaltung „nicht bei jedem“ Auslandsumzug unterzuordnen, so sind der praktischen Umsetzung dessen Grenzen gesetzt. Problematisch ist die Justiziabilität der Umzugsmotive.[791] Stellt man etwa auf wirtschaftliche oder berufliche Gründe für den Wegzug ab, ergibt sich die Frage, ob ein so bedingter Umzug

788 *Wapler*, Kinderrechte und Kindeswohl, S. 127; v. Münch/Kunig/*Coester-Waltjen*, GG, Art. 6 Rz. 93; BVerfG, Beschl. v. 29.07.1968, Az.: 1 BvL 20/63, 31/66, BVerfGE 24, 119, 144 = NJW 1968, 2233, 2235 Tz. 59; Beschl. v. 16.01.2002, Az.: 1 BvR 1069/01, FamRZ 2002, 535, 536 Tz. 12 jew. zit. nach juris.

789 Vgl. *Wapler*, Kinderrechte und Kindeswohl, S. 247 f., 497 f.

790 *Coester*, Kindeswohl, S. 212 Fn. 197 m.w.N.

791 *Coester-Waltjen*, ZKJ 2013, 4.

stets zulässig ist, nur bei voraussichtlicher Verbesserung der wirtschaftlichen bzw. beruflichen Verhältnisse oder gar lediglich im Falle einer zwingenden Erforderlichkeit.[792] Keine eindeutige Wertung findet sich auch für die Absicht eines Ausländers, in seine Heimat zurückzukehren. Während dies größtenteils als legitimer Grund anerkannt wird,[793] verweisen andere darauf, dass dieser Wunsch nicht spannungsfrei sei, da man das Kind gerade jenen Problemen aussetze, denen man selbst zu entfliehen versuche.[794] Besonders uneinheitlich lässt sich

---

792 Sh. einerseits OLG Nürnberg, Beschl. v. 11.02.2000, Az.: 7 UF 4435/99, FamRZ 2000, 1603 Tz. 70, 86 zit. nach juris (Berufliche Gründe anerkannt bei guter Chance auf Verbesserung der beruflichen Möglichkeiten und wirtschaftlichen Verhältnisse trotz fehlender konkreter Anstellung); andererseits OLG Koblenz, Beschl. v. 04.05.2010, Az.: 11 UF 149/10, FamRZ 2010, 1572, 1573 Tz. 36 zit. nach juris (Berufliche Gründe abgelehnt bei der Absicht, in Italien ein Nagelstudio zu eröffnen, da dies auch in Deutschland erfolgen könne und der Betrieb in Italien nicht erfolgsversprechender sei als in Deutschland); OLG München, Beschl. v. 10.04.2003; Az.: 26 UF 1607/02, 26 WF 1472/02, FamRZ 2003, 1493, 1494 (Triftige berufliche Gründe abgelehnt, da dem umzugswilligen Vater nicht zwingend die Entlassung drohe, wenn er nicht auf einen Arbeitsplatz an einem anderen Firmenstandort wechsele. Dass er künftig aus triftigen beruflichen Gründen zu einem Wegzug gezwungen sein könnte, sei zwar nicht auszuschließen, müsse dann aber überzeugend dargelegt werden); OLG Frankfurt, Beschl. v. 16.09.2002, Az.: 3 UF 205/01, FamRZ 2003, 1491, 1492 (Der Wunsch der Mutter, in den USA eine weitere Ausbildung zu absolvieren, um wirtschaftlich vom Kindesvater unabhängig zu werden, könne nicht dazu führen, dass dadurch das Umgangsrecht des Vaters vereitelt werde); sh. auch Schwab/*Motzer*, Hdb ScheidungsR III Rz. 221: „Ist dieser aus […] beruflichen Gründen *gezwungen*, seinen Lebensmittelpunkt […] zu verlegen" [Hervorhebung durch Verf.].

793 OLG Koblenz, Beschl. v. 04.05.2010, Az.: 11 UF 149/10, FamRZ 2010, 1572, 1573 Tz. 26, 32 f.; OLG München, Beschl. v. 09.04.2009, Az.: 2 UF 1818/08, FamRZ 2009, 1600, 1601 Tz. 15 (aufgehoben); Beschl. v. 09.05.2008, Az.: 12 UF 1854/07, NJW-RR 2009, 512, 513 Tz. 15, 22; OLG Karlsruhe, Beschl. v. 27.11.2008, Az.: 2 UF 88/08, FamRZ 2009, 435, 436 Tz. 39; OLG Köln, Beschl. v. 18.01.2006, Az.: 4 UF 209/04, NJW-RR 2006, 1588, 1589 f. Tz. 7, 9; OLG Zweibrücken, Beschl. v. 13.07.2004, Az.: 5 UF 47/04, NJW-RR 2004, 1588, 1589 f. Tz. 26, 33 jew. zit. nach juris; Schwab/*Motzer*, Hdb ScheidungsR III Rz. 221; anders aber OLG Koblenz, Beschl. v. 04.05.2010, Az.: 11 UF 149/10, FamRZ 2010, 1572, 1573 Tz. 33 f. zit. nach juris für den Fall, dass nicht die Rückkehr zu den familiären Wurzeln geplant ist, sondern an einen anderen Ort im Herkunftsland, an dem keinerlei gefestigte soziale Bindungen bestehen, in die das Kind einbezogen wäre. A.A. OLG München, Beschl. v. 03.09.2008, Az.: 16 WF 1252/08, FamRZ 2009, 794 Tz. 8 zit. nach juris (berufliche Gründe erforderlich).

794 Staud/*Rauscher*, § 1684 Rz. 72; *Warshak*, 34 Fam. L.Q. 83, 103 (2000).

weiterhin über Umzüge denken, denen weniger ein konkreter Anlass als vielmehr der bloße Wunsch nach Veränderung zugrunde liegt.[795]

Wollte man nach den der Auswanderung zugrunde liegenden Motiven differenzieren, liefen die Gerichte aufgrund der fehlenden objektiven Bewertungsmaßstäbe letztlich Gefahr, das dem (Mit-)Sorgeberechtigten zustehende Ermessen für die Aufenthaltsbestimmung durch eigenes Ermessen zu ersetzen.[796] Daraus folgt, dass eine Überprüfung der Auswanderungsmotive auf ihre Legitimität hin stets nur auf Extremfälle begrenzt bleiben könnte. Als unzulässig könnten nur solche Umzüge herausgefiltert werden, die dem Wohl des Kindes offensichtlich und eindeutig zuwiderliefen.[797] Im Ergebnis bestünde damit jedoch kein Unterschied zur Herangehensweise des *BGH*, demzufolge die Auswanderungsmotive „jedenfalls grundsätzlich" unbeachtlich sind und lediglich „bei der Beurteilung des Kindeswohls Berücksichtigung" finden,[798] nämlich dann, wenn sich hierin eine „mangelnde Fokussierung auf die Belange des Kindes offenbar[t]"[799]. Sind mit der Auswanderung etwa schädliche Folgen für das Kind verbunden oder stellt sie sich als ersichtlich unvernünftiges Vorhaben mit nicht vertretbaren Risiken für das Kind dar, muss die Erziehungseignung des betreuenden Elternteils hiernach in Zweifel gezogen werden.[800] Wenngleich also der Wegzug nicht legitimierungsbedürftig ist, können die zugrunde liegenden Motive im Rahmen der Abwägung

---

795 Sh. OLG Oldenburg, Beschl. v. 16.11.1979, Az.: 5 UF 80/79, FamRZ 1980, 78, 79, wo „der nicht näher zu substantiierende[...] Wunsch, in Australien zu leben statt in Deutschland", nicht als triftiger Grund anerkannt wurde. Dagegen auch *Zafran*, 18 Am. U. J. Gender & Soc. Pol'y & L. 163, 206 (2010). Sh. auch *Re B (Leave to Remove: Impact of Refusal)* [2004] EWCA Civ 956 [11], [16] f. (Thorpe LJ); *Garbolino/Kreeger/Messitte/Sheffield*, IFL 162, 164 (2013); *Elrod*, 1 J. Fam. L. & Pract. 51, 58 (2010).

796 Vgl. Johannsen/Henrich/*Jaeger*, § 1684 Rz. 18. Vgl. auch OLG Zweibrücken, Beschl. v. 13.07.2004, Az.: 5 UF 47/04, NJW-RR 2004, 1588 Tz. 23 zit. nach juris.

797 So etwa OLG Hamm, Beschl. v. 15.11.2010, Az.: 8 WF 240/10.

798 BGH, Beschl. v. 28.04.2010, Az.: XII ZB 81/09, BGHZ 185, 272, 280 = FamRZ 2010, 1060, 1062 Tz. 24. Sh. auch bereits 2.Teil.C.II. Ebenso MünchKomm/*Hennemann*, § 1671 Rz. 110; Johannsen/Henrich/*Büte*, § 1696 Rz. 26; Staud/*Coester*, § 1696 Rz. 90; *ders.*, FF 2010, 365, 366; *Coester-Waltjen*, ZKJ 2013, 4; *dies.*, iFamZ 2012, 311, 314.

799 *Coester*, FF 2010, 365, 366; sh. auch Johannsen/Henrich/*Jaeger*, § 1671 Rz. 61a; MünchKomm/*Hennemann* § 1684 Rz. 58 („*Korrektur" übereilter Entschlüsse oder* plötzlicher, kaum nachvollziehbarer und wenig sinnvoller Entscheidungen, wenn sie auf das Wohl des Kindes keine Rücksicht nehmen).

800 BGH, Beschl. v. 28.04.2010, Az.: XII ZB 81/09, BGHZ 185, 272, 280 f. = FamRZ 2010, 1060, 1062 Tz. 24. Dagegen Staud/*Rauscher*, § 1684 Rz. 72, da dies die Abwägung unzutreffend in die Nähe der Grenze des § 1666 BGB verschiebe und dem betreuenden Elternteil Willkür bis zur Grenze grober Unvernunft gebe.

bedeutsam sein, jedoch nur hinsichtlich *„ihrer Bedeutung* für *und Auswirkungen auf das Kindeswohl"*.[801] *Hieraus folgt nun, dass* die Einbeziehung bzw. Nichteinbeziehung der Verbleibens-Alternative nicht von der Darlegung überzeugender Umzugsgründe abhängig gemacht werden kann. Die Entscheidung des Betreuungselternteils über seinen künftigen Lebensmittelpunkt als Ausdruck seiner Selbstverwirklichung ist vielmehr nicht in Zweifel zu ziehen. Die Interessen des Kindes müssen dahinter zurückstehen. Dass sich die an den Betreuungselternteil regelmäßig erteilte Genehmigung der Kindesmitnahme in der Konsequenz auch auf solche Fälle erstreckt, in denen die Umzugsmotive vergleichsweise nichtig erscheinen, muss nach hier vertretener Auffassung hingenommen werden. Insofern muss der innerhalb der intakten Familiengemeinschaft den Eltern gemeinsam eingeräumte Ermessensspielraum im Hinblick auf die Integration der verschiedenen innerfamiliären Interessen nunmehr dem betreuenden Elternteil als demjenigen, der die überwiegende Verantwortung für das Kind und die täglichen Lasten seiner Betreuung trägt, zugestanden werden.

Nach alledem ergibt sich, dass auch das Kindeswohl die Einbeziehung der Verbleibens-Alternative im Rahmen der Entscheidungsfindung nicht erfordert. Der Nichteinbeziehung der Verbleibens-Alternative, wie sie innerhalb der deutschen Rechtsprechung erfolgt, ist daher zuzustimmen.

### 6. *Zusammenfassung*

Die Frage nach der Einbeziehung der Verbleibens-Alternative betrifft im Kern die Frage nach der korrekten Gewichtung des elterlichen Interesses an einer selbstbestimmten und vom ehemaligen Partner unabhängigen Lebensgestaltung und dem Interesse des Kindes an einer Beibehaltung des status quo – m.a.W. die Frage nach der „richtigen" Balance zwischen Freiheit und Verantwortung.

Die der *Relocation*-Problematik immanente Gender-Dimension kann bei ihrer Beantwortung keine Rolle spielen. Die Berücksichtigung der berechtigten Interessen beider Elternteile muss vielmehr unabhängig von Gender-Aspekten erfolgen. Ansatzpunkte für die Lösung der Gender-Problematik können und müssen allein im Vorfeld der *Relocation*-Situation liegen.

Wenngleich die jeweiligen Interessen sowohl auf internationaler und europarechtlicher als auch auf nationaler Ebene rechtliche Verankerung erfahren haben, lassen sich den Vorschriften konkrete Anhaltspunkte im Hinblick auf die Lösung der Problematik nicht entnehmen. Einer Einbeziehung der Verbleibens-Alternative auch in Deutschland stehen sie daher grundsätzlich nicht entgegen.

---

801 Johannsen/Henrich/*Jaeger*, § 1671 Rz. 61a.

Im Ergebnis machen jedoch weder die Rechte des umgangsberechtigten Elternteils noch das Wohl des Kindes die Einbeziehung der Verbleibens-Alternative im Rahmen der Entscheidungsfindung erforderlich.

Im Verhältnis der Elternteile untereinander gilt dies aufgrund der andernfalls eintretenden Freiheitsbeschränkung des Betreuungselternteils, die die aus einer Nichteinbeziehung der Verbleibens-Alternative resultierende Beschränkung der Rechte des Umgangselternteils in ihrem Ausmaß übersteigt. Zudem trifft letztere denjenigen Elternteil, der nicht die Bürden der Kinderbetreuung und damit zahlreiche persönliche wie auch finanzielle Entbehrungen, sondern ein „Weniger" an Verantwortung übernommen hat.

Im Verhältnis zu den Interessen des Kindes erscheint die Außerachtlassung der Verbleibens-Alternative angesichts zahlreicher Studien, die die kindeswohlfördernde Wirkung einer intensiven und alltäglichen Beziehung zu beiden Elternteilen darlegen, durchaus kritisch. Vor dem Hintergrund, dass das Kindeswohlprinzip in verfassungsrechtlicher Hinsicht nicht im Sinne eines absoluten Vorrangs der kindlichen Interessen, sondern vielmehr nur als „Abwägungs- und Berücksichtigungspflicht" zu verstehen ist, ist die Einbeziehung der Verbleibens-Alternative gleichwohl abzulehnen. Zöge man den Verbleib des Betreuungselternteils in Betracht, wäre dieser regelmäßig in einem für seine Selbstverwirklichung grundlegenden Aspekt seiner persönlichen Lebensgestaltung beeinträchtigt. Angesichts der auch nach dem Zerbrechen der Familiengemeinschaft – insbesondere im Verhältnis von Betreuungselternteil und Kind – fortbestehenden Pflicht zur gegenseitigen Rücksichtnahme, wäre dies unangemessen. Auf die dem Umzug zugrunde liegenden Motive kann es in diesem Zusammenhang nicht ankommen. Da es insofern an einer hinreichenden Justiziabilität fehlt, kann die Einbeziehung bzw. Nichteinbeziehung der Verbleibens-Alternative nicht hiervon abhängig gemacht werden.

## D. Zusammenfassung und Fazit

Zwingende Anordnungen, wie sie in Australien vom *Full Court of the Family Court* im Fall *Sampson & Hartnett (No. 10)* für grundsätzlich zulässig erachtet wurden, kommen hierzulande nicht in Betracht. Darüber hinaus ist schon die Einbeziehung der Verbleibens-Alternative sowohl in Fallgestaltungen, in denen die Betreuung des Kindes im Rahmen eines Residenzmodells erfolgt, als auch solchen, denen eine Betreuung im Wechselmodell zugrunde liegt, abzulehnen. Der Handhabung der *Relocation*-Problematik in Deutschland ist daher im Grundsatz zuzustimmen.

# 5. Teil: Die Problematik des grenzüberschreitenden Umgangs

Wenngleich die deutsche Handhabung der *Relocation*-Problematik grundsätzlich zustimmungswürdig ist, kann nicht unbeachtet bleiben, dass ein wesentlicher Aspekt derselben – nämlich das Problem der Aufrechterhaltung des Kontaktes zum zurückbleibenden Elternteil – regelmäßig keine ausreichende Berücksichtigung findet.[802] Auf die Problematik des grenzüberschreitenden Umgangs betreffend die Anerkennung und Vollstreckung deutscher Umgangsrechtsentscheidungen im Ausland soll im Folgenden eingegangen werden.

## A. Die Rechtslage zur Anerkennung und Vollstreckung deutscher Umgangsrechtsentscheidungen im Ausland

In Fällen internationaler *Relocation* erweist sich die Fortführung des Kontaktes zwischen Kind und zurückgebliebenem Elternteil oftmals als schwierig. Deutlich wird dies nicht nur in den verschiedenen soziojuristischen Studien zu den Erfahrungen von Kindern und Eltern mit *Relocation*-Streitigkeiten, in denen vom regelmäßig erlebten Verlust der Kinder berichtet wird,[803] auch die an der zentralen Anlaufstelle für grenzüberschreitende Kindschaftskonflikte (ZAnK)[804] gemachten Erfahrungen bezeugen die Problematik.[805] Von Fällen, in denen dies in der nunmehr großen Distanz und den damit verbundenen organisatorischen Schwierigkeiten begründet ist, sind jene Fälle zu unterscheiden, in denen dem zurückgebliebenen Elternteil die Ausübung seines Rechts auf Umgang mit dem im Ausland lebenden Kind durch den anderen Elternteil verweigert oder erschwert wird.

Auf dem Gebiet des internationalen Familienrechts existieren verschiedene Rechtsinstrumente, die für die Lösung solcher Konflikte Regelungen vorsehen. Von Bedeutung sind vor allem von der Bundesrepublik Deutschland unterzeichnete internationale Übereinkommen – namentlich das HKÜ, das KSÜ und das

802 Sh. bereits 2.Teil.C.III.4.

803 Sh. dazu 1.Teil.B.II.

804 Die ZAnK steht unter der Trägerschaft des Internationalen Sozialdienstes im Deutschen Verein und leistet Hilfe bei Kindschaftskonflikten mit Auslandsbezug.

805 Im Rahmen eines persönlichen Gesprächs mit einer Mitarbeiterin dieser Institution bestätigte sich dies.

Europäische Sorgerechtsübereinkommen (ESÜ)[806] – sowie im Verhältnis zwischen den Mitgliedstaaten der Europäischen Union die Brüssel IIa-VO[807].[808]

Findet im Verhältnis zum nunmehrigen Aufenthaltsstaat des Kindes keines dieser Instrumente Anwendung, stellt sich die Situation für zurückgebliebene Elternteile, deren Umgangsrecht unterwandert wird, oftmals besonders schwierig dar. Regelmäßig sind sie hier darauf verwiesen, die Behörden bzw. Gerichte des betreffenden Staates um Hilfe zu bitten und hierzu gegebenenfalls Rechtsanwälte vor Ort zu beauftragen oder um die Unterstützung dort ansässiger Nichtregierungsorganisationen zu ersuchen.[809]

Aber auch im Anwendungsbereich der oben genannten Übereinkommen bzw. der Brüssel IIa-VO ist die effektive Realisierung des Rechts auf Umgang mit dem im Ausland lebenden Kind nicht zwangsläufig sichergestellt. Problematisch ist es regelmäßig, wenn der Umzug in ein Land erfolgt, in dessen Verhältnis zu Deutschland lediglich das HKÜ Anwendung findet. Zwar kann nach Art. 21 HKÜ ein Umgangsrecht in einem ähnlichen Verfahren durchgesetzt werden wie die Rückgabe eines entführten Kindes, als in der Praxis unzureichend hat sich diese Vorschrift jedoch aus zwei Gründen erwiesen. Zunächst ergibt sich hieraus keine Rechtsgrundlage für die Anerkennung und Vollstreckbarerklärung einer bereits existierenden Umgangsrechtsentscheidung.[810] Dies kann dann regelmäßig nur nach dem nationalen Recht des anderen Staates erfolgen, wobei die Unterstützungsmöglichkeiten durch die ausländischen Zentralen Behörden vor Ort generell eher gering sind.[811] Weiterhin werden die durch Art. 21 HKÜ begründeten Verpflichtungen von den einzelnen Vertragsstaaten nicht einheitlich

---

806 Europäisches Übereinkommen vom 20. Mai 1980 über die Anerkennung und Vollstreckung von Entscheidungen über das Sorgerecht für Kinder und die Wiederherstellung des Sorgeverhältnisses, BGBl. 1990 II, S. 220.

807 Verordnung (EG) Nr. 2201/2003 des Rates vom 27. November 2003 über die Zuständigkeit und die Anerkennung und Vollstreckung von Entscheidungen in Ehesachen und in Verfahren betreffend die elterliche Verantwortung und zur Aufhebung der Verordnung (EG) Nr. 1347/2000, ABl. EU 2003 L 338, S. 1.

808 Für eine Übersicht über die Vertragsstaaten von HKÜ, KSÜ und ESÜ sh. Bundesamt für Justiz, Vertragsstaaten des Haager Kindesentführungsübereinkommens, des Haager Kinderschutzübereinkommens und des Europäischen Sorgerechtsübereinkommens.

809 Bundesamt für Justiz, Internationale Kindschaftsverfahren, S. 16.

810 Ebd., S. 19; *Duncan*, Transfrontier Access / Contact and the Hague Convention of 25 October 1980 on the Civil Aspects of International Child Abduction. Final Report, Prel. Doc. No. 5, S. 22 f.; *ders.*, Special Edition No. 1 The Judges' Newsletter 76 (2010).

811 Bundesamt für Justiz, Internationale Kindschaftsverfahren, S. 19.

ausgelegt.[812] Streitig ist schon, ob auf Grundlage dieser Norm überhaupt entsprechende Gerichtsverfahren angestrengt werden können, und wenn ja, ob auch die erstmalige Begründung eines Umgangsrechts begehrt werden kann.[813] Zahlreiche Staaten beschränken ihre Unterstützung zudem auf Fälle, in denen der Umgang im Anschluss an eine Kindesentführung begehrt wird.[814] Die von den ausländischen Zentralen Behörden und Gerichten geleistete Unterstützung kann sich demnach unterschiedlich darstellen.[815]

Weitergehende Vorschriften als das HKÜ enthalten das KSÜ, das ESÜ sowie die Brüssel IIa-VO. Innerhalb der Europäischen Union werden Entscheidungen zum persönlichen Umgang, die in einem anderen Mitgliedstaat ergangen sind, grundsätzlich anerkannt, ohne dass es hierfür eines besonderen Verfahrens bedarf (Art. 21 Abs. 1 Brüssel IIa-VO).[816] Gleiches gilt für Entscheidungen aus anderen Vertragsstaaten des KSÜ (Art. 23 Abs. 1 KSÜ). Lediglich in wenigen Ausnahmefällen darf die Anerkennung versagt werden (Art. 23 Brüssel IIa-VO bzw. Art. 23 Abs. 1 KSÜ).[817] Aus Gründen der Rechtssicherheit kann nichtsdestotrotz eine gerichtlich bindende Entscheidung über die Anerkennung oder Nichtanerkennung beantragt werden (Art. 21 Abs. 3 Brüssel IIa-VO bzw. Art. 24 KSÜ). Im Verhältnis zwischen Vertragsstaaten des ESÜ ist eine Anerkennung überhaupt nur auf Antrag möglich (Artt. 11 Abs. 1; 7; 4 Abs. 1 ESÜ).[818] Eine in einem Mitgliedstaat der EU ergangene vollstreckbare Entscheidung über das Umgangsrecht kann darüber hinaus in jedem anderen Mitgliedstaat ohne

---

812 Bundesamt für Justiz, Internationale Kindschaftsverfahren, S. 18; *Duncan*, Transfrontier Access / Contact and the Hague Convention of 25 October 1980 on the Civil Aspects of International Child Abduction. Final Report, Prel. Doc. No. 5, S. 16 ff.; *ders.*, Special Edition No. 1 The Judges' Newsletter 76 (2010); *Lowe*, in: FS Schwab, S. 1153, 1160 ff.

813 *Duncan*, Transfrontier Access / Contact and the Hague Convention of 25 October 1980 on the Civil Aspects of International Child Abduction. Final Report, Prel. Doc. No. 5, S. 18 ff.

814 Bundesamt für Justiz, Internationale Kindschaftsverfahren, S. 18.

815 Ebd.

816 Rauscher/*Rauscher*, EuZPR/EuIPR, Art. 21 Brüssel IIa-VO Rz. 12, 15. Einzig Dänemark ist nicht Mitgliedstaat i.S.d. VO (Art. 2 Nr. 3 Brüssel IIa-VO); sh. auch Rauscher/*Rauscher*, EuZPR/EuIPR, Einl. Brüssel IIa-VO Rz. 26.

817 Ebd., Rz. 12; *Lowe*, IFL 21, 22 (2011).

818 Im Verhältnis zwischen den Mitgliedstaaten der EU (außer Dänemark) ist das KSÜ heute weitgehend durch die Brüssel IIa-VO ersetzt (Art. 60 lit. e Brüssel IIa-VO). Bedeutung für die Anerkennung und Vollstreckung von Umgangsrechtsentscheidungen hat es aus deutscher Sicht daher nur noch im Verhältnis zu wenigen Staaten, sh. Bundesamt für Justiz, Internationale Kindschaftsverfahren, S. 21 f.

vorherige Vollstreckbarerklärung vollstreckt werden, sofern eine entsprechende Bescheinigung des Ursprungsmitgliedstaats vorliegt (Art. 41 Abs. 1, 2 Brüssel IIa-VO). Im Übrigen kann ein Vollstreckbarerklärungsverfahren eingeleitet werden (Art. 28 Abs. 1 Brüssel IIa-VO bzw. Art. 26 Abs. 1 KSÜ bzw. Artt. 11 Abs. 1; 7; 4 Abs. 1 ESÜ).[819] Zum Zwecke einer wirksamen Anwendung der Bestimmungen beinhalten sowohl die Brüssel IIa-VO als auch das KSÜ und das ESÜ zudem Regelungen zur grenzüberschreitenden Zusammenarbeit. Diese erfolgt insbesondere durch die von jedem Mitglied- bzw. Vertragsstaat zu benennenden Zentralen Behörden, die bei der Erwirkung der Anerkennung und Vollstreckung einer Entscheidung Unterstützung leisten (Artt. 53 ff. Brüssel IIa-VO bzw. Artt. 29 ff. KSÜ bzw. Artt. 2 ff. ESÜ).[820]

In der Praxis treten im Zusammenhang mit der Anerkennung und Vollstreckung von Umgangsentscheidungen gleichwohl Hindernisse auf. Problematisch kann zunächst sein, dass für das Vollstreckungsverfahren das Recht des Vollstreckungsstaates maßgeblich ist (Art. 47 Abs. 1 Brüssel IIa-VO bzw. Art. 28 S. 2 KSÜ). Zwar sind die in einem anderen Mitglied- bzw. Vertragsstaat ergangenen Entscheidungen unter denselben Bedingungen zu vollstrecken wie inländische Entscheidungen (Art. 47 Abs. 2 Brüssel IIa-VO bzw. Art. 28 S. 1 KSÜ), jedoch bietet das Zwangsvollstreckungsrecht zahlreicher Staaten keine ausreichenden Möglichkeiten zur Durchsetzung einer vom anderen Elternteil nicht befolgten Umgangsregelung.[821] Einige Rechtssysteme sehen insbesondere keine Sonderregelungen für die Vollstreckung familienrechtlicher Entscheidungen vor, stattdessen finden die für Entscheidungen in Zivil- und Handelssachen allgemeinen Verfahren Anwendung.[822] Dass im Bereich der elterlichen Verantwortung lange Trennungen allerdings eine Entfremdung zwischen Kind und zurückgebliebenem Elternteil bewirken und somit irreversible Auswirkungen haben können, findet bei diesen

---

819 Die Möglichkeit einer Vollstreckung nach Art. 41 Abs. 1, 2 Brüssel IIa-VO schließt die Vollstreckung nach Art. 28 Abs. 1 Brüssel IIa-VO nicht aus, es besteht insofern ein Wahlrecht, sh. Art. 40 Abs. 2 Brüssel IIa-VO sowie Rauscher/*Rauscher*, EuZPR/EuIPR, Art. 40 Brüssel IIa-VO Rz. 18.

820 Zentrale Behörde nach den o.g. Übereinkommen wie auch der Brüssel IIa-VO ist in Deutschland das Bundesamt für Justiz (§ 3 Abs. 1 IntFamRVG).

821 Bundesamt für Justiz, Internationale Kindschaftsverfahren, S. 20, 21, 22. Sh. auch T.M.C. Asser Instituut, Comparative Study on Enforcement Procedures of Family Rights, S. 114. Vgl. auch *Thoma-Twaroch*, Grenzüberschreitende Ausübung des Besuchsrechts.

822 Europäische Kommission, Bericht über die Anwendung der Brüssel IIa-VO, COM(2014) 225 final, S. 16; T.M.C. Asser Instituut, Comparative Study on Enforcement Procedures of Family Rights, S. 13, 55 f., 150.

keine Berücksichtigung.[823] Auch sonstige Unterschiede in den einzelstaatlichen Rechtsvorschriften können die effektive und zeitnahe Vollstreckung von Entscheidungen hindern.[824] So etwa Divergenzen im Hinblick auf mögliche Rechtsbehelfe, mit denen die Wirkung einer Entscheidung ausgesetzt wird, oder wenn die Vollstreckungsgerichte des Vollstreckungsstaates eine erneute Prüfung in der Sache selbst vornehmen.[825] Gegebenenfalls ist dann mit langen Vollstreckungsverfahren zu rechnen.[826] Problematisch kann es zudem sein, wenn zur Vollstreckung der ausländischen Entscheidung die Beauftragung eines örtlichen Rechtsanwalts erforderlich ist, der dann im betreffenden Staat das Vollstreckungsverfahren betreibt.[827] Dies gilt insbesondere vor dem Hintergrund der im Ausland nicht selten deutlich höheren Anwaltskosten,[828] aber auch der Tatsache, dass Prozess- bzw. Verfahrenskostenhilfe nicht in allen ausländischen Rechtsordnungen bekannt oder jedenfalls mitunter weniger umfangreich ausgestaltet ist.[829] Die anfallenden Gerichts- und Anwaltskosten sind vor allem in diesen Ländern letztlich häufig vom antragsstellenden Elternteil selbst zu tragen.[830]

Defizite bestehen darüber hinaus im Bereich der grenzüberschreitenden Zusammenarbeit. Die entsprechenden Verpflichtungen hierzu werden teils schon unterschiedlich ausgelegt.[831] Bemängelt wird zudem die nicht immer zufriedenstellende Kooperationsbereitschaft einiger Staaten und deren Zentralen Behörden.[832] Probleme bereitet oftmals schon die Kontaktaufnahme, da aktuelle

---

823 Europäische Kommission, Bericht über die Anwendung der Brüssel IIa-VO, COM(2014) 225 final, S. 16 ff. Vgl. auch T.M.C. Asser Instituut, Comparative Study on Enforcement Procedures of Family Rights, S. 6, 140. In Deutschland gilt für das Umgangsrecht betreffende Kindschaftssachen das Vorrang- und Beschleunigungsgebot (§ 155 Abs. 1 FamFG).

824 Europäische Kommission, Bericht über die Anwendung der Brüssel IIa-VO, COM(2014) 225 final, S. 17.

825 Ebd., S. 18.

826 Ebd.

827 Vgl. Bundesamt für Justiz, Internationale Kindschaftsverfahren, S. 20.

828 *Schütze*, Rechtsverfolgung im Ausland, Rz. 62 f., 341 ff.

829 Bundesamt für Justiz, Internationale Kindschaftsverfahren, S. 29.

830 Ebd.

831 So konkret hinsichtlich der Verpflichtung zur Einholung und zum Austausch von Informationen nach Art. 55 lit. a Brüssel IIa-VO, Europäische Kommission, Bericht über die Anwendung der Brüssel IIa-VO, COM(2014) 225 final, S. 13.

832 Sh. die Antworten einiger Vertragsstaaten des HKÜ bzw. KSÜ auf die Fragen 2.1, 3.1., 15.1 b) sowie 18.3 des vom Ständigen Büro ausgegebenen Fragebogens betreffend die praktische Anwendung von HKÜ und KSÜ, Permanent Bureau of the

Kontaktadressen der Zentralen Behörden teils nicht einsehbar sind oder auf bestimmte, aber nicht nach außen offengelegte Kommunikationswege bestanden wird.[833] Anfragen werden zudem nicht oder nicht rechtzeitig bearbeitet, oftmals bedarf es mehrerer Versuche der Kontaktaufnahme.[834] Insgesamt gestalten sich die Prozesse dadurch mitunter langwierig.[835] Erschwert wird die Kommunikation durch die regelmäßig erforderliche Übersetzung der Anfragen.[836] Weiterhin gibt es erkennbare Unterschiede im Hinblick auf den Umfang der Unterstützung, die die jeweiligen Zentralen Behörden Hilfesuchenden entgegenbringen.[837]

Probleme können für den zurückgebliebenen Elternteil weiterhin mit dem nach dem Umzug eintretenden Wechsel der internationalen Zuständigkeit einhergehen. Für Entscheidungen das Umgangsrecht betreffend sind nach der Brüssel IIa-VO wie auch dem KSÜ grundsätzlich die Gerichte desjenigen Staates zuständig, in dem das Kind seinen gewöhnlichen Aufenthalt hat (Artt. 8 Abs. 1; 1 Abs. 1 lit. b, Abs. 2 lit. a Brüssel IIa-VO; Artt. 5 Abs. 1; 3 lit. a; 1 Abs. 1 lit. a KSÜ). Möglich ist es daher, dass alsbald nach der Neubegründung des gewöhnlichen Aufenthalts im Ausland vor den dortigen Gerichten die Abänderung der in Deutschland ergangenen Umgangsrechtsentscheidung begehrt wird.[838] Dass dies keine rein theoretische Fallgestaltung ist, sondern in der Praxis vorkommt, bestätigen die an der ZAnK gemachten Erfahrungen.[839] Nur begrenzt hilfreich ist

---

Hague Conference on Private International Law, Responses to the Questionnaire Concerning the Practical Operation of the Hague Convention of 25 October 1980 on the Civil Aspects of International Child Abduction and the Hague Convention of 19 October 1996 on Jurisdiction, Applicable Law, Recognition, Enforcement and Co-operation in Respect of Parental Responsibility and Measures for the Protection of Children, Prel. Doc. No. 1. Vgl. dazu auch United States Department of State, Annual Report on International Child Abduction, S. 8 ff. Hier wird die Nichteinhaltung der Vorgaben des HKÜ durch einige Staaten bemängelt.

833 Sh. auch hier die Antworten auf die Fragen 2.1, 3.1., 15.1 b) sowie 18.3 des vom Ständigen Büro ausgegebenen Fragebogens, a.a.O.

834 Sh. auch hier die Antworten auf die Fragen 2.1, 3.1., 15.1 b) sowie 18.3 des vom Ständigen Büro ausgegebenen Fragebogens, a.a.O. Sh. auch Europäische Kommission, Bericht über die Anwendung der Brüssel IIa-VO, COM(2014) 225 final, S. 13.

835 Ebd.

836 Ebd. Sh. auch T.M.C. Asser Instituut, Comparative Study on Enforcement Procedures of Family Rights, S. 92.

837 Europäische Kommission, Bericht über die Anwendung der Brüssel IIa-VO, COM(2014) 225 final, S. 13.

838 Vgl. *Lowe*, Special Edition No. 1 The Judges' Newsletter 69, 70 f. (2010).

839 Die praktische Relevanz dieser Fallgestaltung wurde im Rahmen des o.g. Gesprächs mit einer Mitarbeiterin dieser Stelle deutlich.

Art. 9 Abs. 1 Brüssel IIa-VO. Zwar bleiben hiernach die Gerichte des Heimatstaates für die Änderung einer dort ergangenen Entscheidung über das Umgangsrecht auch nach dem Wechsel des gewöhnlichen Aufenthalts für den Zeitraum von drei Monaten nach dem Umzug zuständig, soweit sich der umgangsberechtigte Elternteil weiterhin in diesem Staat gewöhnlich aufhält. Fraglich ist jedoch schon, ob ein Wechsel des gewöhnlichen Aufenthalts innerhalb dieser kurzen Zeit überhaupt stattfindet.[840] Zudem bezieht sich die Norm lediglich auf die *Abänderung* einer bereits existierenden Umgangsentscheidung,[841] der neue Aufenthaltsstaat ist jedoch nicht daran gehindert, das Umgangsrecht im Rahmen einer neuen Entscheidung zu *beenden*.[842] Im Übrigen erscheint es einigermaßen unproblematisch für den ausgewanderten Elternteil, die doch recht kurze Frist des Art. 9 Abs. 1 Brüssel IIa-VO abzuwarten, um anschließend die Abänderung der bestehenden Umgangsregelung zu beantragen.[843] Dass die Gerichte anderer Mitglied- bzw. Vertragsstaaten mitunter bereit sind, dem nachzukommen, belegen erneut die an der ZAnK gemachten Erfahrungen.[844]

## B. Behandlung der Problematik im Rahmen deutscher *Relocation*-Entscheidungen

Die in der Praxis auftretenden Schwierigkeiten betreffend den grenzüberschreitenden Umgang werden in den vorliegend ausgewerteten *Relocation*-Entscheidungen so gut wie nicht aufgegriffen – wenngleich sie der *BGH* in seiner zur *Relocation*-Problematik grundlegenden Entscheidung durchaus thematisiert. So ist diesem zufolge die Frage, ob die Kindeseltern eine verbindliche Vereinbarung

---

840 Rauscher/*Rauscher*, EuZPR/EuIPR, Art. 9 Brüssel IIa-VO Rz. 2.

841 Von Art. 9 Brüssel IIa-VO nicht erfasst sind zudem Umgangsvereinbarungen, sh. *Lowe*, in: FS Schwab, S. 1153, 1170; *ders.*, Special Edition No. 1 The Judges' Newsletter 69, 71 (2010).

842 *Lowe*, Special Edition No. 1 The Judges' Newsletter 69, 71 (2010).

843 Sh. *Freeman*, Relocation. The reunite Research, S. 15. Wird die Änderung einer Umgangsrechtsentscheidung dennoch innerhalb der Drei-Monats-Frist begehrt, so ist die Kürze der Frist gleichwohl problematisch, da der Heimatstaat dann eines äußerst schnellen Verfahrens bedarf, um das Änderungsbegehren innerhalb der Frist zu behandeln, sh. *Lowe*, in: FS Schwab, S. 1153, 1170; *ders.*, Special Edition No. 1 The Judges' Newsletter 69, 71 (2010).

844 Die von der Haager Konferenz herausgegebenen Dokumente, die die Gerichte zu diesbzgl. Zurückhaltung auffordern (sh. Permanent Bureau of the Hague Conference on Private International Law, Transfrontier Contact Concerning Children, S. 39 ff.), seien den entscheidenden Richtern nicht immer bekannt.

über Umgangskontakte für die Zeit nach der Auswanderung getroffen haben, für die Berücksichtigung des Umgangsaspekts nach § 1626 Abs. 3 S. 1 BGB wichtig und gewinnt „dadurch an Bedeutung, dass der Geltendmachung und Durchsetzung des Umgangsrechts nach der Auswanderung rechtliche und tatsächliche Grenzen gesetzt sind".[845]

Unter den weiteren ausgewerteten *Relocation*-Entscheidungen merkt einzig das *KG Berlin* in dem Fall einer nach Peking auswandernden Mutter an, dass der Verbleib der Kinder beim Vater in Deutschland sicherzustellen sei, da die konflikthafte Trennung und der Kampf um das Sorgerecht zu einem erheblichen Vertrauensverlust zwischen den Eltern geführt habe, „zumal China nur hinsichtlich Macao und Hongkong dem HKÜ und Minderjährigenschutzabkommen beigetreten" sei.[846] Im Übrigen findet die Problematik des grenzüberschreitenden Umgangs betreffend die Anerkennung und Vollstreckung deutscher Umgangsrechtentscheidungen jedoch keine Berücksichtigung. In sechs Fällen gaben die Oberlandesgerichte der Mitnahme des Kindes in Länder außerhalb Europas und somit außerhalb des Geltungsbereichs der Brüssel IIa-VO statt, obwohl das KSÜ im Verhältnis zu diesen keine Anwendung fand und bilaterale Abkommen über die gegenseitige Anerkennung und Vollstreckung gerichtlicher Entscheidungen nicht bestanden (Kanada[847], Mexiko[848], Peru[849], USA[850]). In einem weiteren Fall erfolgte der Umzug gar in ein Land, das nicht einmal Vertragsstaat des HKÜ war (Bangladesch).[851] Die womöglich auftretende Problematik der Anerkennung und Vollstreckung des Umgangsrechts des zurückbleibenden Elternteils wurde in keiner dieser Entscheidungen thematisiert.

845 BGH, Beschl. v. 28.04.2010, Az.: XII ZB 81/09, BGHZ 185, 272, 290 = FamRZ 2010, 1060, 1065 Tz. 53.

846 KG Berlin, Beschl. v. 05.09.2008, Az.: 18 UF 83/08, ZKJ 2009, 211 Tz. 34 zit. nach juris.

847 OLG Köln, Beschl. v. 27.07.2010; Az.: 14 UF 80/10, II-14 UF 80/10, NJW-RR 2011, 149; OLG Zweibrücken, Beschl. v. 13.07.2004, Az.: 5 UF 47/04, NJW-RR 2004, 1588.

848 OLG München, Beschl. v. 09.04.2009, Az.: 2 UF 1818/08, FamRZ 2009, 1600 (aufgehoben).

849 OLG München, Beschl. v. 09.05.2008, Az.: 12 UF 1854/07, NJW-RR 2009, 512.

850 OLG Karlsruhe, Beschl. v. 27.11.2008, Az.: 2 UF 88/08, FamRZ 2009, 435; OLG Nürnberg, Beschl. v. 11.02.2000, Az.: 7 UF 4435/99, FamRZ 2000, 1603.

851 OLG Köln, Beschl. v. 11.01.2006, Az.: 4 UF 229/05, ZKJ 2007, 204.

## C. Zusammenfassung und Fazit

Die Anerkennung und Durchsetzung deutscher Umgangsrechtsentscheidungen im Ausland und somit die Fortführung des Kontaktes zum zurückbleibenden Elternteil gestaltet sich mitunter schwierig. Während der *BGH* die Problematik in seiner grundlegenden Entscheidung aufgreift, geht die weit überwiegende Anzahl der obergerichtlichen Entscheidungen hierauf nicht ein.

Für die Frage nach der korrekten Handhabung der *Relocation*-Problematik bedeutet dies: Wenngleich der deutschen Herangehensweise grundsätzlich zuzustimmen ist, ist ein stärkeres Bewusstsein der Gerichte für die Problematik der Anerkennung und Vollstreckung des Umgangsrechts im Ausland erforderlich. Auch wenn der Erschwerung der Umgangskontakte unter Zugrundelegung der deutschen Herangehensweise vor dem Hintergrund des hierzulande üblichen Residenzmodells für die Frage nach dem „Ob" des Umzugs eine ausschlaggebende Bedeutung nicht zukommen kann,[852] darf die Problematik nicht unberücksichtigt bleiben. Erforderlich ist vielmehr die gleichzeitige Ergreifung von Maßnahmen, die den grenzüberschreitenden Kontakt zwischen Kind und Umgangselternteil dauerhaft sicherstellen.

852 Sh. 4.Teil.A.I.

# Literaturverzeichnis


*American Academy of Matrimonial Lawyers*, Proposed Model Relocation Act. An Act Relating to the Relocation of the Principal Residence of a Child, 15 J. Am. Acad. Matrim. Law. 1–24 (1998).

*Atkinson, Jeff*, The Law of Relocation of Children, 28 Behav. Sci. Law 563–579 (2010).

*Austin, William G.*, Relocation Law and the Threshold of Harm: Integrating Legal and Behavioral Perspectives, 34 Fam. L.Q. 63–82 (2000).

*Austin, William G.*, A Forensic Psychology Model of Risk Assessment for Child Custody Relocation Law, 38 Fam. & Concil. Cts. Rev. 192–207 (2000).

*Austin, William G.*, Relocation, Research, and Forensic Evaluation, Part I: Effects of Residential Mobility of Children of Divorce, 46 Fam. Ct. Rev. 137–150 (2008).

*Austin, William G.*, Relocation, Research and Forensic Evaluation: Part II: Research Support for the Relocation Risk Assessment Model, 46 Fam. Ct. Rev. 347–365 (2008).

*Austin, William G.*, The Child and Family Investigator's Evaluation for the Relocation Case in: Smith, Robert M. (Hrsg.), The Role of the Child and Family Investigator and the Child's Legal Representative in Colorado, Denver 2009, S. C9-1-C9-28.

*Austin, William G.*, Relocation, Research, and Child Custody Disputes, in: Kuehnle, Kathryn/Drozd, Leslie (Hrsg.), Parenting Plan Evaluations. Applied Research for the Family Court, New York 2012, S. 540–559.

*Austin, William G.*, Child Custody Evaluation and Relocation: Part I: Forensic Guideposts for the Evaluator and Court, 29 Am. J. Fam. L. 156–170 (2015).

*Austin, William G.*, Child Custody Evaluation and Relocation: Part II: Options for a Systematic Approach to Forensic Evaluation, 29 Am. J. Fam. L. 207–223 (2015).

*Austin, William G./Gould, Jonathan*, Exploring three Functions in Child Custody Evaluation for the Relocation Case: Prediction, Investigation, and Making Recommendations for a Long-Distance Parenting Plan, in: Stahl, Philip M./Drozd, Leslie M. (Hrsg.), Relocation Issues in Child Custody Cases, New York 2006, S. 63–108.

*Baker, Hannah/Hirsch, Juliane/Sauvage, Nicolas*, International Family Relocation from English, French and German Perspectives, IFL 97–102 (2012).

*Bala, Nicholas*, Moving Closer to International Relocation Advisory Guidelines, IFL 47–50 (2013).

*Bala, Nicholas/Wheeler, Andrea/Holder, Erin*, A Study of Post-Separation/Divorce Parental Relocation, Canada 2014.

*Bamberger, Heinz Georg/Roth, Herbert* (Hrsg.), Kommentar zum Bürgerlichen Gesetzbuch, Band 3, §§ 1297–2385, 2. Auflage, München 2008 (zit.: Bamberger/Roth/*Bearbeiter*).

*Bamberger, Heinz Georg/Roth, Herbert/Hau, Wolfgang/Poseck, Roman* (Hrsg.), Beck'scher Online-Kommentar BGB, 43. Edition, Stand 15.06.2017 (zit.: BeckOK/*Bearbeiter*).

*Behrens, Juliet*, U v U: The High Court on Relocation, 27 Melb. Univ. L. Rev. 572–589 (2003).

*Behrens, Juliet/Smyth, Bruce/Kaspiew Rae*, Experiences of Parents after Court Decisions about Relocation: Some preliminary results–ARC Discovery Project, in: Behrens, Juliet/Smyth, Bruce/Kaspiew Rae (Hrsg.), Relocation Disputes in Australia. What do We Know, and What Are the Implications for Family Law and Policy? Symposium Proceedings, Canberra 2008, S. 117–126.

*Behrens, Juliet/Smyth, Bruce/Kaspiew Rae*, Australian Family Law Court Decisions on Relocation: Dynamics in Parents' Relationships Across Time, 23 Austl. J. Fam. L. 222–246 (2009).

*Behrens, Juliet/Smyth, Bruce/Kaspiew Rae*, Outcomes in Relocation Decisions: Some New Data, 24 Austl. J. Fam. L. 97–103 (2010).

*Bergmann, Margarethe*, Das Wechselmodell im familiengerichtlichen Verfahren, ZKJ 2013, 489–491.

*Boele-Woelki, Katharina/Ferrand, Frédérique/González-Beilfuss, Christina/Jäntera-Jareborg, Maarit/Lowe, Nigel/Martiny, Dieter/Pintens, Walter* (Hrsg.), Principles of European Family Law Regarding Parental Responsibilities, Antwerpen 2007.

*Boshier, Peter*, Have Judges Been Missing the Point and Allowing Relocation Too Readily?, 1 J. Fam. L. & Prac. 10–18 (2010).

*Boyd, Susan B.*, Relocation, Indeterminacy, and Burden of Proof: Lessons from Canada, 23 C.F.L.Q. 155–177 (2011).

*Braver, Sanford L./Ellman, Ira M./Fabricius, William V.*, Relocation of Children After Divorce and Children's Best Interests: New Evidence and Legal Considerations, 17 J. Fam. Psychol. 206–219 (2003).

*Bruch, Carol S.*, Sound Research or Wishful Thinking in Child Custody Cases? Lessons from Relocation Law, 40 Fam. L.Q. 281–314 (2006).

*Bruch, Carol S./Bowermaster, Janet M.*, The Relocation of Children and Custodial Parents: Public Policy, Past and Present, 30 Fam. L.Q. 245–303 (1996).

*Büte, Dieter*, Das Umgangsrecht bei Kindern geschiedener oder getrennt lebender Eltern. Ausgestaltung – Verfahren – Vollstreckung, 2. Auflage, Berlin 2005.

*Carmody, Tim*, International Judicial Perspectives on Relocation: Child Relocation: An Intractable International Family Law Problem, 45 Fam. Ct. Rev. 214–246 (2007).

*Carstensen, Thomas Peter*, Der Umzug im nationalen und internationalen Personensorgerecht, SchlHA 2011, 185–187.

*Cashmore, Judy/Parkinson, Patrick*, The Use and Abuse of Social Science Research Evidence in Children's Cases, 20 Psych. Pub. Pol. and L. 239–250 (2014).

*Cashmore, Judy/Parkinson, Patrick*, Children's 'Wishes and Feelings' in Relocation Disputes, 28 C.F.L.Q. 151–173 (2016).

*Chisholm, Richard*, 'The Paramount Consideration': Children's Interests in Family Law, 16 Austl. J. Fam. L. 87–115 (2002).

*Chisholm, Richard*, To What Extent can the Court Make Orders That Inhibit a Parent's Right to Relocate?, 22 Austl. J. Fam. L. 154–160 (2008).

*Cochrane, Seònaid*, International Relocation of Resident Parents: A Comparative Discussion and Proposal for Future Direction, 5 A.S.L.R. 53–83 (2014).

*Coester, Michael*, Das Kindeswohl als Rechtsbegriff. Die richterliche Entscheidung über die elterliche Sorge beim Zerfall der Familiengemeinschaft, Frankfurt am Main 1983.

*Coester, Michael*, Aufenthaltsbestimmungsrecht bei Auswanderung nach Mexiko, FF 2010, 365–367.

*Coester-Waltjen, Dagmar*, Relocation – from Theory to Practice. Kindeswohl als Richtschnur bei familiärem Auslandsumzug, iFamZ 2012, 311–315.

*Coester-Waltjen, Dagmar*, Elternumzug (Relocation) und Kindeswohl, ZKJ 2013, 4–5.

*Crowe, Jonathan/Toohey, Lisa*, Froom Good Intentions to Ethical Outcomes: The Paramountcy of Children's Interests in the Family Law Act, 33 Melb. Univ. L. Rev. 391–414 (2009).

*Deutscher Familiengerichtstag e. V.* (Hrsg.), Brühler Schriften zum Familienrecht, Band 18, Bielefeld 2014.

*Diederichsen, Uwe*, Die Reform des Kindschafts- und Beistandsrechts, NJW 1998, 1977–1991.

*Duggan, W. Dennis*, International Judicial Perspectives on Relocation: Rock-Paper-Scissors: Playing the Odds with the Law of Child Relocation, 45 Fam. Ct. Rev. 193–213 (2007).

*Easteal, Patricia/Harkins, Kate*, Are We There Yet? An Analysis of Relocation Judgements in Light of Changes to the Family Law Act, 22 Austl. J. Fam. L. 259–278 (2008).

*Elrod, Linda D.*, States Differ on Relocation. A Panorama on Expanding Case Law, 28 Fam. Advoc. 8–11 (2005).

*Elrod, Linda D.*, A Move in the Right Direction? Best Interests of the Child Emerging as the Standard for Relocation Cases, in: Stahl, Philip M./Drozd, Leslie M. (Hrsg.), Relocation Issues in Child Custody Cases, New York 2006, S. 29–61.

*Elrod, Linda D.*, Best Interest of Children in Relocation, 1 J. Fam. L. & Prac. 51–59 (2010).

*Elrod, Linda D.*, National and International Momentum Builds for More Child Focus in Relocation Disputes, 44 Fam. L.Q. 341–374 (2010).

*Erman, Walter* (Begr.), Handkommentar zum Bürgerlichen Gesetzbuch, Band II, §§ 762–2385, 15. Auflage, Köln 2017 (zit.: Erman/*Bearbeiter*).

*Eschelbach, Diana/Rölke, Ursula*, Internationale Relocation – Umzug eines Elternteils mit dem Kind ins Ausland, JAmt 2012, 290–300.

*Faber, Eric*, Sorge- und Umgangsrecht bei Umzug oder geplanter Auswanderung des betreuenden Elternteils, FuR 2012, 464–468.

*Fabricius, William V./Braver, Sanford L.*, Relocation, Parent Conflict, and Domestic Violence: Independent Risk Factors for Children of Divorce, in: Stahl, Philip M./Drozd, Leslie M. (Hrsg.), Relocation Issues in Child Custody Cases, New York 2006, S. 7–27.

*Finger, Peter*, Umzug mit dem Kind – Zustimmung des anderen Elternteils, FamFR 2009, 134–135.

*Freeman, Marilyn*, Themes from the reunite Relocation Research Project, 1 J. Fam. L. & Prac. 98–107 (2010).

*Freeman, Marilyn*, Abduction and Relocation: Links and Messages, 1 International Family Law, Policy and Practice 99–104 (2013).

*Friedrich, Vanessa/Walter, Claudia/Kindler, Heinz*, (Begleiteter) Umgang und Kindeswohl: Eine Forschungsübersicht, in: Klinkhammer, Monika/Prinz, Susanne/Klotmann, Ursula (Hrsg.), Handbuch Begleiteter Umgang. Pädagogische, psychologische und rechtliche Aspekte, 2. Auflage, Köln 2011, S. 27–56.

*Garbolino, James/Kreeger, Judith/Messitte, Peter/Sheffield, Mary*, Relocation of Children: Law and Practice in the United States, IFL 162–165 (2013).

*Gardner, Richard A.*, The Burgess Decision and the Wallerstein Brief, 26 J. Am. Acad. Psychiatry Law 425–431 (1998).

*George, Robert H.*, Practitioners' Views on Children's Welfare in Relocation Disputes: Comparing Approaches in England and New Zealand, 23 C.F.L.Q. 178–202 (2011).

*George, Robert H.*, Reviewing Relocation? Re W (Relocation: Removal Outside Jurisdiction) [2011] EWCA Civ 345 and K v K (Relocation: Shared Care Arrangement) [2011] EWCA Civ 793, 24 C.F.L.Q. 110–129 (2012).

*George, Robert H.*, The International Relocation Debate, 34 J. Soc. Wel. & Fam. L. 141–152 (2012).

*George, Robert H.*, Relocation Disputes. Law and Practice in England and New Zealand, Oxford 2014.

*Gernhuber, Joachim/Coester-Waltjen, Dagmar*, Familienrecht, 6. Auflage, München 2010.

*Gilman, Stephen E./Kawachi, Ichiro/Fitzmaurice, Garrett M./Buka, Stephen L.*, Socio-Economic Status, Family Disruption and Residential Stability in Childhood: Relation to Onset, Recurrence and Remission of Major Depression, 33 Psychol. Med. 1341–1355 (2003).

*Gindes, Marion*, The Psychological Effects of Relocation for Children of Divorce, 15 J. Am. Acad. Matrim. Law. 119–148 (1998).

*Glennon, Theresa*, Still Partners? Examine the Consequences of Post-dissolution Parenting, 41 Fam. L.Q. 105–144 (2007).

*Glennon, Theresa*, Divided Parents, Shared Children. Conflicting Approaches to Relocation Disputes in the USA, 4 Utrecht L. Rev. 55–72 (2008).

*Goldstein, Joseph/Freud, Anna/Solnit, Albert J.*, Jenseits des Kindeswohls, Frankfurt am Main 1974.

*Gollop, Megan/Taylor, Nicola*, New Zealand Children and Young People's Perspectives on Relocation Following Parental Separation, in: Freeman, Michael (Hrsg.), Law and Childhood Studies. Current Legal Issues, Volume 14, Oxford 2012, S. 219–242.

*Gottschalk, Yvonne/Heilmann, Stefan*, Anordnung eines paritätischen Wechselmodells gegen den Willen eines Elternteils?, ZKJ 2017, 181–183.

*Hartmann, Dieter-Dirk*, Freie Ausreise, Göttingen 1965.

*Heilmann, Stefan*, Die Reform des Sorgerechts nicht miteinander verheirateter Eltern – Das Ende eines Irrwegs?, NJW 2013, 1473–1478.

*Henaghan, Mark*, Relocation Cases – The Rhetoric and the Reality of a Child's Best Interests – A View from the Bottom of the World, 23 C.F.L.Q. 226–267 (2011).

*Herring, Jonathan/Taylor, Rachel*, Relocating Relocation, 18 C.F.L.Q. 517–537 (2006).

*Horsfall, Briony/Kaspiew, Rae*, Relocation in Separated and Non-Separated Families: Equivocal Evidence from the Social Science Literature, 24 Austl. J. Fam. L. 34–56 (2010).

*Jarass, Hans D.*, Charta der Grundrechte der Europäischen Union, Kommentar, 3. Auflage, München 2016.

*Johannsen, Kurt Herbert/Henrich, Dieter* (Hrsg.), Familienrecht. Scheidung, Unterhalt, Verfahren, 6. Auflage, München 2015 (zit.: Johannsen/Henrich/*Bearbeiter*).

*Jokisch, Beate*, Das Wechselmodell – Grundlagen und Probleme (Teil 1), FuR 2013, 679–684.

*Kaiser, Dagmar*, Gemeinsame elterliche Sorge und Wechselmodell, FPR 2008, 143–148.

*Kaspiew, Rae/Behrens, Juliet/Smyth, Bruce*, Relocation Disputes in Separated Families Prior to the 2006 Reforms. An Empirical Study, 86 Family Matters 72–78 (2011).

*Kaspiew, Rae/Gray, Matthew/Weston, Ruth/Moloney, Lawrie/Hand, Kelly/Qu, Lixia & the Family Law Evaluation Team*, Evaluation of the 2006 Family Law Reforms, Australian Institute of Family Studies, Melbourne 2009.

*Katz, Lawrence*, When The? Involves an International Move. The Answer May Lie in Retaining U.S. Jurisdiction, 28 Fam. Advoc. 40–47 (2006).

*Kelly, Joan B./Lamb, Michael E.*, Developmental Issues in Relocation Cases Involving Young Children: When, Whether, and How?, 17 J. Fam. Psychol. 193–205 (2003).

*Kilkelly, Ursula*, Relocation: A Children's Rights Perspective, 1 J. Fam. L. & Prac. 23–34 (2010).

*Kinderrechtekommission des Deutschen Familiengerichtstags e.V.*, Das Wechselmodell im deutschen Familienrecht, FamRZ 2014, 1157–1167.

*Kindler, Heinz*, Umgang und Kindeswohl, ZKJ 2009, 110–114.

*LaFrance, Arthur B.*, Child Custody and Relocation: A Constitutional Perspective, 34 U. Louisville J. Fam. L. 1–158 (1995–1996).

*Lamont, Ruth*, Free Movement of Persons, Child Abduction and Relocation Within the European Union, 34 J. Soc. Wel. & Fam. L. 231–244 (2012).

*Langmeyer, Alexandra/Walper, Sabine*, Standarisierte Kurzbefragung von Eltern nichtehelich geborener Kinder, in: Jurczyk, Karin/Walper, Sabine (Hrsg.), Gemeinsames Sorgerecht nicht miteinander verheirateter Eltern. Empirische Studien und juristische Expertisen, Wiesbaden 2013, S. 123–186.

*Lowe, Nigel*, Regulating Cross-Border Access to Children, in: Hofer, Sibylle (Hrsg.), Perspektiven des Familienrechts, Festschrift für Dieter Schwab zum 70. Geburtstag, Bielefeld 2005, S. 1153–1188.

*Lowe, Nigel*, The Enforcement of Custody and Access Decisions under the Revised Brussels II Regulation, IFL 21–30 (2011).

*Mangoldt, Hermann von/Klein, Friedrich/Starck, Christian* (Hrsg.), Grundgesetz, Kommentar, Band 1, 6. Auflage, München 2010 (zit.: v. Mangoldt/Klein/Starck/*Bearbeiter*, GG).

*Martiny, Dieter*, Elterliche Verantwortung und Sorgerecht im ausländischen Recht, insbesondere beim Streit um den Kindesaufenthalt, FamRZ 2012, 1765–1779.

*Maunz, Theodor/Dürig, Günter* (Hrsg.), Grundgesetz, Kommentar, 81. Ergänzungslieferung, München 2017 (zit.: Maunz/Dürig/*Bearbeiter*, GG).

*Meyer-Ladewig, Jens/Nettesheim, Martin/Raumer, Stefan von* (Hrsg.), EMRK Handkommentar, 4. Auflage, Baden-Baden 2017 (zit.: Meyer-Ladewig/Nettesheim/v. Raumer/*Bearbeiter*, EMRK).

*Milewski, Nadja/Kulu, Hill*, Mixed Marriages in Germany: A High Risk of Divorce for Immigrant-Native Couples, 30 Eur. J. Popul. 89–113 (2014).

*Motzer, Stefan*, Das Umgangsrecht in der gerichtlichen Praxis seit der Reform des Kindschaftsrechts, FamRZ 2000, 925–932.

*Münch, Ingo von/Kunig, Philip* (Hrsg.), Grundgesetz Kommentar, Band 1, Präambel, Art. 1–69, 6. Auflage, München 2012 (zit.: v. Münch/Kunig/*Bearbeiter*, GG).

Münchener Kommentar zum Bürgerlichen Gesetzbuch, Band 9, Familienrecht II, §§ 1589–1921, SGB VIII, 7. Auflage, München 2017 (zit.: MünchKomm/*Bearbeiter*).

*Norford, Bradley C./Medway, Frederic J.*, Adolescent's Mobility Histories and Present Social Adjustment, 39 Psychol. Schs. 51–62 (2002).

*Parkinson, Patrick*, Family Law and the Indissolubility of Parenthood, 40 Fam. L.Q. 237–280 (2006).

*Parkinson, Patrick*, The Realities of Relocation: Messages from Judicial Decisions, 22 Austl. J. Fam. L. 35–55 (2008).

*Parkinson, Patrick*, Freedom of Movement in an Era of Shared Parenting: The Differences in Judicial Approaches to Relocation, 36 F. L. Rev. 145–171 (2008).

*Parkinson, Patrick*, The Financial Impact of Relocation Disputes: Empirical Evidence From Australia, in: Verschraegen, Bea (Hrsg.), Family Finance, Wien 2009, S. 553–567.

*Parkinson, Patrick*, Family Law and the Indissolubility of Parenthood, Cambridge 2013.

*Parkinson, Patrick/Cashmore, Judy,* A Longitudinal Relocation Study, in: Behrens, Juliet/Smyth, Bruce/Kaspiew Rae (Hrsg.), Relocation Disputes in Australia. What do We Know, and What Are the Implications for Family Law and Policy? Symposium Proceedings, Canberra 2008, S. 109–116.

*Parkinson, Patrick/Cashmore, Judy,* When Mothers Stay: Adjusting to Loss After Relocation Disputes, 47 Fam. L.Q. 65–96 (2013).

*Parkinson, Patrick/Cashmore, Judy,* Reforming Relocation Law: An Evidence-Based Approach, 53 Fam. Ct. Rev. 23–39 (2015).

*Parkinson, Patrick/Cashmore, Judy,* Reforming Relocation Law: A Reply to Prof. Thompson, 53 Fam. Ct. Rev. 56–65 (2015).

*Parkinson, Patrick/Cashmore, Judy/Single, Judi,* The Need for Reality Testing in Relocation Cases, 44 Fam. L.Q. 1–34 (2010).

*Parliament of the Commonwealth of Australia, House of Representatives, Standing Committee on Legal and Constitutional Affairs,* Report on the Exposure Draft of the Family Law Amendment (Shared Parental Responsibility) Bill 2005, Canberra 2005.

*Pasahow, Robert,* A Critical Analysis of the First Empirical Research Study on Child Relocation, 19 J. Am. Acad. Matrim. Law. 321–335 (2005).

*Permanent Bureau of the Hague Conference on Private International Law,* Transfrontier Contact Concerning Children. General Principles and A Guide to Good Practice, Bristol (2008).

*Pieroth, Bodo,* Das Grundrecht der Freizügigkeit (Art. 11 GG), JuS 1985, 81–85.

*Rakete-Dombek, Ingeborg,* Das „Wechselmodell“ und die Folgen für wen auch immer, FF 2002, 16–18.

*Rauscher, Thomas,* Zur Auswanderung mit dem Kind gegen den Willen des Umgangsberechtigten, LMK 2010, 305039.

*Rauscher, Thomas,* Haager Kinderschutzübereinkommen und Auswanderungsmotive in der Sorgerechtsregelung, NJW 2011, 2332–2334.

*Rauscher, Thomas* (Hrsg.), Europäisches Zivilprozess- und Kollisionsrecht, Band IV, 4. Auflage, Köln 2015 (zit.: Rauscher/*Bearbeiter*, EuZPR/EuIPR).

*Rieck, Jürgen,* Freizügigkeit, Elternrecht und Kindeswohl, ZKJ 2009, 165–168.

*Rusteberg, Benjamin,* Der grundrechtliche Gewährleistungsgehalt, Tübingen 2009.

*Schilling, Roger,* Rechtliche Probleme bei der gemeinsamen Sorge nach Trennung bzw. Scheidung, NJW 2007, 3233–3240.

*Schmahl, Stefanie,* Kinderrechtskonvention mit Zusatzprotokollen, Handkommentar, 2. Auflage, Baden-Baden 2017.

*Schütze, Rolf A.*, Rechtsverfolgung im Ausland. Prozessführung vor ausländischen Gerichten und Schiedsgerichten, 5. Auflage, Berlin 2016.

*Schwab, Dieter*, Kindschaftsrechtsreform und notarielle Vertragsgestaltung, DNotZ 1998, 437–456.

*Schwab, Dieter*, Elterliche Sorge bei Trennung und Scheidung der Eltern, FamRZ 1998, 457–472.

*Schwab, Dieter* (Hrsg.), Handbuch des Scheidungsrechts, 7. Auflage, München 2013 (zit.: Schwab/*Bearbeiter*, Hdb ScheidungsR).

*Schwab, Dieter*, Familienrecht, 25. Auflage, München 2017.

*Shear, Leslie Ellen*, Life Stories, Doctrines, and Decision Making. Three High Courts Confront the Move-Away Dilemma, 34 Fam. & Concil. Cts. Rev. 439–458 (1996).

*Sovronsky, Ruth*, The Relocation Dilemma: In Search of „Best Interests", 75 Alb. L. Rev. 1075–1090 (2011–2012).

*Stahl, Philipp M.*, Complex Issues in Child Custody Evaluations, Thousand Oaks 1999.

*Stahl, Philipp M.*, Conducting Child Custody Evaluations. From Basic to Complex Issues, Thousand Oaks 2010.

*Stahl, Philipp M.*, Emerging Issues in Relocation Cases, 25 J. Am. Acad. Matrim. Law. 425–451 (2013).

*Statistisches Bundesamt*, Datenreport 2016. Ein Sozialbericht für die Bundesrepublik Deutschland, Bonn 2016.

*Staudinger, Julius von* (Begr.), Kommentar zum Bürgerlichen Gesetzbuch, Buch 4 §§ 1634–1665, 12. Auflage, Berlin 1989 (zit.: Staud/*Bearbeiter*, 12. Aufl.).

*Staudinger, Julius von* (Begr.), Kommentar zum Bürgerlichen Gesetzbuch, EGBGB/IPR, Vorbem. C-H zu Art. 19 EGBGB, Neubearbeitung 2009, Berlin 2009 (zit.: Staud/*Bearbeiter*, EGBGB/IPR).

*Staudinger, Julius von* (Begr.), Kommentar zum Bürgerlichen Gesetzbuch, Buch 4 §§ 1684–1717, Neubearbeitung 2014, Berlin 2014 (zit.: Staud/*Bearbeiter*).

*Staudinger, Julius von* (Begr.), Kommentar zum Bürgerlichen Gesetzbuch, Buch 4 §§ 1626–1633, Neubearbeitung 2015, Berlin 2015 (zit.: Staud/*Bearbeiter*).

*Staudinger, Julius von* (Begr.), Kommentar zum Bürgerlichen Gesetzbuch, Buch 4, §§ 1638–1683, Neubearbeitung 2016, Berlin 2016 (zit.: Staud/*Bearbeiter*).

*Stößer, Eberhard*, Heimlicher Umzug ins Ausland mit dem gemeinsamen Kind nach der Trennung?, FamRBint 2008, 37–40.

*Sünderhauf, Hildegund*, Vorurteile gegen das Wechselmodell: Was stimmt, was nicht? – Argumente aus der Rechtsprechung und Erkenntnisse aus der psychologischen Forschung (Teil I), FamRB 2013, 290–297.

*Sünderhauf, Hildegund*, Wechselmodell: Psychologie – Recht – Praxis. Abwechselnde Kinderbetreuung durch Eltern nach Trennung und Scheidung, Wiesbaden 2013.

*Taylor, Nicola*, Relocation Following Parental Separation: International Research, Policy and Practice, 1 International Family Law, Policy and Practice 90–98 (2013).

*Taylor, Nicola/Freeman, Marilyn*, Relocation: The International Context, 1 J. Fam. L. & Prac. 19–29 (2010).

*Taylor, Nicola/Freeman Marilyn*, International Research Evidence on Relocation: Past, Present, and Future, 44 Fam. L.Q. 317–339 (2010).

*Taylor, Nicola/Freeman, Marilyn*, The Gender Agenda and Relocation Disputes, IFL 184–191 (2012).

*Taylor, Nicola/Gollop, Megan/Henaghan, Mark*, Relocation Following Parental Separation in New Zealand: Complexity and Diversity, IFL 97–105 (2010).

*Thorpe, Mathew*, Relocation – The Continued Search for Common Principles, 1 J. Fam. L. & Prac. 4–9 (2010).

*Verropoulou, Georgia/Joshi, Heather/Wiggins, Richard D.*, Migration, Family Structure and Children's Well-being: A Multi-level Analysis of the Second Generation of the 1958 Birth Cohort Study, 16 Child. & Soc'y 219–231 (2002).

*Völker, Mallory*, Zur Übertragung des Aufenthaltsbestimmungsrechts bei Auswanderung des betreuenden Elternteils, FamRZ 2010, 1065–1067.

*Völker, Mallory/Clausius, Monika*, Das familienrechtliche Mandat. Sorge- und Umgangsrecht, 7. Auflage, Bonn 2016.

*Waldron, Kenneth*, A Review of Social Science Research on Post Divorce Relocation, 19 J. Am. Acad. Matrim. Law. 337–372 (2005).

*Wallerstein, Judith S./Tanke, Tony J.*, To Move or Not to Move: Psychological and Legal Considerations in the Relocation of Children Following Divorce, 30 Fam. L.Q. 305–332 (1996).

*Wapler, Friederike*, Kinderrechte und Kindeswohl. Eine Untersuchung zum Status des Kindes im Öffentlichen Recht, Tübingen 2015.

*Warshak, Richard A.*, Social Science and Children's Best Interests in Relocation Cases: Burgess Revisited, 34 Fam. L.Q. 83–113 (2000).

*Weiner, Merle H.*, Inertia and Inequlity: Reconceptualizing Disputes over Parental Relocation, 40 U.C. Davis L. Rev. 1747–1836 (2007).

*Young, Lisa*, Resolving Relocation Disputes: The 'Interventionist' Approach in Australia, 23 C.F.L.Q. 203–225 (2011).

*Zafran, Ruth*, Children's Rights as Relational Rights: The Case of Relocation, 18 Am. U. J. Gender & Soc. Pol'y & L. 164–217 (2010).

# Verzeichnis der Internetquellen

*Bundesamt für Justiz*, Internationale Kindschaftsverfahren, 2015, abrufbar unter https://www.bundesjustizamt.de/DE/SharedDocs/Publikationen/HKUE/Int Kindschaftsverfahren.pdf?__blob=publicationFile (abgerufen am 28.01.2018).

*Bundesamt für Justiz*, Vertragsstaaten des Haager Kindesentführungsübereinkommens, des Haager Kinderschutzübereinkommens und des Europäischen Sorgerechtsübereinkommens mit Datum des Inkrafttretens im Verhältnis zu Deutschland, 2017, abrufbar unter https://www.bundesjustizamt.de/DE/SharedDocs/Publikationen/HKUE/Vertragsstaaten.pdf;jsessionid=-05378EFC99BC430725FF63CCAFAAB43C.1_cid386?__blob=publication File&v=18 (abgerufen am 28.01.2018).

*Bundesamt für Migration und Flüchtlinge*, http://www.bamf.de/DE/Fluechtlings schutz/HumAufnahmeResettlement/Relocation/relocation-node.html (abgerufen am 08.04.2018).

*Duncan, William*, Transfrontier Access / Contact and the Hague Convention of 25 October 1980 on the Civil Aspects of International Child Abduction. Final Report, Prel. Doc. No. 5, 2002, abrufbar unter http://www.hcch.net/upload/abd2002_pd05e.pdf (abgerufen am 28.01.2018).

*Duncan, William*, Relocation and the 1980 and 1996 Hague Conventions, Special Edition No. 1 The Judges' Newsletter 76–77 (2010), abrufbar unter http://www.hcch.net/upload/jn_special2010.pdf (abgerufen am 28.01.2018).

*Europäische Kommission*, Bericht an das Europäische Parlament, den Rat und den Europäischen Wirtschafts- und Sozialausschuss über die Anwendung der Verordnung (EG) Nr. 2201/2003 des Rates über die Zuständigkeit und die Anerkennung und Vollstreckung von Entscheidungen in Ehesachen und in Verfahren betreffend die elterliche Verantwortung und zur Aufhebung der Verordnung (EG) Nr. 1347/2000, COM(2014) 225 final, 2014, abrufbar unter http://ec.europa.eu/justice/civil/files/matrimonial_act_part1_v3_de.pdf (abgerufen am 28.01.2018).

*Eurostat*, Tabelle Nichtehelich Lebendgeborene, 2016, abrufbar unter http://ec.europa.eu/eurostat/tgm/table.do?tab=table&init=1&language=de&pco de=tps00018&plugin=1 (abgerufen am 28.01.2018).

*Freeman, Marilyn*, Relocation. The reunite Research, 2009, abrufbar unter http://www.reunite.org/edit/files/Library%20-%20reunite%20Publications/Reloca tion%20Report.pdf (abgerufen am 28.01.2018).

*Frigger, Michael*, Heute hier, morgen dort? Das Wechselmodell im Familienrecht. Eine Pilotstudie, Bielefeld 2008, abrufbar unter http://www.system-familie.de/michael_frigger_wechselmodell.pdf (abgerufen am 28.01.2018).

*Glenn, Norvel/Blankenhorn, David*, Does Moving After Divorce Damage Kids?, Institute for American Values, 11.09.2003, abrufbar unter http://www.americanvalues.org/search/item.php?id=1826 (abgerufen am 28.01.2018).

*Hague Conference on Private International Law*, Special Edition No. 1 The Judges' Newsletter (2010), abrufbar unter https://assets.hcch.net/upload/jn_special2010.pdf (abgerufen am 28.01.2018).

*Hodson, David*, David Hodson on International Family Law: Relocation! Relocation! Relocation!, 14.06.2010, abrufbar unter http://www.familylaw.co.uk/news_and_comment/david-hodson-on-international-family-law-0#.WGPTp1PhC70 (abgerufen am 28.01.2018).

*International Judicial Conference on Cross-Border Family Relocation, Washington, D.C., USA, 23–25 March 2010*, Washington Declaration on International Family Relocation, abrufbar unter http://www.hcch.net/upload/decl_washington2010e.pdf (abgerufen am 28.01.2018).

*Lanzieri, Giampaolo*, Merging populations. A look at marriages with foreign-born persons in European countries, 2012, abrufbar unter http://ec.europa.eu/eurostat/documents/3433488/5584928/KS-SF-12-029-EN.PDF/4c0917f8-9cfa-485b-a638-960c00d66da4 (abgerufen am 28.01.2018).

*Lowe, Nigel*, The Impact of the Revised Brussels II Regulation on Cross-Border Relocation, Special Edition No. 1 The Judges' Newsletter 69–73 (2010), abrufbar unter https://assets.hcch.net/upload/jn_special2010.pdf (abgerufen am 28.01.2018).

*Parliament of the Commonwealth of Australia, Senate,* Family Law Amendment (Shared Parental Responsibility) Bill 2005, Revised Explanatory Memorandum, abrufbar unter http://www.austlii.edu.au/au/legis/cth/bill_em/flaprb2006510/memo_0.html (abgerufen am 28.01.2018).

*Permanent Bureau of the Hague Conference on Private International Law*, Responses to the Questionnaire Concerning the Practical Operation of the Hague Convention of 25 October 1980 on the Civil Aspects of International Child Abduction and the Hague Convention of 19 October 1996 on Jurisdiction, Applicable Law, Recognition, Enforcement and Co-operation in Respect of Parental Responsibility and Measures for the Protection of Children, Prel. Doc. No. 1, 2010, abrufbar unter http://www.hcch.net/index_de.php?act=publications.details&pid=5291&dtid=33 (abgerufen am 28.01.2018).

*Permanent Bureau of the Hague Conference on Private International Law*, Preliminary Note on International Family Relocation, Prel. Doc. No. 11, 2012, abrufbar unter https://assets.hcch.net/upload/wop/abduct2012pd11e.pdf (abgerufen am 28.01.2018).

*Permanent Bureau of the Hague Conference on Private International Law*, Report of Part II of the Sixth Meeting of the Special Commission on the Practical Operation of the 1980 Hague Child Abduction Convention and the 1996 Hague Child Protection Convention, 25–31 January 2012, 19 The Judges' Newsletter 2–14 (2013), abrufbar unter http://www.hcch.net/upload/newsletter/newsletter2013en.pdf (abgerufen am 28.01.2018).

*Peters, Freia,* Wie „Pendelkinder" am 50-50-Modell leiden, Die Welt, 02.02.2015, abrufbar unter http://www.welt.de/politik/deutschland/article137004186/Wie-Pendelkinder-am-50-50-Modell-leiden.html (abgerufen am 28.01.2018).

*Robinson, Michael,* Family Law: Relocation. The Case for Reform. A Report by The Custody Minefield in Co-operation with the Charity Families Need Fathers, 2010, abrufbar unter http://www.thecustodyminefield.com/Reports/FamilyLaw-Relocation_The_Need_For_Reform.pdf. (abgerufen am 11.06.2013).

*Sachse, Katrin,* Die kleinen Nomaden, Focus Magazin, 17.10.2005, abrufbar unter http://www.focus.de/politik/deutschland/familien-die-kleinen-nomaden_aid_209381.html (abgerufen am 28.01.2018).

*Ständiges Büro der Haager Konferenz für Internationales Privatrecht*, Praxisleitfaden nach dem Haager Übereinkommen vom 25. Oktober 1980 über die zivilrechtlichen Aspekte internationaler Kindesentführung, Teil III – Vorbeugende Massnahmen, 2005, abrufbar unter http://www.hcch.net/upload/abdguideiii_d.pdf (abgerufen am 28.01.2018).

*Statistisches Bundesamt*, Zahl der Woche v. 22.09.2009, abrufbar unter https://www.destatis.de/DE/PresseService/Presse/Pressemitteilungen/zdw/2009/PD09_038_p002.html (abgerufen am 28.01.2018).

*Statistisches Bundesamt*, Pressemitteilung v. 23.07.2015 – 266/15, abrufbar unter https://www.destatis.de/DE/PresseService/Presse/Pressemitteilungen/2015/07/PD15_266_12631pdf.pdf?__blob=publicationFile (abgerufen am 28.01.2018).

*Statistisches Bundesamt*, Lebendgeborene: Deutschland, Jahre, Familienstand der Eltern. Statistik der Geburten, 2017, abrufbar unter https://www-genesis.destatis.de/genesis/online/data;jsessionid=CE6B4F278131083879B37324CDD70396.tomcat_GO_2_3?operation=abruftabelleBearbeiten&levelindex=2&levelid=1482846667190&auswahloperation=abruftabelleAuspraegungAuswaehlen&auswahlverzeichnis=ordnungsstruktur&auswahlziel=werteabruf&selectionname=12612-0004&auswahltext=&werteabruf=starten (abgerufen am 28.01.2018).

*Swart, Emma,* Issues under the Umbrella of Parental Responsibility, 2013, abrufbar unter http://www.foleys.com.au/resources/Issues%20under%20the%20Um

brella%20of%20Parental%20Responsibility_Emma%20Swart_02Jun2013.pdf (abgerufen am 28.01.2018).

*Taylor, Nicola/Gollop, Megan/Henaghan, Mark,* Relocation Following Parental Separation: The Welfare and Best Interests of Children. Research Report, 2010, abrufbar unter http://www.otago.ac.nz/cic/otago630000.pdf (abgerufen am 28.01.2018).

*Thoma-Twaroch, Gabriela*, Grenzüberschreitende Ausübung des Besuchsrechts, 2010, abrufbar unter http://www.europarl.europa.eu/RegData/etudes/IDAN/2010/432735/IPOL-JURI_NT(2010)432735_DE.pdf (abgerufen am 28.01.2018).

*T.M.C. Asser Instituut*, Comparative Study on Enforcement Procedures of Family Rights, 2007, abrufbar unter http://ec.europa.eu/civiljustice/publications/docs/family_rights/study_family_rights_synthesis_report_en.pdf (abgerufen am 28.01.2018).

*United Nations, Department of Economic and Social Affairs, Population Division*, International Migration Report 2015, 2016, abrufbar unter http://www.un.org/en/development/desa/population/migration/publications/migrationreport/docs/MigrationReport2015.pdf (abgerufen am 28.01.2018).

*United States Department of State*, Annual Report on International Child Abduction. Report on Compliance with the Hague Convention on the Civil Aspects of International Child Abduction, 2017, abrufbar unter https://travel.state.gov/content/travel/en/International-Parental-Child-Abduction/for-providers/legal-reports-and-data/reported-cases.html (abgerufen am 28.01.2018).

*Wallerstein, Judith S.*, Comments on Sanford Braver's "Relocation of Children after Divorce and Children's Best Interests: New Evidence and Legal Considerations", 2003, abrufbar unter http://www.thelizlibrary.org/liz/braver-wallerstein.html (abgerufen am 28.01.2018).

*Wallerstein, Judith S./Kernberg, Paulina F./Silberg, Joyanna Lee/Lewis, Julia M./Sikorski, John B./Dallam, Stephanie Joan*, Amici Curiae Brief of Dr. Judith S. Wallerstein, Ph.D. et al., filed in Case No. S107355, In Re the Marriage of LaMusga, Supreme Court of the State of California, May 12, 2003, abrufbar unter http://www.thelizlibrary.org/lamusga/wallerstein-brief.pdf (abgerufen am 28.01.2018).

*Warshak, Richard A./Braver, Sanford L./Kelly, Joan B./Bray James H. et al.,* Amici Curiae Brief of Richard A. Warshak, Ph.D. et al., filed in Case No. S107355, In Re the Marriage of LaMusga, Supreme Court of the State of California, July 25, 2003, abrufbar unter http://www.warshak.com/pdf/publications/LaMusga.pdf (abgerufen am 28.01.2018).

**Studien zum deutschen und internationalen Familien- und Erbrecht**

Band 1 Jessica Kriewald: Statusrelevante Erklärungen des Familienrechts. 2009.

Band 2 Martin Gilbert: Unmoralische Angebote, Grundrechtskitsch und die kalte Hand des Erblassers. 2009.

Band 3 Anja Vellmer: Religiöse Kindererziehung und religiös begründete Konflikte in der Familie. Eine rechtsübergreifende Darstellung familiärer religiöser Konflikte und der staatlichen Instrumentarien zu ihrer Lösung. 2010.

Band 4 Uta Heidenreich: Auskunfts- und Wertermittlungsansprüche des Pflichtteilsberechtigten. 2010.

Band 5 Ulla Möhn: Vertrauensschutz im intertemporalen Scheidungsunterhaltsrecht. Zugleich eine Analyse des § 36 Nr. 1 EGZPO. 2010.

Band 6 Gabriele Metternich: Verfügungsverhalten von Erblassern. Eine empirische Untersuchung als Beitrag zur Rechtstatsachenforschung und Reformdiskussion auf dem Gebiet des Erbrechts. 2010.

Band 7 Patrick Schroer: Europäischer Erbschein. Mit rechtsvergleichender Darstellung. 2010.

Band 8 Isabella Toscano: Ehescheidungen mit grenzüberschreitendem Bezug. Von divergierenden nationalen Scheidungsvoraussetzungen zu einem einheitlichen europäischen Scheidungsrecht? 2011.

Band 9 Ulrich Kühle: Die gerichtliche Überprüfung von Erb- und Pflichtteilsverzichtsverträgen im Spiegel ehevertraglicher Inhaltskontrolle. 2011.

Band 10 Gregor Blüm: Härtefälle im Recht des Versorgungsausgleichs. Eine legitimationszentrierte Untersuchung der Rechtsprechung zur Generalklausel des § 1587c Nr. 1 BGB a. F. unter Berücksichtigung der Neuerungen in der Härtefallregelung des § 27 VersAusglG. 2011.

Band 11 Linda Schlegel: Die Bedeutung des vorehelichen Zusammenlebens im Scheidungsfolgenrecht. 2011.

Band 12 Tobias Breitling: Rechtsfolgen von sittenwidrigen Bedingungen in Verfügungen von Todes wegen. Erblasserwille und objektives Recht. 2012.

Band 13 Anja Sommer: Das Verhältnis von Familiengericht und Jugendamt. Kooperation zum Wohle des Kindes? 2012.

Band 14 Pia Maria Schulze: Das deutsche Kindschafts- und Abstammungsrecht und die Rechtsprechung des EGMR. 2012.

Band 15 Sebastian Schaufert: Das Verbot der Doppelverwertung von Vermögenspositionen bei Unterhalt und Zugewinn. 2012.

Band 16 Natalie Ivanits: Die Stellung des Kindes in auf Einvernehmen zielenden gerichtlichen und außergerichtlichen Verfahren in Kindschaftssachen. 2012.

Band 17 Robert Bauer: Die Neuerungen im ehelichen Güterrecht. Eine kritische Untersuchung der Rechtslage nach der Reform von 2009. 2013.

Band 18 Birthe Schekahn: Tatsächliche Unterhaltsleistungen faktischer Lebensgefährten im Todesfall. Ein Vorschlag für eine Reform des § 844 Abs. 2 BGB und zugleich eine Definition der faktischen Lebensgemeinschaft. 2013.

Band 19 Michelle Favier: Die gemeinsame rechtliche Elternschaft von eingetragenen Lebenspartnern durch die Annahme eines Kindes. 2014.

Band 20 Holke-Leonie Doench: Mediation als kindgerechtes Verfahren. 2014.

Band 21 Katharina Frank: Eheverträge als effektives Gestaltungsinstrument. Die Grenzen der Privatautonomie im englischen und deutschen Sachrecht sowie im europäischen Zivilverfahrens- und Kollisionsrecht. 2015.

Band 22 Renata von Pückler: Der Ausgleich konkurrierender Ehegattenunterhaltsansprüche. 2015.

Band 23 Sandra Schröder: Wer hat das Recht zur rechtlichen Vaterschaft? Vorschlag zur Neugestaltung der rechtlichen Stellung des biologischen Vaters im Abstammungsrecht bei Bestehen einer sozial-familiären Beziehung zwischen Kind und rechtlichem Vater. Unter Berücksichtigung interdisziplinärer und historischer Aspekte. 2015.

Band 24 Kerstin Aust. Das Kuckuckskind und seine drei Eltern. Eine kritische Würdigung der bestehenden Rechtslage mit Vorschlägen für interessengerechte Regelungen unter rechtsvergleichenden Aspekten aus dem EMRK-Raum. 2015.

Band 25 Marc Alexander Voigt: Abstammungsrecht 2.0. Ein rechtsvergleichender Reformvorschlag vor dem Hintergrund der Methoden der künstlichen Befruchtung. 2015.

Band 26 Carola Berneiser: Die verfahrensrechtliche Neuregelung der Erörterung der Kindeswohlgefährdung in § 157 FamFG. Möglichkeiten und Grenzen der Umsetzung in der familiengerichtlichen Praxis. 2015.

Band 27 Hüsniye Saygin: Geschlechtergerechtigkeit unter dem Deckmantel der Leitbildneutralität. Trennungs- und Scheidungsfolgen im Spiegel der Ehe- und Familienförderung. 2016.

Band 28 Dragana Damljanovic: Das Wechselmodell. Geltendes Recht und Reformbedarf. 2016.

Band 29 Bianca Reichert: Die erbrechtliche Ausgleichung von Unterhaltsleistungen an behinderte Abkömmlinge. 2017.

Band 30 Meike Löwer: Familienpsychologische Sachverständigengutachten in Sorge-, Umgangs- und Kindeswohlgefährdungsverfahren. Zur effektiven Einbeziehung von psychologischen Sachverständigen in kindschaftsrechtlichen Verfahren zum Wohle des Kindes. 2017.

Band 31 Johanna Antonia Hirth: Internationale Relocation. Eine rechtsvergleichende Untersuchung über den grenzüberschreitenden Wohnortwechsel eines Elternteils mit dem Kind gegen den Willen des anderen Elternteils. 2018.

www.peterlang.com

www.ingramcontent.com/pod-product-compliance
Ingram Content Group UK Ltd.
Pitfield, Milton Keynes, MK11 3LW, UK
UKHW022100051026
15623UKWH00003B/581

9 783631 760130